谨以此书献给华商律师事务所成立三十周年

争议解决

律师思维和技法

沈洲 编著

法律出版社 | LAW PRESS
北京

图书在版编目(CIP)数据

争议解决律师思维和技法 / 沈洲编著. -- 北京 :
法律出版社, 2024
ISBN 978 - 7 - 5197 - 8564 - 2

Ⅰ. ①争… Ⅱ. ①沈… Ⅲ. ①律师业务－中国 Ⅳ.
①D926.5

中国国家版本馆 CIP 数据核字(2023)第 218842 号

争议解决律师思维和技法
ZHENGYI JIEJUE LÜSHI SIWEI HE JIFA

沈 洲 编著

策划编辑 邢艳萍
责任编辑 邢艳萍
装帧设计 鲍龙卉

出版发行 法律出版社
编辑统筹 法律应用出版分社
责任校对 朱海波
责任印制 刘晓伟
经　　销 新华书店

开本 A5
印张 11.25　　字数 230 千
版本 2024 年 2 月第 1 版
印次 2024 年 2 月第 1 次印刷
印刷 涿州市星河印刷有限公司

地址:北京市丰台区莲花池西里 7 号(100073)
网址:www.lawpress.com.cn
投稿邮箱:info@lawpress.com.cn
举报盗版邮箱:jbwq@lawpress.com.cn
销售电话:010 - 83938349
客服电话:010 - 83938350
咨询电话:010 - 63939796

书号:ISBN 978 - 7 - 5197 - 8564 - 2
定价:65.00 元
凡购买本社图书,如有印装错误,我社负责退换。电话:010 - 83938349

作者简介

沈 洲

中国民主建国会会员，毕业于华南理工大学。华商律师事务所高级合伙人、青年工作委员会主任、仲裁和调解法律专业委员会主任。兼任深圳大学校外导师、深圳市福田区劳动人事争议仲裁委员会兼职仲裁员、莆田市人民检察院听证员等社会职务。被深圳市律师协会评为“2022年度优秀青年律师”，承办的案例入选“首届青年律师创新引领典型案例”，曾出版《证券诉讼实务——以证券虚假陈述责任纠纷为核心》（合著），主要从事证券诉讼、商事争议解决等法律实务工作。

自 序

构思这篇序言的时候我正好坐在地铁上。地铁出站刚起步时车速慢，我可以从容地看鲜艳的图画、路过的树木、密集的人群。随着地铁加速，眼前的景物浮掠而过、目不暇接，各种颜色挤在一起，视线开始变得模糊。我在深圳常有类似的感受，生活节奏过快，以至于早晨发生的事情当晚回想就已经觉得很久远。旧欢新怨含混在一起，想象中的和能抵达的也无法区分，只有经历的案件本身和对案件的研究反而成了生活的刻度，比较明白地提示我这一年年的所思所得、所欲所求。因此这本书于我的意义，不仅是事业的意义，也是生活的意义。

撰写这本书的目的，实际上是反思和总结

自己阶段性的办案经验。我们在日常工作和学习的过程中如果留心观察，总会和很多稍纵即逝的经验不期而遇。这些经验呈现碎片化的特征，其兴也忽焉，其亡也忽焉，不去管理，它们就会被我们自己琐碎的念头冲散。因此，需要我们先把“碎片化的经验”管理起来，才能集思顿悟，再通过刻意训练真正形成有益于我们个人的知识。

律师工作的复杂性在于，因场景不同、对象不同、时空条件不同，所得的经验也不同，因此我们更需要自我警惕、自我更新和自我构建。所以本书中的分享只是提供一个可以共同探讨和关注的话题，留存一些可供彼时镜鉴的此时感受。总而言之，我们需要通过真实的生活来扩充我们对于人的理解和对法律价值的理解，我们需要更广泛的观察来形成自己的语言系统和行为系统，并接受多样的意见以不断校正、优化和演进。

最后，谨以此书纪念华商律师事务所成立三十周年。在华商律师事务所的文化感召和高树主任的教诲中，我得以春稼秋穑，慢慢把律师职业做成律师事业，得以更接近去做一个致力于现实的理想主义者，我心怀感恩。

目 录

第一章

争议解决的要素

一、争议解决的核心：与人打交道

我们所处的时代日新月异，我们所面临的问题及其回答也不断变化。本书所讨论的内容我打算用一个具有时代性的有趣问题来展开，这也是一个我常常被问到的问题：“你是否担忧人工智能将来取代争议解决律师的工作？”

对于这个问题，我通常认为：“能裁决人类纠纷的，现在看必然是作为人的法官，而非人工智能。”我的这个回答实际上是想提纲挈领地表达本书中希望一以贯之的、最重要的理念：“在争议解决实务中，所有的参与者都是人。法律服务的复杂性在于人的复杂性。认识人，是一切法律实务课程的起点和纲领。”

当然，人常常是难以假设的，人性变化无端，永远有不恒常的一面。在有的时空环境下，人会更倾向于利己的选择，要计较锱铢、权衡利弊；而在另外的时空环境下，如同秋菊打官司一般，人又有可能更倾向于“不蒸馒头争口气”“就要一个说法”的选择。由于人的行为和选择不可控，争议解决的过程往往出乎意料，律师必须接纳变化。我们需要认识的“人”，不仅包括他人，也包括自己，这是我们从事法律职业永远的课题，是我们穷尽一生需要探索的方向。而一切与人打交道的学问，我认为有一个关键词就是“刻意观察和训练”，没有人一开始就内圣外王，所有对于法律和人性洞察都是“刻意观察和训练”的结果，尽早理解“刻意观察和训练”这个关键词，我们在个人经历中所汲取的养分就会更多。

“世事洞明皆学问，人情练达即文章。”我面试初级律师时常常会问他们一个问题：假如你在主持一场盛会，其中有一个嘉宾姓“虎”，你知道按照语文规范“虎”姓实际应该读作“猫”，那你会称呼这个嘉宾“hu”老师还是“mao”老师？也许你叫他“mao”老师会被误解为一种侮辱呢？你是选择承担冒犯别人的风险、显得他人无知，还是选择安全但显得自己无知？《庄子》中曾提道：“饰知以惊愚，修身以明污，昭昭乎若揭日月而行也。汝得全而形躯，具而九窍，无中道夭于聋盲跛蹇而比于人数亦幸矣……”我们是不是要通过显示自己的智慧而显得他人无知，也许不同的情况有不同的答案，但我们首先一定要意识到我们是有多种选择的。

既然我们把争议解决看作一门系统的学问，对于学问的研究，我们应当提纲挈领、纲举目张，在建立关键、核心理念的基础上，再充实具体的方法，进而在持续的实践中开展反思。这个过程中最深刻的参与者是自己，只有自己最清楚自己在争议解决中的困境的和期待，自己最能体感时势的迁移和他人情绪的变化，因而没有人能替代自己进行反思。对于争议解决技巧的打磨亦如是，要对使用技巧的实际反馈进行积累，在这个过程中不断调试。就如同线穿过针孔一样，相同的线要穿过同一个针孔尚且需要不断调试，何况世事变化无常，可能更像是用不同的线穿过不同的针眼，在不同的境况、对象、偶然性下往往相同的技巧可能带来不同的反馈，实现的效果也各不相同。在这个过程中最重要的是体会变化，“瞻之在前，忽焉在后”，体会自己行为和外界反馈的牵连性。

举例而言，我曾经代理过一个合作经营纠纷案件。早年地方政府财政比较紧张，所以通过招商引资的方式与民营企业进行合作，我们的当事人就是一家民营企业。当时双方约定的合作经营模式是这样的：由民营企业投入数千万元，按照政府要求修建特定道路，未来该道路周边三个地块使用权若出让，由政府基于实际出让土地使用权的价格，按照一定比例计算投资收益并支付给民营企业。由于该投资行为发生于 2006 年，而最后一个地块使用权的出让发生于 2019 年，土地价值大幅上涨，所以政府不愿支付对应的款项，因而引发纠纷。在这个过程中，有人主张通过向纪检监察部门举报的方法给地方政府施压，而我提出反对意见。我提出反对意见的理由在于，我们应当考虑纪检监察部门的介入对案涉争议解决是起到推动作用还是阻碍作用。一般纪检监察部门很少介入行政协议的纠纷，而恰恰相反的是，在2010年前后国务院出台多份文件对土地出让金返还的招商模式予以禁止。虽然这些文件对于本案没有溯及力，但在已经有规范性文件禁止的情况下，政府部门的决策者如果要拍板支付该笔款项当然存在关于主体责任的担忧。而对于政府部门的主体责任问题，恰恰直接属于纪检监察部门管辖的范畴，所以纪检监察介入行政协议履行的可能性很小，而介入监督财政资金合法使用的可能性更大，反而会给案涉争议解决造成阻碍。后来经过了解我们得知：案涉项目的款项之所以政府未付款，其中一个重要原因是同市另一个采取相同模式进行运作的民营企业因为涉及违法违纪和职务犯罪已经被纪检监察部门立案调查，因此案涉项目政府部门不敢私自决定支付案涉款项。我的判断得到了验证，如果我们的当事人贸然向纪检监察部门举报，案涉项目反而可能会被放在聚光灯下审查，会给当事人实现权益带来更大不利。通过这个案例我想说的就是，“对变化的认知”是争议解决的重要内容。

有一种观点认为，你的态度有30%是依靠语言来传达的，而有70%受到肢体、情绪、语速、重音等因素的影响。控制表达的变量，用不同的方式表达相同的语言，可能会对言辞产生更深的感受。而尤其需要指出的一点是，每个人由于禀赋、才情、性别、经历、家庭背景、知识结构的不同，不存在一类适用于每个人的表达方法。如果有些表达方式因为违背了你本来的性情而使你难受，那么你就要慎重考虑要在多大程度上学习和进化这种表达。请注意，我的倾向是“慎重考虑”要在“多大程度”上学习和进化这种表达，我们不应当武断地拒斥某些表达方式，但也不用折辱自己。

不能武断拒斥，是因为有一些表达方式是必然需要学习的，尤其是在还没有想到可行的替代方式之前。法律是成年人的事业，我们受人之托忠人之事，如果你以自己的任性去对待委托人的事务，这是不忠实的；但我们也不能折辱自己，安于自己性情的表达才会形成职业尊严。我在微博上读到一句话：“你真正吸引的人，永远欣赏的是你骄傲的样子，而不是你故作谦卑或故作讨喜的样子。”职业尊严是未来实现律师业务发展进阶的重要因素。巧诈不如拙诚，长期扭曲、矫饰的表达会使人处于紧张和自我怀疑的状态，紧张和自我怀疑是律师业务发展的天敌。更严重的是，基于这种情绪的亏欠，甚至可能产生报复性情绪，导致自己对家人、同事不正当地宣泄情绪来弥补这类情绪亏欠，那么这个职业将给你的家庭、人际、人格尊严都带来重大负面影响。

市场这么大，我们要自我关怀，要以自己舒适的方式展业，这才是真正长远的打算。更何况我们应当承认自己认识的有限性，我们所面对的客户也是多种多样，矫饰的表达未必客户看不懂、不讨厌，更未必有良好的效果。总而言之，用舍由时、行藏在我，通过在实践中的摸索中道而行，最终“形成你自己”，这是我们的目标。

既然我们在争议解决中打交道的对象都是人，那么我们对于争议解决的理解也应当从人的视角出发，后续本章就将分别从“与委托人打交道”“与法官等外部人员打交道”“与对方当事人及代理人打交道”三个层次来谈谈在争议解决中如何处理与各方的关系。

二、如何与委托人打交道

如何与委托人打交道，我也先用一个故事来点题。执业早期我代理了一个刑事案件，因为事情发生得很突然，犯罪嫌疑人的家属从来没有过类似的经历，所以乱了方寸。有一天他不知道从哪里道听途说立功可以减轻刑罚，于是就急火火跑来问我，说能不能找个愿意坐牢的混混，“制造”一个立功，让他家人“在里面举报”以实现立功减刑的目的。这个想法当然是违法的，当事人的家属有时慌不择路，我们作为律师必须要保护当事人，为他们提供妥善的引导。但我们内心深处也知道，当事人的家属专程来找你的时候可能是抱有较大期望的，肯定也隐约知道这种行为违法，所以家属想听到的答案恐怕也不是简单的一句“因为这个行为违法，所以不能做”。在开导家属的过程中，我除了向他披露这种行为可能导致的违法后果，告诉他这种行为不仅救不了当事人还可能让自己陷入危险的境地。基于对当事人的了解，我还在情感上作了进一步引导，请家属考虑如果发生自己也涉嫌刑事犯罪的极端情况，那么对自己的孩子成长非常不利。此外，我也强硬地指出“给一笔钱找个人进去坐牢”是一个错误的想法，现实中的对价往往不是一刀两断、清清楚楚的，这个行为相当于授人以柄。让一个不怕坐牢、不忌惮两败俱伤的人知道当事人的痛点，而当事人又可能是这个混混所认识的人中最富有的，那么未来很可能发生的一个情况是这个混混并不满足于一次性收取的钱财，反而在你长久的一生中仍然在不断打扰你的生活，不断向你勒索财物，你为这个行为付出的代价不可估量。听我这么讲，最终当事人的家属打消了这个念头。

从这个故事出发，我主要想表达的是三个关于和当事人打交道的要领：第一点是律师必须树立职业尊严，适当运用自己的话语权去帮助当事人决策；第二点是我们应当以当事人的利益作为出发点和归宿，用信义、忠实的方式对待当事人；第三点是把握客户的需求，区分清楚律师认为的需求、客户口中的需求和客户真实的需求，与客户共情，而不是沉溺于自己的专业世界。

首先是树立职业尊严，作为律师，当事人觉得你说的话有分量，当事人才可能尊重你，当事人遇到事情才会想到来请教你，你也才有发挥自己专业能力的余地，才能长久地与当事人相处。但树立职业尊严往往不是一蹴而就的，除了给人良好的第一印象，也要依赖于关键事件。跟当事人打交道，我大多数时候主张相对于当事人“低半头”，对待特别的当事人或特别的决策场景，律师可能还要比当事人“高半头”。《资治通鉴》中曾有“子击遭田子方于道”的故事，说时任魏国太子子击在路上遇到自己的老师田子方，田子方没有向太子行礼，太子就讥讽道：“是富贵的人有资本骄傲自大呢，还是卑贱的人有资格骄傲自大？”田子方回答：“当然是卑贱的人才敢骄傲自大，富贵的人怎么敢骄纵呢？作为国君如果对他人骄纵就会使国家衰败，士大夫如果对他人骄纵就会使家族衰败。失去国家的君主和失去家族的士大夫，没有人会把他们当成国君或士大夫礼待。”这就是我反对律师太过张扬的理由，尤其是对以专业性取胜的律师来说更是这样。但我也不赞成比当事人“低一头”，有一句老话叫作“俯而就者易，仰而止者难”，亲切和蔼地对待比自己弱势的人是容易的事情，而不卑不亢地对待比自己强势的人却不那么容易，如果和当事人打交道把自己的位置摆得太低，当事人就会把你当下级看待，不仅工作难以开展，工作过程也增加了不必要的负担和风险。《论语》中有“子温而厉，威而不猛，恭而安”的表达，这是我一直告诫和警醒自己的座右铭。而就运用话语权而言，我就回想起了另一个执业中的故事。我曾经给一家企业做法律顾问，这家企业的科层制作风相对比较重，并不是很尊重律师的专业意见。在代理他们的一个案件时，我方拟提交的证据有大几百页，数量不少，但有关部门领导坚持要搞证据突袭，我则经过研究后判断这个案件应当严格按照举证期限的规定向法庭提交证据。双方对案件的办理节奏有争执，于是我就用书面方式旗帜鲜明地向他们提示了逾期举证的风险，并且在书面的风险提示中用的词比较严厉。在收到书面警示后，相关部门负责人也就不再坚持了。事实上，在律师对某个行为明确表示严厉反对的情况下，当事人无论出于自身利益，还是出于责任承担等角度的考虑，大多数情况下都会尊重律师的专业意见，这就是律师话语权的体现。而在这个过程中，强调的表达或淡化的表达，均可能对当事人的决策造成影响。有时候当事人受限于自己的知识，是无法作出决断的，我们可以帮他一把。

其次是用信义、忠实的方式待人。正是由于律师具有话语权，那么以诚实信用为准绳，用信义、忠实的方式对待当事人就显得异常重要，我们不能滥用话语权、恶意地使用话语权。我一向认为生意好做是大家好做，律师行业的发展一定是依托于繁荣的市场经济而非相反。但有人认为律师赚的是逆周期的钱，经济越差律师业务越好，甚至会认为客户麻烦越多律师才越有赚钱的机会，律师会故意把当事人往发生纠纷的方向去引导，挑唆当事人的情绪，劝说当事人去打一些没有意义的官司。现实中，我确实遇到过有的公司因为一个简单的买卖纠纷提起了几个诉讼，又是投诉又是举报，引发对方的反诉和针对自己资产的司法保全，银行账户被冻结进而导致员工工资发不出来，又引发劳动纠纷，最终把企业的供应商、员工都得罪了，导致正常的业务经营都垮台了。律师为了自己的代理利益，运用自己的话语权把公司陷入四面楚歌的境地，这是极不义的行为。医药行业有两句古训可资作为律师行业的榜样，一句是“修合无人见，存心有天知”，另一句是“但愿世间人无病，宁可架上药生尘”，这是两句见精神的话，值得共勉。在我过去的执业经历中，我一般会提高代理条件来筛选客户，然后在代理过程中如果我觉得和解的条件适当，一般会主动提出减少收取律师费以促成和解，这种行为实际也帮助我赢得了客户的信任和话语权。

诉讼不是目的而是手段，作为律师不应当挑词架讼，绝不能为了自己的案源而故意使当事人陷入不必要的纠纷中。实践中有人基于获取案件的信息不对称而哄骗当事人，甚至在刑事案件中利用只有律师能够阅卷的优势故意欺骗家属。我曾经听过一个故事，有刑事律师故意向家属传达假消息，跟嫌疑人家属说，嫌疑人本来是从犯，因为同案犯有人跟公检法关系好，所以准备把嫌疑人弄成主犯顶罪，并自称能摆平这件事，但需要支付高额律师费。最后判决结果，犯罪嫌疑人真的是从犯，家属还以为是律师运作得当，其实这个犯罪嫌疑人本来就是从犯，其他信息完全就是律师捏造的。这就是对话语权的滥用，我们必须警惕。求木之长者必固其根本，忠实信义、勤勉尽责才是律师执业长久不变的根本。

最后是关于客户需求的把握。我们要严格区分律师自认为的需求、客户口中的需求和客户真实的需求。律师的视角有时候很狭隘，由于专业训练和我们的职业经历，我们对于事物的判断总是趋于保守，所以我们更要注重识别和挖掘客户的需求。在商事领域，律师业是商业服务业，我们要坚持商业优先，不能偏执地以我们想象中的风险损害了客户所期待的商业机会。另外值得一提的是，在特定的情境中律师有时也要负担冲锋陷阵的工作，甚至扮演无礼的角色，代替客户表达一些客户不宜表达的内容，这也许是客户真实的需求。我曾经帮政府部门处理过一个专项项目，在一个政务协调会上，除了本部门之外还有其他部门，当时仅有我一方律师在场。会上涉及事权划分的讨论在法律上存在争议，在实践中我所受托的部门客观上难以处理。在协调会中，我就单刀直入地提出该事项依法不属于我的委托人职权范围的意见，会后，委托人对我的表态表示认可，认为我帮助他们说了一些他们想说又不太好说的话。律师作为第三方角色，有时在谈判中不具备决定的权利，但一些看似莽撞的表达，可以为客户试探对方底线、也可以表达客户一些真实情绪。识别客户的真实需求，然后选择我们的行为策略，这也是处理好与委托人关系的关键词之一。

三、如何与法官等外部人员打交道

与法官打交道，我提出两个要点：第一点是做好风险控制和留痕工作，保护好自身的权益；第二点是要尽可能站在法官角度考虑，充分体会法官的主体责任。

第一是做好风险控制工作，我分享两个故事。第一个故事是我的亲身经历，当时我是一起聚众斗殴案受害人的代理人。有一天我的委托人自称接到有关部门的通知去拿一份法律文件，我的委托人拿到这份文件后就驱车离开了，但没过多久，他就被自称工作人员的人叫回并被要求交还已取得的法律文件，随后该法律文件立即被销毁。从法理上说，送达的这个文件是国家公文，也已经送达给当事人，不是销毁就不发生法律效力的，于是我们打电话给经办人核实此事，但经办人在电话中不承认此事。后续我们向监督部门反馈，因没有监控等证据不了了之。这个挫折使我印象极其深刻，此后我就非常重视在与外部人员沟通过程中的留痕工作，这是对当事人自身及律师执业最低限度的自我保护。

第二个故事是同事的经历，据说这位同事代理被告的一宗案件即将在法院开庭，开庭前两天接到自称是法院的电话，称案件延期开庭。这位同事信以为真，当天没有参加庭审，结果过了一周收到法院缺席审理的判决。当他再欲求证此事时，已经没人承认通知过案件延期开庭。在这个故事中，到底是法院程序违法，还是律师忘记开庭后的推脱之辞，抑或有人冒充法院，因为当时没有留意取证，其中的是非曲直已经难以论说，但这不妨碍我们引以为戒。如果发生这种事情，往往很难分清是律师的工作失职还是他人的责任，因此我们必须养成良好的工作习惯，尤其在和外部人员打交道时做好证据保全及留痕工作，这样才可以以不变应万变。

还有一些情况，应当让当事人自己与公检法部门直接打交道。比如一些需要当事人出庭的案件，由当事人自己对所表达内容的真实性负责。这也是律师维持与法官等外部人员关系的办法之一，避免律师去承担超出自身能力的责任。

第二，作为律师要主动、充分考虑法官的工作状况和主体责任。以法官的工作为例，2020年深圳市福田区人民法院共受理案件133,010件，法官人均结案736件，也就是一个法官每个自然日需要审理完成两宗案件并写好判决书，同时受到审限和结案率的双重催促，工作压力可想而知。而且部分案件对法官的审理要求越来越高，比如2020年颁布的《最高人民法院关于统一法律适用加强类案检索的指导意见》中就要求特定案件应当进行类案检索。在法官工作内容日渐繁重的情况下，我们从人性的角度出发，为实现诉讼目的，当然要研究如何提高与法官的沟通效率，如何准确、清楚、适当地表达自己的观点，尽可能帮助法官减少工作量。例如，作为原告要明确诉讼请求，尤其要明确各个诉讼请求的计算方法，明确计算诉讼请求数额所涉及的基数、起始点、终结点、标准、天数等要素的事实和法律依据，形成便于阅读和理解的清晰图表；在开庭前要和法官助理联系是否需要准备相关法律文书、质证意见等文件的电子版，证据的组织和编排应当符合逻辑，加上页码方便阅读；要结合案件的争议焦点主动制作案例检索报告。这些基础性工作容易争取法官好感，至少能对案件迅速推进可能产生良好作用。除了让法官的审理更便利，更深刻地讲，我们还要考虑审判结果对于法官的安全性。我们作为律师要充分考虑审判视角对于案件的看法，揣度法官可能的审判路径，进而确定自己的表达方法、制定相应的诉讼策略。当然，这个道理知易行难，我试举一些案例。

第一个例子想要关注的是如果没有相应证据支撑，如何使法官增加裁判时可能错判的顾虑？我曾经办理了一个不动产置换协议的合同纠纷案件，我的当事人和一家银行签署了不动产置换协议，约定由我的当事人在特定地块建设一栋办公楼与银行的旧办公楼置换，并由银行补足差额。后来由于拟建设新办公楼位置的毗邻地块，因第三人打桩建造地基时施工不当导致地块下方的地铁轨道变形，如果继续施工将引发公共安全事故，因此我的当事人无法建造新楼，也就无法按照约定交付用于置换的办公楼。由于当时我的当事人和时任银行的领导关系良好，因此我的当事人就和银行协商并决定解除该不动产置换协议，但双方并未签订任何书面文件。后来由于银行管理人员调整，遂起诉我的当事人，引发争议。在这种没有任何证据的情况下，如果在庭审中只是像我如上所作的概括性简单陈述，那么一般不会有任何意义。但是如果换一种表达方式，尽可能增加向法院陈述的细节，如大约在某年某月上旬、在某大厦第多少楼双方就此问题召开会议，出席会议人员包括哪些，对方提出解除合同，我们的法定代表人通过短信向对方的法定代表人回复了“理解、尊重、支持”六个字，等等。对比以上两种陈述，第二种陈述更加有血有肉、细节更多，细节更多也就意味着一个特征：这个故事很容易被证伪，任何一个细节被戳穿，这个故事就很容易不成立。从审判视角上说，容易被证伪的细节越多，越容易让人相信陈述的真实性，在没有证据的情况下也就越容易影响心证，也担心因为案件发展出现新证据而导致错判。而从律师辩论技巧上说，如果律师没有事先做准备，细节越多的故事对方律师越不敢轻易地全盘否定，对方律师也会怀疑自己当事人是否有所隐瞒，担心承担虚假陈述的责任。因此这种表达在双方情绪、法官自由心证和庭审的“场面”上时常有出其不意、潜移默化的作用。

第二个例子，是我承办的一个建设工程施工合同纠纷的仲裁案件，我方通过投标承包了案涉建设工程项目。后由于种种原因，我方不得不将该项目转由对手方承包，对手方向我们支付了 200 万元的管理费，但就该笔管理费双方没有签订合同。约半年后，双方签订了《联营合同》，约定由对手方承担项目的全部收益、亏损，我方配合进行款项收支等活动，同时约定与合同有关的争议交由仲裁委员会管辖，但《联营合同》中并未约定管理费的事项。项目工程结算时，对手方否认该笔款项为管理费，称该笔款项为履约保证金。就该观点的答辩，一方面，我们将合同关于履约保证金的约定和款项流水都整理出来，证明了履约保证金的确切数额及其已经缴纳的具体情况，证明了200万元款项的数额、交付时间、转付方式等均不具有履约保证金的特征。另一方面，我们提出了该200万元履约保证金不属于《联营合同》的约定内容，因此不属于仲裁委员会管辖的范围。此处的答辩就着眼于仲裁案件的特殊性，绝不低估仲裁员对于超裁等事项的保守程度，通过从审判视角构建障碍的方式使仲裁员难以作出对我方不利的裁决。

第三个例子，是一个城市更新合作项目的合同纠纷案件。本案中，对方提起诉讼，无正当理由要求解除案涉城市更新项目的合同，我方为了该城市更新的合作项目做了诸多履约准备，故一审中我方不同意解除合同，一审判决支持了继续履行合同，对方提起了上诉。在二审中，随着具体项目情况发生变化，我方亦并不愿意继续履行合同，但由于对方要求解约的理由都不成立，故我们判断二审法官难以依据合同的法定解除权判决双方解除合同。因此，我们充分考虑了裁判路径上的困难，在提前征得当事人同意的情况下，主动要求在庭审笔录中记录我方愿意解除合同的意思，最终促成了二审认定双方经协商一致解除案涉项目合同，并依法予以改判的结果。

四、如何与对方当事人打交道

与对方当事人打交道，同样要基于对方当事人的现状来提供方案，了解对方当事人所欲、所求、所惧、所怕，了解对方当事人的远虑和近忧，了解对方当事人的癣疥之疾和心腹之患，进而寻找解决方法。在此，提供三个案例作为思考与对方当事人关系的引线。

第一个案例是我曾经经办的一个买卖纠纷，开庭时我和当事人都到庭了，我的当事人是比较干脆直爽的人，在调解过程中他就直接提出了他心中和解金额的底线。但是我们知道，谈判时一般第一次报价会高于我们的最低预期，这已经从一个心理习惯变成了一个谈判潜规则。所以当我的当事人直接报出底价时，对方代理人不相信这是我方当事人的底线，还要寻求更低的价格，最终没有达成当庭和解。我们的行为不要给对方带去错误的心理预期或信息，这是和对方当事人打交道时要留意的一个点。

第二个案例是我曾经代理的一个社会影响力比较大的诉讼。这个案件的特点是，当事人是一家大型国企，如果认定这家大型国企的行为存在违约，那么可能会产生大量比照这个判决提起的索赔诉讼，该大型国企无法承受由此产生的后果。在沟通过程中，法院的倾向性意见已经非常明确，大概率是要判决该大型国企赔偿。这种情况下，大型国企愿意赔偿，但不愿意以判决书或调解书的形式赔偿，以免产生巨大的社会影响。对方当事人虽然愿意和解，但对我们的当事人不信任，认为和解的法律效力不理想。最终我们的处理方法是，在法庭达成一个和解协议，和解协议以笔录的形式入卷，相当于法院就和解事项做了一个见证人，在此基础上对方当事人撤诉。这个案件从一审到二审耗时超过三年，对于对方当事人来说付出了巨大的时间成本，对方的顾虑也是情有可原，在这种情况下尊重对方当事人的诉求，活用程序来寻找折中妥当的方式，这是律师要考虑的。

第三个案例是涉及起诉政府要求索赔的行政纠纷，政府有和解意愿又担心承担责任而无法决策，那么我们寻求的折中方案是双方共同向法院口头告知调解意向金额，然后由法院作出判决，再由政府部门执行判决。这样的处理方法给法院减轻了审判压力，也使得政府部门在执行时能有法院的判决作为依靠。这也是从对方当事人的角度出发而活用的案例，对于对方当事人所忧虑的情形，我们必须考虑是否有能够同时实现双方需求的两全之道。

五、小结

我将律师的能力总结为三个维度，分别是功底、经验和工具。所谓的功底，我理解是基于对法律规范的深度了解，以及由此而形成的敏锐力。这是一种灵活地将具体事务涵摄于抽象规范的能力，有了法律功底，才真正具有多维度看待问题的能力，才能驾驭法律规范进行法律价值的争锋。

所谓的经验，我理解为经过历练和积累才能形成的阅历，需要时间的沉淀和真正的实践。事可从经，亦可从权，如何从权，这是来自经验的智慧。包括律师的说服能力、资源整合的才干，都来自现实的砥砺。

最后是工具，如果将“功底”和“经验”作为一种目标，那么我们需要更有效率的途径以不断抵近这个目标。现在的时代技术日新月异，掌握了工具，将技术和知识相结合，才能实现弯道超车。

律师职业是一个劳有所得的职业，但律师所有职业技能的锻炼，几乎无一不需要不断遭受痛苦、挫败和不安。这世界上不存在轻易的成功，实践性学科尤其如此，因此笔者盼望大家能够频繁遭受痛苦，并举重若轻。

第二章

法律检索

如第一章所述，笔者通过三个维度来评价律师个人专业能力的建设，分别是功底、经验和工具。“功底”决定了识别和解决问题的基本思路，“经验”决定了解决问题的路径的可靠程度，“工具”决定了解决问题的效率。一个优秀的法律检索者，实际上就是这三种综合能力都具备的佼佼者，我们不能单独把法律检索问题看成是“工具”的问题。我们需要“功底”帮我们准确识别和描述问题，我们需要“经验”帮我们利用技巧提炼关键词、积累可靠的检索工具，我们需要活用各具特色的“工具”来落实我们的检索目的，这三个维度的能力是缺一不可的。

那么反过来说，我们对于法律检索这项训练的期待，是希望通过法律检索来促进自己三个维度能力的提升。法律是实践的学科，从笔者的个人经验来说，法律检索是提升这三个维度能力最快捷的方法。在法律检索训练中，我们可以通过检索目标的设置来优化自己法言法语的使用，以贴近和熟悉裁判的语用为开端，进而理解裁判的思维进路，提升自己的法学功底；我们也可以在海量的裁判文书中大浪淘沙，从中检视不同律师在争议解决过程中的策略选择及其得失，从中洞悉社会生活的立法脉络和司法变迁；我们还可以通过大量的训练，来提升自己对各种工具的掌握程度，学习到更多有益于提高效率的技巧。总之，授之以鱼不如授之以渔，我们自己其实最清楚自身的缺陷，法律检索这项技能是自己针对自己的专项训练，是沟通规范与事实鸿沟的桥梁。了解和掌握这门技巧，并主动进行海量训练，会让律师受益终身。

实际上，现在的审理趋势已经对律师的法律检索技能提出了更高的要求。2018 年 12 月发布的《最高人民法院关于进一步全面落实司法责任制的实施意见》中就要求："各级人民法院应当……建立类案及关联案件强制检索机制，确保类案裁判标准统一、法律适用统一。存在法律适用争议或者'类案不同判'可能的案件，承办法官应当制作关联案件和类案检索报告，并在合议庭评议或者专业法官会议讨论时说明。"2019 年 8 月发布的《最高人民法院关于健全完善人民法院审判委员会工作机制的意见》中要求："提交审判委员会讨论的案件，合议庭应当形成书面报告。书面报告应当……列明……类案与关联案件检索情况……"此后，最高人民法院于 2020 年 7 月发布了《最高人民法院关于统一法律适用加强类案检索的指导意见（试行）》，各地律师协会随后也出具了《类案检索报告制作指引》等文件，这是我们编制类案检索报告的主要指引，是我们在学习法律检索之前应当预先了解的内容。

本章中，我们就将从检索前的准备、实施检索的步骤与技巧、检索结果的呈现三个维度，来分享关于法律检索的理念和方法。

一、检索前的准备

（一）树立检索思维

1. 培养检索求知的意识

我们应当认识到：在现在这个互联网时代，我们每时每刻都在利用检索功能解决我们的生活问题：我们用淘宝、拼多多购买生活用品，利用饿了么买外卖，用大众点评找餐厅，我们从来没有离开过检索，法律检索不过是检索的阵地之一。法律检索对于一般检索而言，既有共性，又有个性，我们要利用检索的共性来开阔我们的检索思路，又要利用法律检索的个性来修正我们的检索思路。

对于法律检索，我想先分享两个原则性的理念。

第一个理念是：这个世界上大量问题都不是新问题，你不是第一个遇到这个问题的人，我们很多问题的答案早就存在于这个世界上，我们完全可以站在巨人的肩膀上快速解决问题。这里我试举两个例子：

第一个是笔者在知乎上看到的一个“如何将一场庭审直播拷贝保存下来”的提问。这是一个让我眼前一亮的例子，我们在实务中经常需要研究不同法官审理的风格，有时候也要保存自己开庭的录像，以备自己反省和提高。而在中国庭审公开网上，并没有可以直接下载庭审录像的快捷功能。那么我们如何快速保存一场庭审的录像？最愚蠢的方式莫过于自己从头到尾再录一遍。如果我们具备检索求知的意识，认识到“我不是第一个遇到这个问题的人”，那么我们就自然而然会通过检索来寻找解决问题的方法。如是，我们完全可以取得详尽的教学视频，学会利用一些插件的功能，按照视频教程中的指引嗅探视频资源，再通过 M3U8 downloader 等软件就可以抓取庭审视频，下载并保存，而不必自己全程看完视频并录音。

第二个例子是“Excel 表格的单元格既有文字又有数字，如何将数字抓取求和”。我们可以直接在百度的视频功能中搜索“Excel 文字数字求和”，教程就会教我们通过“CTRL+E”提取数字，进而求和。Excel 软件有着异常丰富的功能，不仅许多数据的排列和梳理可以依托于 Excel 软件进行快速处理，许多诉讼可视化也要基于 Excel 软件。Excel 软件的学习是每一个新时代律师入门的必修课，这个软件中有许多技巧可以帮助我们减少工作量。未来，我们或许也可以利用 ChatGPT，让人工智能直接就我们需要的功能协助编程，再行进一步利用 Excel 软件的宏功能实现一些复杂的目标。网络上也有非常多类似的视频教程供我们学习，在此不再赘述。

列举这两个例子，是为了说明我们所遇到的很多问题，在具备检索求知的意识后都可以快速解决。在自媒体时代，创作的来源是广泛的，创作的动力也多种多样，这是时代给予的便利。尤其是关于工具如何使用的问题，只要进行检索，困难都会迎刃而解。

第二个理念是：凡是走过，必然留下痕迹。我们有时候可以把检索看成一场探险，比如律师在日常工作中，经常需要做的探索性检索就是了解一个人的财产线索或身份信息。通过检索就可以挖掘到许多有趣的信息，我试举一个简单的例子：在某上市公司证券虚假陈述责任纠纷案中，为保障客户的权益，我们拟将上市公司的实际控制人列为被告，但我们不清楚该实际控制人的身份证号码，为此我们就开展了检索。我们首先通过公开的新闻信息，了解到这个上市公司实际控制人已经被列为失信被执行人，还通过一些裁判文书披露的信息、上市公司历年董事换届时公开公告的简历等信息确认了该自然人的籍贯、年龄。由于该检索对象已经是失信被执行人，于是我们通过中国执行信息公开网检索，将该个人的姓名列为关键词，以身份证号码中对应显示的籍贯和出生年份作为复验信息，锁定了该检索对象除了出生月、日之外的具体身份证号码。其次，我们在裁判文书网找到了该自然人涉诉的民事裁判文书，从裁判文书的首部得知了该自然人的出生月份和具体日期，进而完整补充了该自然人的身份证号码。最后我们可以持有该身份证号码前往公安机关调阅身份信息，作为起诉的资料提交法院。

这个例子告诉我们，一方面应当具备开阔的检索思路，并且了解制度运行的规律。如果我们不了解身份证号码的编排规律，不了解身份证号码所能指代的籍贯、出生年、月、日、性别等信息，那我们也无法从浩如烟海的信息中检索并提炼我们所需要的内容。检索本身是一个思维的过程，而思维的素材中非常重要的，又极其容易被人们所忽视的一环，就是这个世界上各种各样潜在的运行规律。对于律师而言，在日常生活中一定要留心积累，持续在生活中学习，这样才能打开检索思路。我们不能囿于表达者的角色，往往一个优秀的律师必然还是优秀的观察者和提问者，要长期保持开放、热情的求知欲，用真实的生活扩充自身对世界的理解。另一方面我们要善于捕捉不同信息源之间的关联性，用动态、联系的观点看待不同的信息源，将不同的信息源联动起来，蔓引株求，以此接近和获得我们想要的信息。

2. 检索的个性化

事实上，对于检索每个人所能调动的资源都不同，由于每个人知识背景、熟悉领域、人脉资源、偏好的不同，能调动用于检索的储备也是不同的，完成检索目标最直接的办法可能是打电话询问你的同学或朋友。每个人都是独一无二的，你所陌生的领域可能恰好是别人熟悉的，别人认为复杂的问题对于你可能又是简单的。实践中，其实很多问题的答案也不是唯一的，比如以“1 元转让股权”的税收监管问题，有的税收监管部门会直接依据转让价格确定股权原值，有的税收监管部门则会结合注册资本的注入情况确定股权原值，有的税收监管部门甚至认为股东对公司的全部历史大额转账记录都可以作为计算股权原值的依据。因此此类型问题的检索，直接询问不失为一种好的方法。当然，本章中仍然从公众检索的视角出发，假定的前提是没有其他直接的快速途径可以寻找到答案，但我们不应该遗忘自己成长经历的特殊性，应当密切地梳理自己的资源，关注个性化的检索方法。

3. 检索的心态

检索心态的培养，主要是对耐心、信心、敬畏之心和想象力的培养。关于耐心和细心，如前所述，这个世界上 99% 的问题都不是新问题，你也不是第一个遇到这个问题的人，我们应该相信很多事情可以通过检索解决，要树立信心。但是检索的技巧需要依靠在实践中不断使用、磨炼和反思来提升，不能纸上谈兵。可能是我个人悟性的问题，我把法律检索技能看成水磨功夫，是一门需要不断训练才能提高的科目。就我个人的经历而言，在律师职业的初期，我平均每天要全心花费 2~3 小时在法律检索上，一直持续大约半年，我才感觉自己在法律检索上初步入门了。入门之后我感觉自己和之前最大的区别，是自己能够通过检索不断提出新问题，不断了解现实的复杂性，不断扩张自己的想象力，进而构建自己的逻辑体系，并大致摸清了检索的界限，也即我知道我检索到某个程度后基本上能够自如应对当事人可能产生的疑问。

技巧是一回事，技巧的应用又是一回事。把抽象的法律检索应用于当事人的具体法律事务又是另一回事。法律检索技能的进步依赖于海量训练，并且需要承受很多心理的沮丧、挫败。在检索过程中找不到答案一定不是浪费时间，这是必须经历的过程。在律师这个职业中，我一直认为成长和时间只有关联性而没有因果关系，个人的成长是和工作量密切相关的，法律检索技能就是体现这一职业特征的又一个例子。

另外值得一提的是，我认为法律检索最重要的心态是敬畏之心。律师实务中最忌讳、最需要克服的是“想当然”。大量初入律师事务所的新人，我给他们的建议，或者说是警告就是不能胡说八道，我们说话必须有事实和法律依据。做律师最怕的就是不知道自己不知道，我们的法律知识有时候是滞后的、理解不到位的，许多法律知识甚至是反常识的。我们绝不能凭感觉和自以为的认知去答复当事人，我们发表的意见要有依据，否则一定会付出惨痛代价！

试举两个例子：我们在学习《仲裁法》时有一个知识点，即如果仲裁协议约定的仲裁机构名称不准确，例如，将“深圳仲裁委员会”写成了“深圳市仲裁委员会”，那么依据《最高人民法院关于适用〈中华人民共和国仲裁法〉若干问题的解释》第三条的规定，仲裁协议约定的仲裁机构名称不准确，但能够确定具体的仲裁机构的，应当认定选定了仲裁机构，否则约定仲裁的条款可能被认定为无效。我们知道，深圳市范围内的仲裁机构，除了深圳仲裁委员会（深圳国际仲裁院），还有中国国际经济贸易仲裁委员会。如果我们不进行法律检索，仅凭深圳市区域内有两家仲裁委员会，很容易就直接认定“深圳市仲裁委员会”的仲裁管辖条款因约定不明而无效。但如果我们去深入检索，就会发现在深圳市中级人民法院近年来作出的确认仲裁协议效力的仲裁裁决中，均认为深圳地区仅有一家仲裁机构。依据《深圳国际仲裁院条例》,“深圳市仲裁委员会”仅指深圳仲裁委员会（深圳国际仲裁院），该约定能够确定具体的仲裁机构。

又如，依据《最高人民法院关于适用〈中华人民共和国民事诉讼法〉的解释》第五百零六条第一款的规定，被执行人为公民或者其他组织，在执行程序开始后，被执行人的其他已经取得执行依据的债权人发现被执行人的财产不能清偿所有债权的，可以向人民法院申请参与分配。那么根据前述规定，仅在被执行人为公民或其他组织的时候才能适用参与分配的制度。但我们经常看到法院作出分配方案，被执行人为企业时能否适用参与分配制度？法院作出分配方案是否正确呢？经过类案检索我们会发现：被执行人为企业法人但未进入破产程序的情况下，要按照采取执行措施的先后顺序受偿，不能按照债权比例受偿，企业法人不能适用参与分配制度。但需要注意的是，2020 年修正后的《最高人民法院关于适用〈中华人民共和国民事诉讼法〉执行程序若干问题的解释》第十七条仍然完整保留了原第二十五条的规定，即多个债权人对同一被执行人申请执行或者对执行财产申请参与分配的，执行法院应当制作财产分配方案，并送达各债权人和被执行人。债权人或被执行人对分配方案有异议的，应当自收到分配方案之日起 15 日内向执行法院提出书面异议。该条规范中的“多个债权人对同一被执行人申请执行”情形下的分配方案制作规定，继续适用，而不论被执行人是企业法人还是自然人或非法人组织。涉及在多个债权之间分配案款的，都需要制作分配方案。制作分配方案并不等同于适用参与分配制度。

前面的两个例子，是希望能够给大家起到警醒的作用，不同法律规范之间适用的差别可能十分纤微，我们绝不能凭借自己“想当然”去解读法律规范，否则将谬之千里。

（二）区分检索的应用场景并理解检索的意义

我们面对的客观世界是多种多样的，唯一不变的是不断变化。检索工作开展前要区分场景、区分检索结果的适用对象。在不同的场景，面对不同的对象，所提出的检索问题是不同的。大体而言，我将法律检索的对象分为以下几类。

1. 对主体的检索。这里的主体既包括自然人、法人也包括其他组织，即包括我方当事人、对方当事人及其律师、第三人及其律师、受理法院、合议庭、仲裁员、证人以及其他与案件有关的人。这些人是接近案件核心的人，既与争议的解决密切相关，也与律师开展代理工作密切相关，因此律师对他们当然要有必要的了解。

对于你自己的客户，你有了解过客户寻找律师的倾向性吗？你的客户喜欢委托法务出庭还是委托律师出庭？你的客户是第一次遇到此类纠纷还是频繁遇到此类纠纷？你的客户涉诉信息多不多，是否存在失信信息？如果你的客户一向喜欢委托法务出庭而本次却委托律师出庭，你是否了解眼下这个案件存在的特殊之处；如果你的客户频繁遇到此类纠纷，你是否能够针对客户编制相应的合规建议；如果你的客户就此类纠纷通常委托其他律师事务所，你就要进一步思考自己怎么比竞争对手做得更优秀；如果你的客户存在失信信息，你就要考虑你自己的权益如何保护，代理费如何收取。我们在市场竞争的环境中，就应当有市场竞争的思维和态度，切忌盲人摸象。我们必须通过检索获得信息，通过分析信息延伸自己的认知，再有的放矢地作出决策。

案件已经确定了承办法官或者仲裁员，就要充分考虑案件本身与这些承办主体的关系，这有利于我们进一步获取案件更多的信息。例如在深圳市中级人民法院，一般借贷案件中如果出借方无法提供出借凭证、主张以现金方式交付借款，而借款人否认自己收到过借款，那么法院一般不会采信超过 20 万元的借款系以现金方式交付，这时候通过了解不同法院的行事风格对预判案件结论就有决定性的意义；又如我们在团队建设和知识管理中，有一项重要的内容就是了解法官或仲裁员对于某项法律问题的倾向性意见，法官的意见通过公开的裁判文书可以搜集整理，而仲裁员的意见则需要同一个仲裁庭的其他成员留意记录，这样就能给我们在其他同类案件中选取边裁提供指引。再如很多案件中会遇到对方当事人委托自己公司法务出庭，但实际上律师假冒法务的身份参与庭审又屡见不鲜，这是不合规的行为。对于法务出庭的公司，我们一般都会通过律师协会或者案例数据库检索对方人员的身份，如果对方出庭人员身份不合法，有可能法院会直接缺席审判或视为撤诉，这样就能达到不战而屈人之兵的效果。

2. 对争议所涉标的物的检索。我们在争议解决中可能涉及的标的物非常多样，常见的包括股权、房产、车辆、商标专用权、专利权等，我们应当对案件涉及的标的物进行必要的检索，比如争议的财物有没有权利负担，是否存在司法查封或冻结，比如案涉商标是否处于转让的过程中，等等。只有弄清楚这些财物标的的现状，才可能判断我们诉讼目的实现过程中是否会遭遇第三人的阻碍，是否需要特殊方式加速或减缓具体的行动，是否需要采取措施使有关财物的权利状态保持稳定。

3. 对实体焦点及程序焦点的检索。这部分的问题往往是最直接的问题，也是人们最容易关注到的问题，《韩非子》中有一句话："火形严，故人鲜灼；水形懦，人多溺"。这句话的意思是火焰的形态很猛烈，所以被烧伤的人很少；水的形态很柔弱，因而人被淹死的很多。唯一要提醒的是，在进行关于诉讼请求方面的检索时，就基础事实相类似的案件，一定要多对比不同律师的诉讼请求、不同判决的判项，反复推敲他人实现目的的路径中所遇到的困难和排除困难的方法，以确定自己所承办案件的诉讼请求。

4. 对争议解决态势的感知。我们在处理案件时，还需要对案件的态势作整体感知。我在这里试举一些例子，让大家体会感知争议解决态势的必要性。比如在再审案件中，我们都知道再审案件有再审审查和再审审理两个阶段，因为我国实行的是二审终审制，所以为了定分止争、维护二审终审的基础性制度安排，在法理上再审案件本来就应当是“立案难、发动难”。因此我一般会告诉当事人，大数据显示，再审案件经过再审审查被裁定再审的，一般不足 8%，检察院能够就再审结果提出检察建议或抗诉的不足 5%，检察建议或抗诉后改判的也只有 70%。这种分析有利于当事人清晰地了解自己的基本处境，有利于律师开展工作、降低沟通成本、管理当事人预期并合理确定律师费的水平。

当然反过来，活用大数据也可以增加当事人的信心。如上市公司证券虚假陈述责任纠纷案件，按照现有大数据不加甄别的情况下，可能判决上市公司赔偿的案件超过总案件数量的 90%。但是这个数据是失真的，因为实务中部分代理原告处理证券虚假陈述案件的律师可能会为原告代垫诉讼费。为了减少垫付诉讼费的支出，有些代理人虽然实际已经征集数百位适格的投资者可以作为原告，但第一批起诉的投资者数量一般只会限定在 5~10 人。如果第一批投资者败诉，则出于节省诉讼成本的考虑不会代理其他投资者继续起诉，而如果第一批投资者胜诉，紧跟着起诉的投资者就会蜂拥而至。一家上市公司胜诉，另一家上市公司败诉，实质的胜负概率是 1∶1，而因为实际起诉人数的差异，大数据上的胜诉概率可能会显示为 100∶1，这样显示出来的胜负比例就会严重失真。而如果我们还原实际情况，大数据显示上市公司的胜诉免赔概率大概有 46%，这样的胜诉概率就比较容易激励当事人；又如，每年深圳市中级人民法院都会发布行政诉讼白皮书，其中显示行政相对人提起行政诉讼的胜诉率只有 5% 左右，但实际行政诉讼案件撤诉率有 30% 左右，大量撤诉是由于法院认为行政行为存在瑕疵，经过行政部门与行政相对人协商让步后，行政相对人才会撤诉，所以行政诉讼的胜诉率也常有失真。对数据的正确解读，有利于当事人认清自己的状况，帮助当事人作出符合自身利益的决策。

另外，感知争议解决的态势不仅有利于当事人认清案件基本情况，也有利于律师认识自身的代理前景。比如在很多房地产买卖合同纠纷等群体性案件中，往往律师在法律上会判断案件有较大胜诉机会，但如果对新闻舆情和其他已起诉案件进行检索，或许就能得知案件的败诉可能性很大；又如一些案件，如混合所有制企业股权转让未经评估的转让合同效力问题，律师经过检索会发现，一审判决对于这类案件的争议很大，但这类案件的共性在于不管一审如何判决，二审案件几乎都会维持一审判决，所以应对类似二审委托时我们的诉讼策略应是发回重审而非二审改判。可见，对争议解决态势的感知对于律师制定诉讼策略、谈判策略都有着非凡的意义。

综上所述，我们对于案件的检索不仅限于我们所理解的法律问题，也包括纯粹法律问题之外的信息，并且我们要善于挖掘数据。了解和挖掘这些信息的意义非凡，这些信息可能直接决定了你的诉讼策略、决定了你的维权路径。在检索过程中，我们要维持对信息的敏感度，开放、成体系地检索和吸纳这些信息。

（三）搜集积累并不断完善进化检索工具

在进行检索之前，我们应当分类梳理和熟悉自己的检索工具库，了解检索工具的特点，这相当于在平时保养武器，以便战时能够即取即用。在我们日常的学习、工作中，要特别留心一些只有特定人群才会使用的网站、社区或公众号，不断积累、增加我们获得信息的途径。一般而言，检索工具分为以下几类：法律专业数据库、综合搜索引擎、专业类网站、自媒体、书籍及论文库和其他工具。

1. 法律专业数据库，最常用的是“中国裁判文书网”、“威科先行”和“北大法宝”，除此之外还有“alpha 数据库”“无讼”“法信”“OPENLAW”，以及非诉业务或资本市场业务相关的“荣大二郎神”“见微数据”等。每个数据库的特点不一样，比如威科先行的法条对比、法条沿革、司法大数据、行政处罚都是比较领先的功能，威科先行是按照专业划分模块的，内训助手有 PPT 模板，智能图表具有找到简易的诉讼请求计算器或者合规调岗的操作步骤、网络安全合规的思维导图等非常实用，可以大幅减少律师工作量的功能，甚至威科先行还可以和客服沟通，客服一般是不同专业模块的编辑人员，据说有时候这些客服还能指引检索者快速取得目标资料。

2. 综合搜索引擎，包括百度、谷歌、搜狗等。每个搜索引擎所依托的算法不同，所以不同搜索引擎的重复率其实不到 70%，因此往往可以用不同的搜索引擎进行互补。尤其值得一提的是搜狗，因为搜狗和微信、知乎有合作，微信和知乎的文章对搜狗是开放的，通过搜狗引擎搜索微信和知乎的内容更加全面。百度是最常用的搜索引擎之一，我们一方面要善用百度的高级检索功能，这样可以避开一些商业竞价排名带来的信息干扰；另一方面百度有很多特别产品我们也要善用，如百度的网盘，通过网盘搜索可以找到部分无限制的分享内容；又如百度学术，其同步了知网、万方、维普等诸多收录学术期刊的网站，可以一站式帮助我们完成文章检索。

3. 专业类网站，包括中国法院网的“法律文库”、全国人大官网的“法律释义与问答”、中国庭审公开网、人民法院报官网、中国执行信息公开网、全国企业破产重整案件信息网、人民法院诉讼资产网、国家数据、中国人民银行征信中心、全国企业信息信用公示系统、百度网盘、微盘、国家邮政局申诉网站、计兮、蓝鲸财经记者工作平台、全国组织机构统一社会信用代码数据服务中心、中国商标网、中国理财网、粤公正、国家信访局、人民网、12345、司法局网、泉友之家、marineonline、中国证券基金业协会官网等。

4. 自媒体：微博、知乎、微信等。实际上有很多专业人士仍然习惯于在社交平台分享自己的经验，而且运营微信公众号也被视为律师自媒体宣传的一个重要阵地。由于发表的内容往往出自专业人士之手，且对公众公开的内容往往发表者也会更加审慎，所以只要选对关键词，我们很快能在这些平台上找到一些颇具深度、十分有益的信息。

5. 书籍及论文库：百度学术、知网、万方、当当、中国国家数字图书馆，以及常用的《人民司法》《最高人民法院司法观点集成》《民事审判指导与参考》等。在这里也向大家介绍一种书籍的查找方法，有渠道购买正版书籍的，当然必须购买正版书籍。但由于很多书籍没有再版，比较早的文献资料经常没有购买途径，一般我们可以先去搜索书籍的 ISBN 号码，然后通过“PDF 代找”找到这本书的电子版。

6. 其他工具：北大法宝、法律家等网站。

二、实施检索的步骤与技巧

通常而言，我们检索的主要步骤如下:（1）清楚识别和描述待决事项;（2）明确检索路线，利用信息的关联性扩展信息;（3）先进行扫盲式检索，再利用关键词、逻辑词、高级检索条件进行精确匹配;（4）对检索结果进行交叉核验。本章中，我们将根据这些步骤，逐步拆解和分析各个步骤中的要点。

（一）清楚识别和描述待决事项

在社会科学领域的研究中，往往困难的并不是回答问题，而是提出问题。能否识别问题并且相对精准地描述问题，这关涉检索者的法律功底。在法律检索中不断校正自己所描述的问题，实际上就是在不断减少自己法律表达的瑕疵，这就是前文所说的法律检索过程对律师执业能力的提升。例如,《公司法》第二百二十七条[①]规定了有限责任公司新增资本时原股东优先认缴出资的权利，我们如果表达为“优先认购权”，则检索到的判例就会大量遗漏。因为法律规范中所表达的是“公司新增资本时，股东有权优先按照实缴的出资比例认缴出资”，所以更加准确的法律表述应当是“优先认缴权”。

---

① 《公司法》第二百二十七条规定:“有限责任公司增加注册资本时，股东在同等条件下有权优先按照实缴的出资比例认缴出资。但是，全体股东约定不按照出资比例优先认缴出资的除外。

股份有限公司为增加注册资本发行新股时，股东不享有优先认购权，公司章程另有规定或者股东会决议决定股东享有优先认购权的除外。”

清楚识别和描述待决事项，我认为有三个要点：

第一，我们要避免口语化的表达，尽量使用法言法语，尤其是法律规范中使用的法言法语。由于学理讨论中的语言应用也往往各有特色和偏好，在法律这门学科中能达成最广泛共识的语用方式还是法律规范中的直接表达，我们要尽量使用法律规范中的用词。比如我们在理论上经常用的一个词“增资扩股”，但《公司法》中其实没有这种表述，《公司法》对类似行为一般描述为“新增资本”。

第二，我们在描述待决事项时不要遗漏关键要素。我们在进入法学院学习的时候老师就已经告诉我们，法律关系的三要素是主体、客体、内容，这其中最容易遗漏或者混淆的关键要素就是主体要素。在立法技术上，一般采取类型化的方式来规制各种行为的法律后果，以此实现立法者的价值取向。而通过法律关系参加者的身份进行类型化区分，是非常常见的方法，所以在检索中应特别注意区分特殊主体。

比如，国有法人所持有上市公司的股份，拍卖是否需要评估？一般而言，上市公司股份作为标的物进行拍卖时，直接按照拍卖日之前20个交易日的平均收盘价，就可以确定拍卖的起拍价，无须再进行评估。但如果是国有法人持有的上市公司股份被拍卖，由于其主体特殊，依据《最高人民法院关于人民法院民事执行中拍卖、变卖财产的规定》（2020修正）第三十条的规定，“在执行程序中拍卖上市公司国有股和社会法人股的，适用最高人民法院《关于冻结、拍卖上市公司国有股和社会法人股若干问题的规定》"。同时，依据《最高人民法院关于冻结、拍卖上市公司国有股和社会法人股若干问题的规定》第二条、第九条的规定，在法定范畴内的拍卖行为，人民法院应当委托具有证券从业资格的资产评估机构对股权价值进行评估。虽然该做法在司法实践中存在争议，但我们应当知悉，不同主体可能受到不同法律法规的调整，要尤其注意特殊主体的权利义务。

第三，我们要善于忽略那些无关紧要的条件，给自己的检索做减法。对于与检索目的无关的差别，我们应该有条件地予以忽视。比如以下这个检索命题：未通知股东参加股东会，股东会作出购买1000个冰墩墩的决议是否有效？在这个命题中，如果你关心的是未通知股东参加股东会时，股东大会决议的效力如何，那么决议的内容或许就属于无关的条件，我们在检索时不需要以决议的内容作为关键词，要给自己的检索做减法。反之，如果你关注的是某项特定股东会决议内容的合法性，那么决议的内容或许就是关键词。因此，我们要善于总结自己的检索目标，给自己的检索做好减法。

最后，我倡导大家在识别和描述待决事项时一定以书面方式写出来，而不是仅在脑子里思考。把待决事项写出来，才能定位我们的表达，并且在检索中不断优化自己的表达，在不断优化中提高自己的法律素养。要记住，我们所提出的待决事项不是静态、一成不变的，我们的目光要在检索的过程中不断游走于即时的检索情况和待决事项之间，积极调整自己所述的待决事项。

（二）明确检索路线，利用信息的关联性扩展信息

所谓的明确检索路线，实际上就是考虑通过什么途径可以检索到相关信息，或者自问谁是最接近这个信息的人。在实践中，一般按照以下顺序先后提出三个问题：

1. 这个问题是否有有权人员能作出回答？有权人员对待决事项是最了解的，可能他们的工作内容就围绕着待决事项，而且他们的回答最为权威可靠。比如律师实务中经常关注股权转让溢价的所得税缴纳问题，不同税务部门对于该问题的处理亦不相同，有的税务部门是直接按照实缴出资额来计算，有的税务部门则倾向于如果纳税义务人能够证明自己为了公司经营所需在注册资本之外另行为公司提供了资金，该部分资金也可以用于计算溢价。

2. 谁会关注这个问题？比如直接的利害相关人、待决事项所涉及的服务提供商，进而找到待决事项关注者们共同的社区。比如大学生毕业后到深圳创业，拟申请深圳的各类创业补贴，那么可能孵化园区的创业者社区，或者专门帮助申请补贴的服务公司，都可以找到答案。

3. 谁与这个问题相关？如果经过前两个问题的思考和检索，仍没有得到相关的答案，我们就应当更加发散、开阔地寻找检索思路，甚至有些时候，你的竞争对手也可以成为你检索的途径。比如深圳刚开始由前海法院集中管辖涉外案件的时候，我们不清楚文件实施了没

有，法院立案庭电话又一直打不通，就直接咨询了前海法院周边律师事务所的其他专业律师。

（三）先进行扫盲式检索，再利用关键词、逻辑词、高级检索条件进行精确匹配

1. 扫盲式检索

对一无所知的陌生类型案件，我提倡在进行专门问题的检索之前，有必要通过扫盲式的概括性检索来熟悉和了解该类型案件的法律体系。比如你要承办上市公司证券虚假陈述类案件，当事人让你计算投资差额损失，如果你不了解此类案件中实施日、揭露日、基准日的基本概念，当然很难着手；又如你的会计师朋友来问你，说他们给政府采购程序投了个标，标书中要求所有外国证件如果有官方译本必须提供官方译本，但是他们的竞争对手没有按照要求提供官方译本，问你能不能找财政局进行行政裁决。如果直接就这个问题去检索，你可能会认为提起行政裁决是可行的，但进行了全景化的检索后你就会发现，政府采购程序必须先质疑再投诉，没有经过质疑程序的投诉是不处理的。我还看到有的律师在评价政府采购行为时适用了《招标投标法》，而当时政府采购的内容不是工程而是服务，本身不应当适用《招标投标法》，属于适用法律错误。在此我想表达的，是我们在研究完全陌生的领域时，对这个领域要有一个全景化、扫盲式的检索，对法律体系有个框架性了解，尤其是适用范畴、特殊程序，要搭建思维

框架时在特别关注，否则我们的检索结论很可能南辕北辙。

2. 利用关键词、逻辑词、高级检索条件精确匹配

在对相关法律体系有了一个基本了解后，我们就要就案件开始精确地解决我们面临的待决事项。其核心，就是善用搜索引擎，灵活确定关键词、逻辑词、高级检索条件等内容。

（1）关键词

关键词的适当选择是提高检索效率最直接的方法，如何确定适当的关键词，我将以示例的方法来提供思路。

示例 1：同义词替换法。由于个人用语习惯的不同，为避免检索有遗漏，对于外延相似的词语我们通常会进行替换，例如，“合同”—“协议”。

示例 2：反义词替换法。在许多场景中，客户一般提出的需求是正面表达，而我们可以通过反义词替换法开展检索。比如我们在帮助客户开展特定的专项合规建设时，需要我们修订某类合同并提出合规建议，我们通常的做法是找出实践中导致合同无效的情形，进而避免这些情形发生，所以会采取反义词替换法，例如，“合同有效”—“合同无效”。

示例 3：排除干扰词。在许多常用的词语组合中，可能有个别字对于检索而言是有害的。仍然以《公司法》第二百二十七条规定的“优先认缴权”为例，在实际检索中我们会发现“权”字在很多检索

中不一定是有必要的词汇，比如律师在表达中可能称“我方当事人具有优先认缴权”，也可能表达“我方当事人有权优先认缴”，如果你以“优先认缴权”为精准关键词可能会不当排除后面那些案例，而后面那些案例可能才是你真正需要的，所以我们可以视情况把“优先认缴权”中的“权”字去掉。

示例 4：活用不规则词。所谓的确定检索关键词，其核心就是要尽量寻求一个与你待决事项相关度高，又和其他事项相关度低的词汇。所以有些词汇可能不具有特定含义，但仍然可以作为检索的关键词。

在实践中利用案号检索是一个非常典型的技巧，比如我们要搜索支付令有关的裁定书，我们可以使用“民督”案号作为关键词，要搜索停止执行死刑调查审核案件，我们可以用“刑止核”作为关键词。利用案号检索是我们必须要学习的一个技巧，我们要了解案号的编排规则和意义。2015 年发布的《最高人民法院关于人民法院案号的若干规定》及配套标准以及《最高人民法院关于在同一案件多个裁判文书上规范使用案号有关事项的通知》中，进行了新的案号体系改革。在 2016 年之前，案号采取的命名规则是：立案年度 + 办理法院 + 办理部门 + 办理程序的代字 + 案件顺序号。比如（2013）深中法民二初字第 1011 号，是指 2013 年收案，由深圳市中级人民法院民事审判第二庭审理的第一审民事案件，受案的编号为 1011 号。但由于很多地级、县级行政区域缺乏明确的简称，所以当时很多地方习惯于从法院名称中直接取字，比如天津市河东区人民法院，取“东”字，河西区人民法院就取“西”字，非常随意。这种做法在全国层面上看就很容易出现重复，比如北京市海淀区人民法院与内蒙古自治区呼伦贝尔市海拉尔区人民法院的法院简称都是“海”。因此为了增加法院代字的信息价值，解决部分法院汉字简称不易确定取字规则的难题，更好地进行规范化、体系化、制度化管理，顺应合议庭负责制的要求，2016 年 1 月 1 日之后各审判部门不再有专属代字，案件类型的体系化更为突出。新体系下案号的基本要素为：收案年度 + 法院代字 + 类型代字 + 案件编号。比如（2018）粤 0304 民初 111 号，这是指 2018 年收案，粤指代广东省，03 指代深圳市，04 指代福田区，民初指代第一审民事案件，111 号即为本院具体的案件编号。这样的案号标准化设计体系为同类型案件检索提供了极大的便利，因此我们将新案号体系下的类型代字表格提供如下（见表 1），以备查询。

表 1　新案号体系下的类型代字

案件类型	类型代字
一、管辖案件	
（一）刑事管辖案件	
1. 刑事提级管辖案件	刑辖
2. 刑事指定管辖案件	
（二）民事管辖案件	

续表

案件类型	类型代字
1. 民事提级管辖案件	民辖
2. 民事指定管辖案件	
3. 民事移交管辖审批案件	
4. 民事管辖协商案件	
5. 民事管辖上诉案件	民辖终
6. 民事管辖监督案件	民辖监
（三）行政管辖案件	
1. 行政提级管辖案件	行辖
2. 行政指定管辖案件	
3. 行政管辖上诉案件	行辖终
（四）行政赔偿管辖案件	
1. 行政赔偿指定管辖案件	赔辖
2. 行政赔偿管辖协商案件	
3. 行政赔偿管辖上诉案件	赔辖终
二、刑事案件	
（一）刑事一审案件	刑初
（二）刑事二审案件	刑终
（三）刑事审判监督案件	
1. 刑事依职权再审审查案件	刑监
2. 刑事申诉再审审查案件	刑申
3. 刑事抗诉再审审查案件	刑抗
4. 刑事再审案件	刑再
（四）申请没收违法所得案件	刑没

续表

案件类型	类型代字
（五）刑事复核案件	
1. 死刑复核案件	刑核
2. 法定刑以下判处刑罚复核案件	
3. 特殊假释复核案件	
（六）强制医疗案件	
1. 申请强制医疗审查案件	刑医
2. 解除强制医疗审查案件	刑医解
3. 强制医疗复议案件	刑医复
4. 强制医疗监督案件	刑医监
（七）停止执行死刑案件	
1. 停止执行死刑请求审查案件	刑止
2. 依职权停止执行死刑案件	
3. 停止执行死刑调查案件	刑止调
4. 停止执行死刑调查审核案件	刑止核
（八）刑罚与执行变更案件	
1. 刑罚与执行变更审查案件	刑更
2. 刑罚与执行变更监督案件	刑更监
3. 刑罚与执行变更备案案件	刑更备
（九）其他刑事案件	刑他
三、民事案件	
（一）民事一审案件	民初
（二）民事二审案件	民终
（三）民事审判监督案件	

续表

案件类型	类型代字
1. 民事依职权再审审查案件	民监
2. 民事申请再审审查案件	民申
3. 民事抗诉再审审查案件	民抗
4. 民事再审案件	民再
（四）第三人撤销之诉案件	民撤
（五）特别程序案件	
1. 选民资格案件	民特
2. 宣告失踪、死亡案件	
3. 财产代管人申请变更代管案件	
4. 行为能力认定案件	
5. 监护人指定异议案件	
6. 监护关系变更案件	
7. 财产无主认定案件	
8. 实现担保物权案件	
9. 调解协议司法确认案件	
10. 设立海事赔偿责任限制基金案件	
11. 海事债权登记与受偿案件	
12. 撤销仲裁裁决案件	
13. 民事特别程序监督案件	民特监
（六）催告案件	
1. 船舶优先权催告案件	民催
2. 公示催告案件	
（七）督促案件	

续表

案件类型	类型代字
1. 申请支付令审查案件	民督
2. 支付令监督案件	民督监
(八) 破产案件	
1. 破产清算案件	民破
2. 破产重整案件	
3. 破产和解案件	
(九) 强制清算案件	民算
(十) 其他民事案件	民他
四、行政案件	
(一) 行政一审案件	行初
(二) 行政二审案件	行终
(三) 行政审判监督案件	
1. 行政依职权再审审查案件	行监
2. 行政申请再审审查案件	行申
3. 行政抗诉再审审查案件	行抗
4. 行政再审案件	行再
(四) 行政非诉审查案件	
1. 非诉行政行为申请执行审查案件	行审
2. 非诉行政行为申请执行审查复议案件	行审复
(五) 其他行政案件	行他
五、国家赔偿与司法救助案件	
(一) 行政赔偿案件	
1. 行政赔偿一审案件	行赔初

续表

案件类型	类型代字
2. 行政赔偿二审案件	行赔终
3. 行政赔偿依职权再审审查案件	行赔监
4. 行政赔偿申请再审审查案件	行赔申
5. 行政赔偿抗诉再审审查案件	行赔抗
6. 行政赔偿再审案件	行赔再
（二）司法赔偿案件	
1. 法院作为赔偿义务机关自赔案件	法赔
2. 赔偿委员会审理赔偿案件	委赔
3. 司法赔偿监督审查案件	委赔监
4. 司法赔偿监督上级法院赔偿委员会重审案件	委赔提
5. 司法赔偿监督本院赔偿委员会重审案件	委赔再
（三）其他赔偿案件	赔他
（四）司法救助案件	
1. 刑事司法救助案件	司救刑
2. 民事司法救助案件	司救民
3. 行政司法救助案件	司救行
4. 国家赔偿司法救助案件	司救赔
5. 执行司法救助案件	司救执
6. 涉诉信访司法救助案件	司救访
（五）其他司法救助案件	司救他
六、区际司法协助案件	
（一）认可与执行申请审查案件	

续表

案件类型	类型代字
1. 认可与执行我国台湾地区法院裁判审查案件	认台
2. 认可与执行我国台湾地区仲裁裁决审查案件	
3. 认可与执行我国香港特别行政区法院裁判审查案件	认港
4. 认可与执行我国香港特别行政区仲裁裁决审查案件	
5. 认可与执行我国澳门特别行政区法院裁判审查案件	认澳
6. 认可与执行我国澳门特别特别行政区仲裁裁决审查案件	
7. 认可与执行审查复议案件	认复
8. 认可与执行审查其他案件	认他
(二)送达文书案件	
1. 请求我国台湾地区法院送达文书审查案件	请台送
2. 请求我国香港特别行政区法院送达文书审查案件	请港送
3. 请求我国澳门特别行政区法院送达文书审查案件	请澳送
4. 我国台湾地区法院请求送达文书审查案件	台请送
5. 协助我国台湾地区法院送达文书案件	
6. 我国香港特别行政区法院请求送达文书审查案件	港请送
7. 协助我国香港特别行政区法院送达文书案件	
8. 我国澳门特别行政区法院请求送达文书审查案件	澳请送
9. 协助我国澳门特别行政区法院送达文书案件	
(三)调查取证案件	
1. 请求我国台湾地区法院调查取证审查案件	请台调
2. 请求我国香港特别行政区法院调查取证审查案件	请港调
3. 请求我国澳门特别行政区法院调查取证审查案件	请澳调
4. 我国台湾地区法院请求调查取证审查案件	请台调

续表

案件类型	类型代字
5. 协助我国台湾地区法院调查取证案件	请台调
6. 我国香港特别行政区法院请求调查取证审查案件	请港调
7. 协助我国香港特别行政区法院调查取证案件	
8. 我国澳门特别行政区法院请求调查取证审查案件	请澳调
9. 协助我国澳门特别行政区法院调查取证案件	
（四）被判刑人移管案件	
1. 接收在我国台湾地区被判刑人案件	请移管
2. 向我国台湾地区移管被判刑人案件	助移管
（五）罪赃移交案件	
1. 接收我国台湾地区移交罪赃案件	请移赃
2. 向我国台湾地区移交罪赃案件	助移赃
七、国际司法协助案件	
（一）承认与执行申请审查案件	
1. 承认与执行外国法院裁判审查案件	协外认
2. 承认与执行外国仲裁裁决审查案件	
3. 承认与执行审查其他案件	协他
（二）送达文书案件	
1. 外国法院请求送达文书审查案件	协外送
2. 送达外国法院文书案件	
3. 请求外国法院送达文书审查案件	请外送
（三）调查取证案件	
1. 外国法院请求调查取证审查案件	协外调
2. 外国法院请求调查取证实施案件	

续表

案件类型	类型代字
3. 请求外国法院调查取证审查案件	请外调
（四）被判刑人移管案件	
1. 接收在外国被判刑人案件	请外移
2. 向外国移管被判刑人案件	协外移
（五）引渡案件	
1. 请求外国引渡案件	请外引
2. 协助外国引渡案件	协外引
八、司法制裁案件	
（一）司法制裁审查案件	
1. 司法拘留案件	司惩
2. 司法罚款案件	
（二）司法制裁复议案件	司惩复
九、非诉保全审查案件	
（一）非诉财产保全审查案件	财保
（二）非诉行为保全审查案件	行保
（三）非诉行为保全复议案件	行保复
（四）非诉证据保全审查案件	证保
十、执行类案件	
（一）执行实施类案件	
1. 首次执行案件	执
2. 恢复执行案件	执恢
3. 财产保全执行案件	执保
（二）执行审查类案件	

续表

案件类型	类型代字
1. 执行异议案件	执异
2. 执行复议案件	执复
3. 执行监督案件	执监
4. 执行协调案件	执协
（三）其他执行案件	执他

示例 5：最大公约数法。可以提取不同关键词中相同的部分，以此来限定一个特别的关键词，比如“合同不具有”“案件不具备”“案件不能参照”可以用最大公约数法提取关键词“合同不”。

示例 6：归纳法。法律规范要面对纷繁复杂的现实世界，在立法技术上就必须采用类型化的方法描述、表达、想象万事万物，所以在民法里面可能不会有手表、手机这类词语，只会有动产、不动产、劳务、智力成果等词语，因此有时候我们要将具体事务转化为其所属的类型来开展检索，比如关键词“兔子”调整为“动物”。

示例 7：衍生扩展词法。例如我们搜索“虚拟货币”相关的专业文章，可以将关键词“虚拟货币”衍生为“比特币”，这样搜索结果可能更齐全。

示例 8：词序调换法。例如“转让股权”可以将词序调换为“股权转让”，以扩充我们的检索内容。

总而言之，检索者的精力是有限的。我们要善用关键词来调整检索口径，所得结果过多时就要把口径缩小，所得结果过少时就要扩大口径。我们要善于观察不同场景下法律表达的差异性，学会顺藤摸瓜。无论是从专业文章的用语习惯还是从相关法条的表述中，抑或从判决的行文中发现关键词，往往都会给我们选取关键词提供启示或线索。

我在授课和培训时会给同学们做训练，比如请同学根据一段话找到判决书原文。我选取的是："由于双方在合同中未约定实际欠付面积超过暂测面积 5%后如何具体追究违约责任，现公司要求适用《最高人民法院关于审理商品房买卖合同纠纷案件适用法律若干问题的解释》的有关规定并无不当。根据《最高人民法院关于审理商品房买卖合同纠纷案件适用法律若干问题的解释》（法释〔2003〕7 号）第十四条[①]的规定，实测面积小于合同约定面积的，面积误差比在 3%以内（含 3%）部分的房价款及利息由出卖人返还买受人。"在这段话中，最显眼的、可以与其他案件区别开来的关键词就是"暂测面积""实测面积"等这类法官根据自己习惯在案件中使用的词语，而不是"面积误差比"这个法律规范中使用的专用术语。定位到本案中，或此类案件中最特异的关键词，就容易起到事半功倍的效果。

（2）逻辑词

现行的搜索引擎大多采用布尔逻辑运算符，而逻辑词的使用方式

① 该规定已根据 2020 年 12 月 23 日最高人民法院审判委员会第 1823 次会议修改。但该条文作为法律检索技术的示例使用不受影响。

各个搜索引擎可能不同，比如布尔逻辑中的“and”，有的搜索引擎用“&”来表示，有的用“+”来表示，有的用空格来表示，有的则全部用符号或部分符号表示“and”的逻辑。

在这里我们仅从类型上介绍一下这些逻辑词，具体的表示方式可以详阅不同搜索引擎的使用说明。常用的逻辑词包括：“and”，表示“与”，以检索文章为例，“A and B”表示检索的结果同时含有“A”和“B”两个关键词的文章；“or”，表示“或”，“A or B”表示检索的结果有三类，同时含有“A”和“B”两个关键词的文章、只含有“A”关键词的文章以及只含有“B”关键词的文章；“not”，表示“否”，以检索文章为例，“not A”表示检索的结果不含有“A”的文章，“not”逻辑词一般是检索结果过多时用于缩小检索范围；引号表示精确查找。现在搜索引擎的进化，使多数搜索引擎会通过检索者提供的词语进行联想，有的还会自动帮助校正错别字。如果把一个词用引号限制，那么搜索引擎不会展开智能联想，会严格按照你提供的词汇开展搜索；“site:”表示在特定位置查找，比如输入“site:gov.cn”，检索结果只会限定在政府网站发表的信息。我们从事律师职业，信息来源可能涉及权威性和证明力的问题，比如我们要查询机制砂的价格，我们就可以以“site:gov.cn”“价格”“机制砂”作为关键词搜索，此时在百度上会显示工业和信息化部《全国机制砂价格指数发布》这一新闻，进而会指引读者至“https://index.ccement.com/manufactured.html”这一网址查询。如果我们需要判断相关标的价格的涨跌，这一路径检索取得的证据就具有较高权威性，所以这个功能比较实用。另外，如果我们在“site:”之后加入网址，比如输入“site:www.sina.com.cn”，那么就会出现特定网站的检索结果。因为很多政府部门网站的站内搜索功能有限，所以这个功能用来检索站内信息也比较实用；“py”用于限制检索结果的时间；“la”用于限制检索结果的语言；“filetype”用于限制检索结果的文件后缀名类型，比如输入“filetype:docx”，检索结果的文件后缀名就是“docx”的文档。

（3）高级检索条件

除了常规的检索方法外，各个法律数据库一般都设有专门的高级检索条件窗口，并配有高级检索的使用方法，大家可以自行在各数据库的说明中查看。一般而言，法律专业数据库常用的高级检索条件包括：同段检索、同句搜索，即数个关键词必须在同一段或同一句中同时出现，才会在检索结果中呈现；限定检索位置检索，比如律师一般会优先了解法院的裁判观点，可以限定于“本院认为”部分使用关键词检索；限定其他条件检索，比如我们可以选择限定案由、限定审理法院、限定审级、限定文书类型等，以此缩小检索范围，以便我们能够迅速找到想要的检索结果。此外，有时候也可以先锁定案件所适用的法律规范，比如我们在上诉案件中对于一审裁判所适用的法律规范有异议，我们就可以先锁定要解读的法律规范，通过法律规范去联想相关的司法案例。

（四）对检索结果进行交叉核验

在完成检索后，我们还需要对检索的结果进行核验，首先是要对检索所得法条的真实性和准确性进行甄别，使用不同工具进行交叉检查。其次是要对检索所得的法律规范有效性、溯及力、位阶进行甄别，平台上经常错误标注法律法规的生效情况。最后就是要详细比对我们所解读的客观事实是否涵摄于法律规范，要关注我们待决事项的特性，然后再考虑这个问题是不是属于特定法律规范的调整范畴。比如我们在实务中要区分商业性不良资产和政策性不良资产，如果对于不良资产的性质不加区分，对法律效果的预判就会发生严重错误。

三、检索结果的呈现

完成案例检索之后，我们就需要将这些结果归纳总结，并且形成便利于实现检索目的的成果。这些成果的形式可以是图、表或者文字，如果你的汇报对象是当事人，可能有时候图表更能吸引他，如果你的汇报对象是法官，可能就需要详细比对类案与本案的相似之处，并且用文字的方式充分说理。检索结果的呈现就是要因人而异、因事而异，根据你力图实现的核心价值而变化，并无一定之规。

但总体而言，如果你检索的内容是法律规范时，一般要写明法律规范的全称、文号、现行效力等要素。如果不是现行有效的条款，或者需要着重阐述法条的历史沿革时，可以在脚注中予以说明；如果你检索的内容是案例或文章时，一般要写明案号、基本案情、裁判要旨、刊载刊物、出版信息页等要素；如果你要制作类案检索报告，那么一般要根据《最高人民法院关于统一法律适用加强类案检索的指导意见（试行）》的要求编制，该规定对检索方法、编写案例的排列顺序等均有指引。在本章将分享一份我们自制的案例检索报告和早年的检索备忘录（见附件），供大家讨论。

最后我想再次强调，语言的多义性决定了如果没有案例和相关立法解释、学理解释，我们是无法理解法条的。将法律规范、案例和相关解释文献视为一体，才是一次合格的检索。

附件一

类案检索报告

提交人：原告（反诉被告）×× 区 ××× 商务宾馆

案号：（2021）粤 0305 民初 ×××× 号

代理律师：华商律师事务所　沈洲

类案检索报告

尊敬的合议庭：

原告（反诉被告）×× 区 ××× 商务宾馆与被告（反诉原告）×× 酒店（深圳）有限公司特许经营合同纠纷一案，已由南山区人民法院受理，案号为（2021）粤 0305 民初 ×××× 号。就本案的法律适用问题，原告进行了类案检索并对相关案例中的要点进行了梳理编排，形成本《类案检索报告》，以供参考。

一、检索问题

假设原告确存在违约行为，本案被告（反诉原告）×× 酒店（深圳）有限公司（以下简称 ×× 酒店）主张的可得利益损失、合同解除违约金如何合理计算？

二、检索方法

经本所律师登录中国裁判文书网（https://wenshu.court.gov.cn/），以“××”（原告的品牌）“可得利益”“特许经营合同纠纷”为关键词，共找到 47 篇与本案事实及法律适用相似相关的裁判文书。其中 1 篇为广东省高级人民法院裁判，1 篇为深圳市中级人民法院裁判，23 篇为广州市中级人民法院或广州市基层人民法院裁判，18 篇为广东知识产权法院裁判，其余为广东省外人民法院裁判。

除深圳市中级人民法院不予支持××酒店的可得利益损失、广东省高级人民法院将××酒店的可得利益损失计算期间确定为半年外，其他裁判文书对于××酒店的可得利益损失的裁判观点几乎完全一致，可得利益损失计算期间均为一年，可见本案被告所主张的可得利益期间远超一年，极不合理。为协助贵院查明本案并正确适用法律，本所律师节选其中10篇供贵院参考。

三、裁判要旨

对于××酒店所主张的可得利益损失，各法院裁判观点几乎完全一致，裁判要旨为："可得利益应当是违约方在缔约时可以预见或者应当预见的因违约所造成的损失，且该损失是违约方的违约行为给守约方造成的预期纯利润损失。虽然合同约定可得利益损失为本合同剩余期限天数×本酒店于本合同已履行天数内的收入提成平均收入额。但事实上，酒店经营收入受到诸多因素的影响，如消费市场的变化、酒店经营管理水平的前后差异、酒店经营设施折旧而需要投入资金进行更新维护等因素，均有可能影响酒店的经营收入。因此，原告的可得利益是不能预见或者预先确定的。按照原告主张的可得利益，原告在管理店没有继续经营的情况下，仍然能够按照管理店以前的日收入来获得合同剩余天数的可得利益。很显然，该可得利益与被告违约行为给其可能造成的损失过于失衡。因此，为了平衡双方的利益，本院对被告违约行为给原告造成的可得利益损失酌情予以确定。因在涉案合同提前解除后原告可以再与他人签订类似的特许经营合同。考虑到原告与下一家协商、签约到获得提成收入需要一段时间，这段时间未收到的提成收入即原告的可得利益损失，被告应当予以赔偿。综合本案案情，本院酌情一年为合理期限，以此期限来确定原告因涉案合同解除应收而未收到的提成收入。”

对于××酒店所主张的解除合同违约金，各法院判决的内容略有偏差，但高度相似。多数意见为：《最高人民法院关于适用〈中华人民共和国合同法〉若干问题的解释（二）》（已失效）第二十九条规定：“当事人主张约定的违约金过高请求予以适当减少的，人民法院应当以实际损失为基础，兼顾合同的履行情况、当事人的过错程度以及预期利益等综合因素，根据公平原则和诚实信用原则予以衡量，并作出裁决。当事人约定的违约金超过造成损失的百分之三十的，一般可以认定为合同法第一百一十四条第二款规定的‘过分高于造成的损失’。”结合原告获得赔偿的可得利益损失及其他费用、被告的过错程度，以及合同的履行情况，根据上述法律的规定，对双方约定的违约金酌情予以调整，违约金按照原告可得利益损失的15%计算。

各法院的裁判观点摘要详见表2，具体内容详见附件《案例检索目录》：

表2 案例检索目录

序号	案号	关于可得利益的裁判摘要	关于违约金的裁判摘要	裁判法院
1	（2020）粤民申6661号	本案需根据合同条款及已履行情况、商业习惯和市场因素等对相应期间进行酌定，而不能支持××酒店所主张的计算至约定的合同结束期……涉案特许经营合同系××酒店拟定的格式合同且有违约金条款，若要求违约方既支付违约金又赔偿可得利益损失，则会使违约方所承担的赔偿金额超出损失总额，使得合同所约定的违约金条款带有惩罚性质，有违民法当中违约金以补偿性为主的基本原则，使当事人之间利益失衡，有失公允。因此，本院认为二审法院调整可得利益损失计算期间为半年并相应调低违约金，公平合理，并无不当。	违约金按照15%计算，详见列表案例序号5。	广东省高级人民法院

续表

序号	案号	关于可得利益的裁判摘要	关于违约金的裁判摘要	裁判法院
2	（2015）深中法知民终字第1223号	××酒店（深圳）有限公司同时主张卢某国、黄某华赔偿其可得利益损失342,075元，××酒店（深圳）有限公司关于该部分损失的证据为打印件，证明力不足，卢某国、黄某华亦不予确认，原审不予认定。二审维持一审判决。	与本案基础事实不同。	深圳市中级人民法院
3	（2020）粤73民终5224号	因在涉案合同提前解除后××酒店可以再与他人签订类似的特许经营合同，考虑到××酒店与下一家协商、签约到获得提成收入需要一段时间，这段时间未收到的提成收入即××酒店的可得利益损失，张某华应当予以赔偿，综合本案案情，一审法院酌情一年为合理期限。二审维持一审判决。	结合××酒店获得赔偿的可得利益损失及其他费用、张某华的过错程度，以及本案合同的履行情况，根据上述法律的规定，一审法院对双方约定的违约金酌情予以调整，违约金按照××酒店可得利益损失的15%计算，即张某华应当向××酒店支付违约金23,511元（可得利息损失156,743元×15%）。	广州知识产权法院

续表

序号	案号	关于可得利益的裁判摘要	关于违约金的裁判摘要	裁判法院
4	（2020）粤73民终30号	一审法院在考虑到涉案合同提前解除后，天津××酒店、××酒店可以再与他人签订类似的特许经营合同，但与下一家协商、签约到获得提成收入需要的时间，综合本案案情，酌情合同解除后一年为合理期限，以此确定天津××酒店、××酒店因郝某友、国友世家酒店的违约行为而造成的可得利益损失，并无不当，本院予以维持。	一审法院认定可得利益损失217,861.2元，违约金326,79.18元，实际违约金系按照15%计算。二审维持了一审判决。	广州知识产权法院
5	（2019）粤73民终5736号	一审法院未考虑到合同已履行期限、剩余履行期及本案违约金的约定等，将本案可得利益损失酌情确定为一年，使得××酒店获得的可得利益与应某明、柒天阳光酒店违约行为给其可能造成的损失失衡。因此，本院依法予以调整。考虑××酒店与下一家协商、签约所需的时间，涉案合同实际履行期限及剩余履行期限等因素，本院酌情确定为6个月。	一审法院根据《中华人民共和国合同法》第一百一十四条第二款、《最高人民法院关于适用〈中华人民共和国合同法〉若干问题的解释（二）》第二十九条的规定将违约金调整为可得利益损失的15%，双方对此均无异议，因本案可得利益损失进行了调整，故违约金据此亦应调整为33,820元（225,469元×15%）。	广州知识产权法院

续表

序号	案号	关于可得利益的裁判摘要	关于违约金的裁判摘要	裁判法院
6	（2019）粤73民终3764号	在涉案合同提前解除后，××酒店可以再与他人签订类似的特许经营合同。考虑到××酒店与下一家协商、签约到获得提成收入需要一段时间，这段时间未收到的提成收入即××酒店的可得利益损失，锦堂酒店和刘某堂应当予以赔偿。综合本案案情，一审法院酌情合同解除后一年为合理期限，以此期限来确定××酒店因锦堂酒店和刘某堂的违约行为而造成的可得利益损失。	结合××酒店获得赔偿的可得利益损失及其他费用、刘某堂、锦堂酒店的过错程度，以及本案合同的履行情况，根据上述法律的规定，一审法院对双方约定的违约金酌情予以调整，违约金按照××酒店可得利益损失的15%计算，即刘某堂、锦堂酒店应当支付××酒店解除合同违约金7032.6元（46,884元×15%）。	广州知识产权法院

续表

序号	案号	关于可得利益的裁判摘要	关于违约金的裁判摘要	裁判法院
7	（2017）粤73民终2412号	本案是特许经营合同，××酒店在本案中可得利益损失主要表现为涉案合同解除后应收而未收到的提成收入。在涉案合同提前解除后，××酒店可以再与他人签订类似的特许经营合同。考虑到××酒店与下一家协商、签约到获得提成收入需要一段时间，这段时间未收到的提成收入即××酒店的可得利益损失，何某生、华鑫源酒店应当予以赔偿。综合本案案情，本院酌情合同解除后一年为合理期限，以此期限来确定××酒店因何某生、华鑫源酒店的违约行为而造成的可得利益损失。	未主张违约金。	广州知识产权法院

续表

序号	案号	关于可得利益的裁判摘要	关于违约金的裁判摘要	裁判法院
8	(2017)粤73民终859号	在涉案合同提前解除后，××酒店可以再与他人签订类似的特许经营合同。考虑到××酒店与下一家协商谈判、签约到获得提成收入需要一段时间，这段时间的提成收入可以看作××酒店的可得利益损失。因此，本院酌情一年为合理期限，以此期限来确定××酒店因嘉豪酒店的违约行为而造成的可得利益损失。	结合××酒店获得的可得利益损失赔偿、嘉豪酒店的过错程度，以及本案合同的履行情况，根据上述法律的规定，本院对双方约定的违约金酌情予以调整，违约金按照××酒店可得利益损失的15%计算，即嘉豪酒店应当支付××酒店违约金13,091.39元。	广州知识产权法院
9	(2020)粤0105民初2098号	考虑到××酒店与下一家协商谈判、签约到获得提成收入需要一段时间，这段时间的提成收入可以看作××酒店的可得利益损失。因此，本院酌情一年为合理期限，以此期限来确定××酒店因史某成、优派酒店的违约行为而造成的可得利益损失。	根据××酒店获得的可得利益损失赔偿、史某成及优派酒店的过错程度，结合本案合同的履行情况，根据上述法律的规定，对双方约定的违约金酌情予以调整，按照××酒店可得利益损失的15%计算，优派酒店应向××酒店支付违约金5188元。	广州市海珠区人民法院

续表

序号	案号	关于可得利益的裁判摘要	关于违约金的裁判摘要	裁判法院
10	（2020）粤0105民初60号	因在涉案合同提前解除后原告可以再与他人签订类似的特许经营合同。考虑到原告与下一家协商、签约到获得提成收入需要一段时间，这段时间未收到的提成收入即原告的可得利益损失，被告应当予以赔偿。综合本案案情，本院酌情一年为合理期限。	结合原告获得赔偿的可得利益损失及其他费用、被告的过错程度，以及本案合同的履行情况，根据上述法律的规定，本院对双方约定的违约金酌情予以调整，违约金按照原告可得利益损失的15%计算，即被告应当支付原告解除合同违约金19,739.02元（可得利息损失131,593.45元 × 15%）。	广州知识产权法院

此致

深圳市南山区人民法院

提交人：×× 区 ××× 商务宾馆

二〇二一年八月五日

附件二

证券虚假陈述纠纷法律检索备忘录

一、主要法律法规

《最高人民法院关于受理证券市场因虚假陈述引发的民事侵权纠纷案件有关问题的通知》（已失效）

《最高人民法院关于审理证券市场因虚假陈述引发的民事赔偿案件的若干规定》（已失效，以下简称《虚假陈述旧规》）

《全国法院审理债券纠纷案件座谈会纪要》

《全国法院民商事审判工作会议纪要》（以下简称《九民会议纪要》）

《最高人民法院关于审理证券市场虚假陈述侵权民事赔偿案件的若干规定》（以下简称《虚假陈述新规》）

二、适格主体

（一）适格原告

原告应当为善意投资人，原告的交易行为构成内幕交易、操纵证券市场等证券违法行为的，或者原告在交易时知道或应当知道存在虚假陈述的，都不属于善意投资人。（2010）粤高法民二终字第48号案件中，广东省高级人民法院将以他人名义开户（拖拉机账户）的违规行为人排除在适格原告范围之外。

（二）适格被告

适格被告应当为信息披露义务人。信息披露义务人违反法律、行政法规、监管部门制定的规章和规范性文件关于信息披露的规定，在披露的信息中存在虚假记载、误导性陈述或者重大遗漏的，人民法院应当认定为虚假陈述。

信息披露义务人包括如下几类：1. 发行人、发行人的控股股东、实际控制人；2. 保荐机构、承销机构等机构及其直接责任人员，会计师事务所、律师事务所、资信评级机构、资产评估机构、财务顾问等证券服务机构；3. 发行人的董事、独立董事、监事、高级管理人员和其他直接责任人员；4. 发行人的供应商、客户，以及为发行人提供服务的金融机构；5. 其他责任人。

关于其他责任人，可参考以下判例。例如，（2017）粤03民初2381号案中被判决承担责任的一致行动人。在该案中，投资者以某上市公司、庄某1、陈某、庄某2、蒋某为被告，向深圳市中级人民法院提起证券虚假陈述民事赔偿诉讼。深圳市中级人民法院经审理后，支持投资者要求上市公司赔偿损失的请求，并判令庄某1、陈某、庄某2、蒋某对上市公司向投资者所负债务承担连带赔偿责任。因为庄某1时任上市公司的董事长、总经理，主导上市公司整个收购过程，而陈某、庄某2、蒋某与庄某1构成一致行动关系，同属于共同收购人。庄某1、陈某、庄某2、蒋某在上市公司资产重组过程中，违背承诺函，操纵上市公司进行虚假陈述，侵犯了投资者的权益，构成共同侵权，依法应承担连带赔偿责任。

又如，在（2019）云民终339号案中被判决承担责任的上市公司收购方。在该案中，沈阳某机床有限责任公司（以下简称机床公司）与西藏某投资公司（以下简称投资公司）签署《股份转让协议》，约定机床公司拟向投资公司转让其持有的某上市公司25.08%的股份。故上市公司披露了该事项，但未披露《股份转让协议》中关于“3个月自动解除”“获得云南各部门支持”等条款。前述行为被认定为重大遗漏，故证监会对机床公司、投资公司、上市公司均予以行政处罚。2017年，相关投资者提起证券虚假陈述民事赔偿诉讼，昆明市中级人民法院认为被告机床公司、投资公司、上市公司均违反了披露信息必须完整、不得有重大遗漏的义务，进一步认为前述被告的任一侵权行为均可造成投资者的全部损害，遂判令前述被告就投资者的损失承担连带责任。

三、管辖权

《虚假陈述新规》第三条第一款规定：“证券虚假陈述侵权民

事赔偿案件，由发行人住所地的省、自治区、直辖市人民政府所在的市、计划单列市和经济特区中级人民法院或者专门人民法院管辖。《最高人民法院关于证券纠纷代表人诉讼若干问题的规定》等对管辖另有规定的，从其规定。”

首先，该条明确了集中管辖规则，即使发行人不作为案件中的被告，仍然由发行人住所地的中级人民法院或者专门人民法院管辖。

在（2023）京民辖终82号证券虚假陈述责任纠纷一案中，某投资者起诉了证券公司、律师事务所、会计师事务所等中介机构，但未起诉发行人。中介机构的住所地位于北京，故某投资者向北京的法院提起诉讼。法院经审理认为：“《最高人民法院关于审理证券市场虚假陈述侵权民事赔偿案件的若干规定》第三条第一款就证券虚假陈述侵权民事赔偿案件进一步强化了集中管辖的基本思路，明确原则上不论是否起诉发行人、上市或挂牌公司，均由发行人、上市或挂牌公司住所地法院管辖。”并得出“鉴于案涉债券发行人住所地位于山东莱城工业区，故一审法院将本案移送山东省济南市中级人民法院审理并无不当”的结论。

其次，需明确本条规定中“发行人住所地”的概念。依据《最高人民法院关于适用〈中华人民共和国民事诉讼法〉的解释》

第三条第一款的规定，法人或者其他组织的住所地是指法人或者其他组织的主要办事机构所在地。当发行人的注册地和主要办事机构所在地不一致时，确定发行人住所地的核心是判断发行人迁址行为是否“产生公示效力”。

在（2023）新民辖终56号案中，法院认为：“《中华人民共和国民法典》第六十三条规定：‘法人以其主要办事机构所在地为住所。依法需要办理法人登记的，应当将主要办事机构所在地登记为住所。’第六十四条规定：‘法人存续期间登记事项发生变化的，应当依法向登记机关申请变更登记。’第六十五条规定：‘法人的实际情况与登记的事项不一致的，不得对抗善意相对人。’根据上述法律规定，需要登记的法人应当将主要办事机构所在地登记为住所，即法人的主要办事机构所在地和登记地应当是同一的，如其主要办事机构发生变化，应该向登记机关提出申请，由登记机关审核后对原登记的住所进行变更登记。因此，以发行人公司登记的新疆维吾尔族自治区的地址为该公司的住所地，即使发行人已将其主要办事机构所在地搬迁至湖北省武汉市，但因未依照《中华人民共和国民法典》第六十四条的规定向登记机关申请变更登记，对外不产生公示效力。新疆维吾尔自治区乌鲁木齐市中级人民法院对本案拥有管辖权。”

而在（2022）京民辖终88号案中，人民法院认为："发行人公布的《2021年年度报告》中载明公司注册地址为哈尔滨市南岗区×号楼，公司办公地址为北京市石景山区×号院×号楼×座×层–×层。发行人在×发布《关于变更公司办公地址的公告》载明发行人于近日将办公地址由北京市海淀区×号×座迁至北京市石景山区×号院×号楼×座×层–×层。发行人在公司年报和地址变更公告中明确区分了该公司注册地址和办公地址，可见其注册地址与办公地址分离的事实。因发行人的办公地位于北京市石景山区，故本院据此认定该公司的住所地位于北京市石景山区。"

另外，在（2011）粤高法立民终字第47号民事裁定书中法院的观点亦值得注意。该案中法院认为公司的所在地认定应该考虑公司工商注册登记地、纳税地，以及其证券发行交易期间有关活动的监管人所在地。公司年报、公告中关于公司办公地点以及召开会议地点的表述，不能构成对公司住所地的认定依据。

最后，本条还载明了其他法律法规对管辖另有规定的，从其规定。有两类情形值得特别注意，第一种是该规范中明确提到的代表人诉讼，《最高人民法院关于证券纠纷代表人诉讼若干问题的规定》第二条第三款明确规定："特别代表人诉讼案件，由涉诉证券集中交易的证券交易所、国务院批准的其他全国性证券交易场所所在地的中级人民法院或者专门人民法院管辖。”除了《最高人民法院关于证券纠纷代表人诉讼若干问题的规定》外，另有《最高人民法院关于北京金融法院案件管辖的规定》第三条规定：“在全国中小企业股份转让系统向不特定合格投资者公开发行股票并在精选层挂牌的公司的证券发行纠纷、证券承销合同纠纷、证券交易合同纠纷、证券欺诈责任纠纷以及证券推荐保荐和持续督导合同、证券挂牌合同引起的纠纷等第一审民商事案件，由北京金融法院管辖。”

在（2022）京民辖终267号案中，发行人属于在全国中小企业股份转让系统向不特定合格投资者公开发行股票并在精选层挂牌的公司。人民法院认为：“《最高人民法院关于审理证券市场虚假陈述侵权民事赔偿案件的若干规定》与《最高人民法院关于北京金融法院案件管辖的规定》均为最高人民法院颁布的司法解释，法律位阶相同，在调整同一事项时作出了不同规定，这时应首先适用特别法优先于一般法原则。《最高人民法院关于审理证券市场虚假陈述侵权民事赔偿案件的若干规定》第三条就证券虚假陈述侵权民事赔偿案件作出一般性规定，规定由发行人住所地的省、自治区、直辖市人民政府所在的市、计划单列市和经济特区中级人民法院或者专门人民法院管辖。同时特别规定了‘除外情形’，即《最高人民法院关于证券纠纷代表人诉讼若干问题的规定》等对管辖另有规定的，从其规定。《最高人民法院关于北京金融法院案件管辖的规定》第三条对在全国中小企业股份转让系统精选层挂牌公司所涉有关证券纠纷，实行跨区域集中管辖，明确规定对于在全国中小企业股份转让系统向不特定合格投资者公开发行股票并在精选层挂牌的公司的证券欺诈责任纠纷，由北京金融法院集中管辖。”

鉴于法律服务市场中大量存在为适格原告代垫诉讼费的情形，因此出于成本考虑，此类案件往往在取得胜诉结果前不会全部起诉，因此被告方为了争取更广阔的时间和空间，也可能将管辖权异议作为主要的程序性策略之一。

四、侵权纠纷的构成要件

（一）主观要件：无过错责任与过错推定相结合

发行人对虚假陈述承担民事赔偿责任的归责原则为无过错责任原则；对发行人的控股股东、实际控制人、董事、监事、高级管理人员，保荐机构、承销机构等机构及其直接责任人员，会计师事务所、律师事务所、资信评级机构、资产评估机构、财务顾问等证券服务机构对虚假陈述承担民事赔偿责任的归责原则为过错推定规则；发行人的供应商、客户，以及为发行人提供服务的金融机构适用过错原则。

例如，在（2020）沪民终666号案中，二审法院认定，从《证券法》（2014修订）第一百七十三条规定可以看出，证券法基于维护证券市场的公正、公平、公开之要求而给专业中介服务机构施加了法定的注意义务。对于各方在本案中的责任，一审法院认为：第一，证券公司作为独立财务顾问，应对重组的程序、估值作价和信息披露及操作的合规性进行独立的评判。在证券公司所出具的《独立财务顾问报告》中，其在对上市公司置入资产的定价进行合理性分析的基础上作出了交易作价合理、公允的认定。然根据之后证监会作出的《行政处罚决定书》的认定，相关公司评估值存在严重虚增的情形。证券公司显然对此未尽审核义务，致使上市公司公告的重大资产重组文件存在虚假记载和误导性陈述，故证券公司应对投资者的损失承担连带赔偿责任。第二，会计师事务所系涉案重大资产重组的审计机构。证监会作出的《行政处罚决定书》中认定，相关公司存在虚增评估值及营业收入的违法行为，而对相关公司进行审计及盈利预测审核的机构正是会计师事务所。虽然会计师事务所进行审计及审核的依据均是相关公司提供的财务资料，但会计师事务所作为专业审计机构，应严格按照审计准则的要求、执行充分适当的审计程序对这些资料尽到审查义务。现经证监会查实，相关公司存在虚增评估值及营业收入的违法行为，会计师事务所亦未能提供充分证据证明其对此不存在过错，故会计师事务所理应与上市公司承担连带赔偿责任。第三，律师事务所在重大资产重组中发表法律意见，主要是对交易主体、步骤、程序等是否符合相关法律法规进行严格审查，并通过详尽的书面资料发表结论性的法律意见，以杜绝重大资产重组中的非法操作。《律师事务所从事证券法律业务管理办法》（2007，已失效）第十四条[①]规定，律师在出具法律意见时，对与法律相关的业务事项应当履行法律专业人士特别的注意义务，对其他业务事项履行普通人一般的注意义务，其制作、出具的文件不得有虚假记载、误导性陈述或者重大遗漏。第十五条第一款[②]规定，律师从国家机关、具有管理公共事务职能的组织、会计师事务所、资产评估机构、资信评级机构、公证机构直接取得的文书，可以作为出具法律意见的依据，但律师应当履行本办法第十四条规定的注意义务并加以说明；对于不是从公共机构直接取得的文书，经核查和验证后方可作为出具法律意见的依据。本案

① 对应《律师事务所从事证券法律业务管理办法》（2023）第十五条。

② 对应《律师事务所从事证券法律业务管理办法》（2023）第十六条。

中，律师事务所作为专业中介服务机构，为案涉重大资产重组出具《法律意见书》。从该份《法律意见书》的内容来看，律师事务所虽对涉案重大资产重组作出了定价公允的结论，但该结论是基于评估机构对相关资产评估的定价确定，律师事务所并非专业的审计或评估机构，其仅是从合法性、合规性角度对该定价予以评价，故要求律师事务所对基于专业机构评定的资产价值的准确性、真实性、完整性负责，于理无据。

（二）虚假陈述行为

从内容上看，虚假陈述行为可以分为诱多型的虚假陈述和诱空型的虚假陈述。所谓诱多型虚假陈述，是指信息披露义务人对披露的事实采用虚夸、利好的方式进行公布，从而引诱投资者作出积极投资的决定，此类情形比较常见，如虚增收入、虚增利润等。诱空型虚假陈述，是指信息披露义务人披露虚构的利空消息、隐瞒或迟延披露利好消息，诱导投资者卖出证券，如将公司自身持有的财产披露为代他人持有。可见，诱空型虚假陈述行为被揭露或更正后，会使公司的资产或价值增加，属于利好消息，有可能推动上市公司股价上涨，因此就此类行为的法律规制存在争议。

在适用《虚假陈述旧规》的时代，此类虚假陈述行为人或可以不承担民事赔偿责任。例如，在（2013）民申字第1831号案中，法院认为，在虚假陈述行为被揭露后，该公司调整后的资产总额、归属于母公司股东权益、少数股东权益、利润总额、所得税、归属于母公司所有者的净利润、少数股东损益等均比原来公布的有所增加，而负债总额有所减少。可见，相关信息纠错后客观增加了上市公司的资产利润总额。这对上市公司而言，是正面消息，对投资者而言，是利好消息。因而判令该上市公司不承担责任。又如，(2020)粤民终1132号案中某上市公司迟延披露利好消息，(2016)最高法民申502号案中某上市公司披露的信息隐藏了上市公司的财产，这类诱空型虚假陈述行为最终被法院判令不承担责任。

但《虚假陈述新规》发布后，明确规定了诱空型虚假陈述的赔偿方法。《虚假陈述新规》第十一条明确规定："原告能够证明下列情形的，人民法院应当认定原告的投资决定与虚假陈述之间的交易因果关系成立……(三)原告在虚假陈述实施日之后、揭露日或更正日之前实施了相应的交易行为，即在诱多型虚假陈述中买入了相关证券，或者在诱空型虚假陈述中卖出了相关证券。"由此可见，未来此类行为承担赔偿责任的可能性加大。

(三)法定的因果关系推定，以及三日一价的确定

《虚假陈述新规》第十一条规定："原告能够证明下列情形的，人民法院应当认定原告的投资决定与虚假陈述之间的交易因果关

系成立:(一)信息披露义务人实施了虚假陈述;(二)原告交易的是与虚假陈述直接关联的证券;(三)原告在虚假陈述实施日之后、揭露日或更正日之前实施了相应的交易行为,即在诱多型虚假陈述中买入了相关证券,或者在诱空型虚假陈述中卖出了相关证券。"

我国关于虚假陈述行为的法律规制基于欺诈市场理论,欺诈市场理论的前提是有效市场假说。所谓有效市场假说,是指在一个证券市场中,价格充分反映了所有可以获得的信息。换言之,证券的价格是全部信息所综合的投射。公司的经营状况也许不佳,但真正对"公司经营状况不佳"这一事实作出反应的,是相关信息得到披露时,而不是公司经营状况被确认糟糕的时候。因此,在此类案件中明确实施日、揭露日或更正日,确定对股价造成影响的信息何时发生至关重要。

例如,2012 年上海市高级人民法院发布的金融审判十大案例之一的(2011)沪一中民六(商)初字第 37 号证券虚假陈述责任纠纷案中,法院认为只有在虚假陈述行为实施之后,才会发生证券价格偏离正常价格围绕价值波动的曲线的情况,最终导致损失的发生。因此在虚假行为实施之前买入的股票,不应当归于投资差额损失的计算范围。在(2009)穗中法民二初字第 40 号陈某法与广东××集团股份有限公司证券虚假陈述责任纠纷案中，法院同样支持了“虚假行为实施之前买入的股票，不应当归于投资差额损失的计算范围”这一观点。

1. 此类案件需要确定虚假陈述行为的“实施日”

所谓虚假陈述实施日，是指信息披露义务人作出虚假陈述或者发生虚假陈述之日。信息披露义务人在证券交易场所的网站或者符合监管部门规定条件的媒体上公告发布具有虚假陈述内容的信息披露文件，以披露日为实施日；通过召开业绩说明会、接受新闻媒体采访等方式实施虚假陈述的，以该虚假陈述的内容在具有全国性影响的媒体上首次公布之日为实施日。信息披露文件或者相关报导内容在交易日收市后发布的，以其后的第一个交易日为实施日。因未及时披露相关更正、确认信息构成误导性陈述，或者未及时披露重大事件或者重要事项等构成重大遗漏的，以应当披露相关信息期限届满后的第一个交易日为实施日。

从上述规定来看，虚假陈述行为的实施分为积极的虚假陈述行为和消极的虚假陈述行为两类。所谓积极的虚假陈述，是在披露的文件中主动记载了相关违法内容，一般在实施该披露行为时，就构成了虚假陈述。所谓消极的虚假陈述行为，是指应当披露而未披露的违法行为，如未及时披露相关更正、未及时披露重大事件等。在此类行为中，第一是要确定信息披露义务发生的时点，第二要判断是否“及时”。确定信息披露义务的发生时点，要依据《证券法》中关于重大事件的规定，以及《上海证券交易所上市规则》《深圳证券交易所上市规则》的具体规定。《上海证券交易所上市规则》《深圳证券交易所上市规则》中规定的披露标准一般非常明确，如对于“占公司最近一期经审计净资产绝对值5%以上”的关联交易应当披露，值得予以注意。对于判断是否“及时”的披露标准，《上市公司信息披露管理办法》中明确规定“及时，是指自起算日或者触及披露时点的两个交易日内”。

例如，在（2019）辽民终1002号案中，上市公司因“一、未披露2亿元额度的募集资金冻结事项。二、未披露为控股股东质押担保4.59亿元以及8400万元事项”的虚假陈述行为而被起诉。二审法院认为，“及时”是指自起算日或者触及披露时点的两个交易日，“立即”应当理解为合理期限内及时公告。结合上市公司所实施的虚假陈述行为，二审法院认为上市公司虚假陈述的实施日应当为自起算日起或者触及披露时点的两个交易日内，故应确认2014年5月21日为虚假陈述行为实施日（5月17日、18日为法定休息日）。

在（2019）辽民终455号案中，人民法院同样认为消极沉默的虚假陈述行为实施日的确定应取决于信息披露的法定期限。在法定期限内未予公告的，即构成消极的虚假陈述行为，法定期限的最后一个日期即为消极虚假陈述行为的实施日。因此，人民法院认定上市公司投资行为及借款行为应在协议签署后两个交易日内披露。而上市公司未在法定期限内予以披露，故投资虚假陈述行为和借款虚假陈述行为的实施日分别为上述法定期限的最后一日，即2015年11月12日和2016年4月28日。

2. 此类案件亦需要确定虚假陈述行为的“揭露日”或“更正日”

《虚假陈述新规》规定，虚假陈述揭露日，是指虚假陈述在具有全国性影响的报刊、电台、电视台或监管部门网站、交易场所网站、主要门户网站、行业知名的自媒体等媒体上，首次被公开揭露并为证券市场知悉之日。虚假陈述更正日，是指信息披露义务人在证券交易场所网站或者符合监管部门规定条件的媒体上，自行更正虚假陈述之日。信息披露义务人实施多个相互独立的虚假陈述的，人民法院应当分别认定其揭露日。

尤其值得一提的是，在《九民会议纪要》第84条规定，虚假陈述的揭露和更正，是指虚假陈述被市场所知悉、了解，其精确程度并不以“镜像规则”为必要，不要求达到全面、完整、准确的程度。原则上，只要交易市场对监管部门立案调查、权威媒体刊载的揭露文章等信息存在明显的反应，对一方主张市场已经知悉虚假陈述的抗辩，人民法院依法予以支持。应当指出，对于揭露日的判断实践中十分灵活，判断揭露日的核心实质在于相关消息是否对投资者起到警示作用，因此也就有“人民法院应当根据公开交易市场对相关信息的反应等证据，判断投资者是否知悉了虚假陈述”的规定。

最常见的揭露日认定，是上市公司发布的，其因信息披露违法被证券监管部门立案调查的公告。例如，在（2010）粤高法民二终字第48号案中，原告认为，著名的经济学家郎咸平在上海复旦大学发表演讲，以事实和数据揭露上市公司及其关联公司之间存在不当交易，该内容与中国证监会对该上市公司确定违规处罚的主要内容一致，可视为该上市公司在证券市场虚假陈述行为的揭露，符合《虚假陈述旧规》有关“在全国范围发行或者播放的报刊、电台、电视台等媒体上，首次被公开揭露之日”的规定。但法院认为：“要以媒体对虚假陈述行为直接的揭露性的报道为揭露日，必须同时具备三个要件：揭露虚假陈述内容；发表于全国性媒体；首次公开揭露。”而媒体2004年8月11日报道的郎咸平教授《格林柯尔：在“国退民进”盛筵中狂欢》的演讲，内容、方法等均与行政处罚认定的事实不同。2005年5月10日上市公司被中国证监会立案调查的公告，显示了比其他时间点更强的警示效果，使市场获得了足够的警示信号。综上，法院认定2005年5月10日为虚假陈述揭露日。

又如，在（2020）粤01民初2171号案中，法院认为，应以自媒体质疑上市公司财务造假的2018年10月16日为案涉虚假陈述行为的揭露日。理由为：一是自媒体质疑报道的主要内容，与中国证监会行政处罚认定的财务造假性质、类型基本相同。特别是质疑报道中关于上市公司在货币资金等科目存在较大造假的猜测，在之后中国证监会作出的行政处罚决定中得到了证实，满足揭露行为的一致性要件。二是自媒体揭露内容引发了巨大的市场反应。上市公司股价在被自媒体质疑后短期内急速下挫，走势与上证指数、行业指数的走势存在较大背离，可以认定市场对于自媒体的揭露行为作出了强烈反应，说明自媒体揭露行为对市场显现出很强的警示作用，满足揭露行为的警示性要件。三是虽然揭露文章仅是首发在自媒体而非官方媒体，但在移动互联网蓬勃兴起的当今，发表在自媒体的文章亦有可能会迅速引起较多媒体关注和转载。从本案来看，相关文章确实被多家媒体转载，并直接导致上市公司的百度搜索指数和资讯指数暴增，成为舆论关注重心，满足揭露行为的广泛性要求，达到了揭露效果。

又如，在（2022）新民终1号案中，原告主张本案虚假陈述揭露日为2019年4月30日上市公司发布《上市公司关于收到调查通知书的公告》之时；上市公司则认为其于2019年3月15日在证监会指定的全国性媒体巨潮网发布的3.15公告已经对关联交易进行了披露，投资者对此已经知晓，且与监管部门后续认定的内容高度相似，故应当认定该日为虚假陈述的揭露日。对此，法院认为，揭露日的确定，除应符合《虚假陈述新规》规定的首次性、全国性的要求外，一般还应当具备揭露内容相对具体明确、揭露力度足以对投资者产生警示等相关条件。本案中，上市公司于2019年3月15日发布3.15公告，系首次就其及全资子公司存在将客户贷款转贷给公司实际控制人潘某海及其关联方使用的情形予以披露，该披露时间及发布平台符合上述“首次、全国性”的基本要求；披露内容包括各关联方与上市公司的关联关系、具体的关联交易内容、借贷本金金额以及公司内部控制措施在关联交易决策、资金管理、信息披露方面存有漏洞的提示，基本达到全面、完整、准确的程度，故一审法院认定虚假陈述的揭露日为2019年3月15日。关于原告主张应以《上市公司关于收到调查通知书的公告》的时间2019年4月30日为揭露日，法院认为，

2019年3月15日3.15公告比原告主张所披露的虚假陈述内容更明确、具体，时间更早且全面，具有一定的权威性和影响力，足以对理性投资者起到注意投资风险的警示作用，符合虚假陈述揭露日的一般认定标准或者条件。

3. 确定虚假陈述的基准日和基准价

投资差额损失计算的基准日，是指在虚假陈述揭露或更正后，为将原告应获赔偿限定在虚假陈述所造成的损失范围内，确定损失计算的合理期间而规定的截止日期。按照《虚假陈述新规》区分了基准日前卖出股票和基准日后卖出股票的情形，分别计算投资差额损失。《虚假陈述新规》规定，在采用集中竞价的交易市场中，自揭露日或更正日起，集中交易累计换手率在10个交易日内达到可流通部分100%的，以第10个交易日为基准日；在30个交易日内未达到可流通部分100%的，以第30个交易日为基准日。基准日和基准价的确定基本上是数学计算过程，不再赘述，但值得一提的是，经过检索我们发现各股票软件上显示的换手率数据经常发生不一致的情况，在计算时应当以证券交易所官网所记载的换手率数据为准。

（四）因果关系的排除情形

因为证券市场具有复杂性，影响交易决策以及证券价格的因素非常多，因此在计算投资差额损失时，应当剔除与虚假陈述无关的因素。按照《虚假陈述新规》的规定，剔除的无关因素主要包括两类：一类是重大性及交易因果关系，另一类是损失因果关系。

1. 重大性及交易因果关系的判断

依据《最高人民法院关于当前商事审判工作中的若干具体问题》的意见，重大性是指违法行为对投资者决定的可能影响，其主要衡量指标可以通过违法行为对证券交易价格和交易量的影响来判断。交易因果关系是指违法行为影响了投资者的交易决定。重大性、交易因果关系是为了限制或减轻行为人责任的制度安排。侵权行为不具有重大性或者侵权行为与投资者的交易决定没有因果关系时，行为人不负赔偿责任。

在重大性这一法律要件的认识上，司法实践中经历了三个过程。在《九民会议纪要》发布前，法院会实质性地审理违法行为是否足以对投资者的投资决策构成影响，例如，在（2013）穗中法金民初字第 82 号案、（2012）琼民二终字第 65 号案中，法院均以重大性的理由驳回了投资者的诉讼请求。法院认为，根据《虚假陈述旧规》第十七条的规定，构成虚假陈述的信息必须是违背事实真相的重大事件。对于财务会计报告中有关事项和数据是否构成重大事件，应当从所涉金额、事件性质、影响力等方面进行综合判断。在年度报告中对相关数据进行调整，并不能对股票市场产生实质性影响，其所披露的信息不构成重大错报。

而《九民会议纪要》中明确，重大性是指可能对投资者进行投资决策具有重要影响的信息，虚假陈述已经被监管部门行政处罚的，应当认为是具有重大性的违法行为。在案件审理过程中，对于一方提出的监管部门作出处罚决定的行为不具有重大性的抗辩，人民法院不予支持。因此在这一阶段，人民法院仅单一地依据上市公司是否受到行政处罚来判断案件的重大性。

但《虚假陈述新规》中规定，被告提交证据足以证明虚假陈述并未导致相关证券交易价格或者交易量发生明显变化的，人民法院应当认定虚假陈述的内容不具有重大性。因此重大性这一法律要件又回归到了实质审查阶段。在（2022）新民终1号案中，上市公司向关联方提供借款而未及时披露，构成了信息披露违法，但在该虚假陈述行为被揭露时，关联方已经向上市公司偿还了全部借款并支付了利息。因此法院认为，根据查明的事实，至2019年3月21日（新疆证监局认定的收回全部款项时间），关联交易款项均已收回并取得利润。上市公司的股票价格在揭露日至基准日期间并未下跌，反而呈上升趋势。即使在投资者主张的2019年

4月30日至10月29日，交易量即换手率亦未超出正常区间，最高值为5.27%仅一天，大多数时间均为1%以下。该虚假陈述未导致证券交易价格、交易量发生明显变化，故该虚假陈述不具有重大性。投资者主张上市公司赔偿其因虚假陈述而造成损失的诉讼请求不能得到支持。

此外，如果能够证明存在原告的交易行为与虚假陈述不具有因果关系的其他情形，也可能减轻或免除侵权人的责任。例如，在（2012）黔高民商终字第3号案中，法院认为，首先，影响投资者作出股票投资决定的因素是多方面的，上市公司的信息披露仅是其中一种因素。股票作为一种有价证券，除具有流动性的特征之外，还具有风险性、波动性的特征。股票的特征决定了投资股票既是一种收益率颇高的投资方式，又是一种高风险的投资方式。其次，作为投资者，不仅要面对外部客观因素所带来的风险，还要面对自身主观因素所造成的风险。影响投资者投资决定的主要因素有：国家宏观经济状况的变化，国家经济、金融政策的变化，银行利率，通货膨胀，投机操作行为，上市公司本身的声誉、经营状况、股利政策、预期发展前景以及投资者的心理因素和判断等。结合投资者买入股票的时间与本案虚假陈述行为的实施日和更正日来分析，在上市公司未按规定披露信息的情况下，原告买入该公司的股票，在该公司公告了未及时披露的信息以后，原告仍然购买了该公司的股票。由此可见，上市公司未及时披露信息的行为客观上没有影响原告的投资决定，亦不会使原告产生投资其股票的信赖利益。原告的投资交易并不是由上市公司未及时披露信息的行为所决定的。最后，从本案虚假陈述行为的特点及其对股票交易价格的影响来分析，虽然公司存在未及时披露信息的违法行为，但其并非采取浮夸、利好的方式公布信息，从而引诱投资人作出积极投资的决定，而是延迟披露重大信息。在其延迟公告未及时披露所涉事件后，其股价小幅上涨，没有引发巨幅震荡。综合分析上述三个方面，虚假陈述与交易决定之间不存在因果关系。

又如，在“全国首例银行间债券市场虚假陈述案”中，一审法院查明，原告在案涉债券发行之初安排其担任投资顾问的资管产品购入案涉债券，实际从事了案涉债券的营销工作，并收取了发行人返费；同时，案涉债券违约后，原告将其购入的原因解释为履行案外投顾管理义务，而非完全出于投资目的。因此一审法院认为，原告在发行人连续出现负面信息情况下坚持认购案涉债券，以及发行之初营销案涉债券并收取发行人返费，均存在过错，据此减轻各侵权方责任。

2. 损失因果关系的判断

相较于《虚假陈述旧规》对于损失因果关系规定的模糊性，《虚假陈述新规》明确规定人民法院在审理中应当考虑损失因果关系，并确定了举证责任由被告承担。《虚假陈述新规》规定，人民法院应当查明虚假陈述与原告损失之间的因果关系以及导致原告损失的其他原因等案件基本事实，确定赔偿责任范围。被告能够举证证明原告的损失部分或者全部是由他人操纵市场、证券市场的风险、证券市场对特定事件的过度反应、上市公司内外部经营环境等其他因素所导致的，对其关于相应减轻或者免除责任的抗辩，人民法院应当予以支持。

损失因果关系主要考虑以下两类。一类是系统性风险引起的损失，另一类是非系统性风险引起的损失。系统性风险是指由于汇率、利率等金融政策，国内和国际的突发事件，经济和政治制度的变动等全局性的共同因素引起的投资收益变化，是整个市场或者市场某个领域所有参与者所共同面临的风险。司法实践中，通常以大盘、行业板块等指数的波动情况作为判断系统风险因素是否存在以及影响大小的参考依据。例如，在（2010）粤高法民二终字第48号案中，法院认为，证券市场中，虽然个股在短时间内不受股指波动的影响是有可能的，但在相当长的一段时间内，个股不可能不受股指波动影响。众所周知，2001 年到 2005 年是我国股票市场长达五年的“大熊市”，大盘的跌幅巨大。上市公司的股票在 2003 年至 2005 年的价格不断下跌，不可能没有大盘风险的影响，完全否定系统风险的存在是不客观的。市场实践表明，大盘指数能够在相当程度上反映出系统风险，故法院选择以深圳成分指数为标准，计算系统风险所致的损失额。但是，我们应当注意，系统性风险往往有周期性。因此应当根据个案中具体买入时间的分段来判断（加强或削弱）系统性风险对计算结果的影响。此外，还要关注个股所在的板块信息，应当注意，个股所在板块应依据其年报披露的经营内容确定。

非系统性是指证券市场对特定事件的过度反应，或上市公司内外部经营环境、盈利水平等事项引发的投资收益变化。例如，在（2002）济民二初字第 12 号案中，法院认为，对股票下跌的原因，应作全面、客观、公正的分析、判断。审视 2001 年我国的股票市场，涨跌起伏较大，大盘指数处于大动荡中。上半年延续 2000 年的上扬行情，但大盘指数的震荡有所加剧，上升劲头已显不足。下半年终因央行全面查处违规资金入市、国有股减持试点、新股上市加速、上市公司大量增发配股、证券监管部门加大监管力度、造假企业被查处以及投资者信心严重不足等归属于系统风险因素的影响，股票价格大幅、持续下跌。后市虽有政策面的利好调整，但大盘指数年跌幅超过了20%。被告因各方面的原因自2000年起持续亏损，经营业绩欠佳，1999年年末至2001年年末，每股净资产降幅达35.49%。在公司发展前景不甚明朗、业绩大幅下滑，且股市大盘巨跌的背景下，股票价格的下跌应归结于公司自身的非系统风险因素及外部的系统风险因素。综上，法院认为，投资损失与虚假陈述之间并无因果关系。

在实务中，部分法院和鉴定机构建立了合作关系或委托测算关系，目前在市场上被法院认可的鉴定机构总共有四家，分别是中证中小投资者服务中心下设的中证资本市场法律服务中心、中国证券投资者保护基金有限责任公司（北京）、深圳价值在线信息科技股份有限公司、上海交通大学上海高级金融学院。其中有些机构采用“3+X同步指数对比法”，只剔除系统性风险的损失，不考虑非系统性风险，有些机构则采用“多因子法”测算系统性风险的影响因素。其中，中证资本市场法律服务中心是不收费的，上海交通大学上海高级金融学院需要收取相关费用。在诉讼中，要注意根据实际情况选择鉴定机构。

（五）损失后果的构成及计算方法

一般而言，投资者的损失由投资差额损失、佣金及印花税、利息以及《虚假陈述新规》中规定的合理的律师费、诉讼费用等构成。其中投资差额损失的计算有多种方法，值得注意。

第一种是实际成本法。实际成本法又称普通加权平均法，是指在实施日及以后至揭露日或更正日之前，以每次买进价格和数量计算出投资人买进股票总成本，减去投资人此期间所有已卖出股票收回的金额，除以买入股数与卖出股数之差，计算出股票买入均价。其公式为：买入均价＝（实施日至揭露日或更正日期间的买入股票总成本－卖出股票总金额）÷（买入股数－卖出股数）。例如，（2017）京01民初104号案、《中华人民共和国最高人民法院公报》2005年第11期刊载的证券虚假陈述案件，采用的就是这一方法。

第二种是综合加权平均法。综合加权平均法又称算数平均法，是指不排除实施日及之后至揭露日或更正日之前卖出股票情况，而直接将买入股票的总金额与买入股票的总数量相除得出买入平均价格。其公式为：买入均价＝实施日及以后至揭露日或更正日之前买入股票总金额÷买入总股数。例如，（2015）宁商初字第161号案、（2017）苏民终641号案采用的就是这一方法。

第三种是先进先出加权平均法。先进先出加权平均法是指首先以先进先出原则（推定先买进的股票先卖出）先比较实施日前持有的股票存量与实施日至揭露日或更正日期间卖出的股票数量，将实施日以后至揭露日或更正日之前买入但在此期间被卖出的股票进行剔除，从而确定可索赔的股票范围，再按照可索赔股票的实际买入价格以加权平均的方法计算买入平均价。其公式为：买入均价 =（实施日以后至揭露日或更正日之前买入总成本 – 在此期间卖出的超过实施日之前存量的部分收入）÷（在实施日及以后至揭露日或更正日之前买入股数 – 在此期间卖出的超过实施日之前存量的部分）。例如，（2015）沪一中民六（商）初字第 128 号案、（2016）鲁 01 民初 889 号案中主要采取这种计算方式。

第四种是移动加权平均法。移动加权平均法是指投资者于实施日以后至揭露日或更正日之前每次买入股票后，新买入的股票成本加上投资者原本的持仓成本，除以本次买入的股票数量与原本的持仓数之和，计算出全部已买入股票的平均价格。即在计算买入均价时将投资者每笔买入与下一笔买入进行加权计算，将得出的结果再与下一笔买入进行加权计算，直至计算至最后一笔买入。推定先买入的股票先被卖出，每次卖出股票的交易只影响持股数量，而不影响持股的成本单价。其公式为：本次买入均价 =（本次购进价格 × 本次购进数量 + 原有库存股票成本）÷（本次购入数量＋原有库存持股数量），（若又购入证券）新买入均价＝（新购进价格 × 新购进数量＋库存股票成本）÷（新购入数量＋库存持股数量）。例如，（2017）闽01民初456号案、（2019）沪民终263号案中主要采取这种计算方式。

对比以上四种计算方法，主要差异在于考虑投资者于实施日以后至揭露日或更正日之间卖出股票时，不同方法减去的卖出股票金额不一致，减去期间卖出股票的金额越高，买入平均价越低；减去期间卖出股票的金额越低，买入平均价越高。在股价一直下降的情况下，采用移动加权平均法，减去期间卖出股票的金额最高，得出的买入平均价最低，相应投资损失的计算结果也最小；采用实际成本法，减去期间卖出股票的金额最小，得出的买入平均价最高，相应投资损失的计算结果也最大。因此，一般投资者会主张用实际成本法计算买入平均价，而虚假陈述行为人则倾向主张用移动加权平均法计算买入平均价。

五、此类案件中其他问题

1. 诉讼时效

在《虚假陈述新规》实施前，此类案件的诉讼时效起算时间是《行政处罚决定书》作出之日，虽然《九民会议纪要》取消了此类案件的前置程序，但很多法院实际上仍然以“有关机关的行政处罚决定或者人民法院的刑事裁判文书”作为立案受理的前置条件。而《虚假陈述新规》中取消了“前置程序”的要求，根据《民法典》第一百八十八条“诉讼时效自权利人知道或应当知道权利受到损害及义务人之日起算”的精神，虚假陈述诉讼案件的诉讼时效应自揭露日或更正日起算，诉讼时效为3年。《虚假陈述新规》规定，对于虚假陈述责任人中的一人发生诉讼时效中断效力的事由，应当认定对其他连带责任人也发生诉讼时效中断的效力。

2. 专业投资机构的责任

对于专业投资机构是否应尽更高的注意义务，司法实践中有两类不同观点：

一类认为专业投资机构应尽更高的注意义务，例如，(2007)宁民商终字第74号案中，法院认为某基金管理人作为专业投资机构，其行为表明其未能合理运用自身专业知识和专业技能对所购买股票的投资价值进行判断，在投资的实际决策过程中存在不周全和瑕疵之处，未按规定履行完全的证券投资决策程序，使人不能确信其投资股票尽到了充分的审慎义务，其投资行为确有重大不合理性。又如，(2019)浙民终1414号案中，法院认为如果没有证据证明专业投资机构尽到审慎注意义务，即未对上市公司公开文件进行分析、未对上市公司进行实地考察和提出可行性研究报告，也未按照相关规定履行相应的审批、讨论、决策程序等，则不能当然依据“推定信赖”原则认定投资损失与虚假陈述之间存在因果关系。另外，法院注意到，某咨询公司在揭露日当天和第二个、第三个交易日仍大量买入某文化公司股票，投资行为明显不具有合理性。据此，法院认为不能认定某咨询公司在投资某文化公司股票时尽到了审慎、善意的注意义务。

另一类观点认为专业投资机构无须尽更高的注意义务，如（2019）粤民终2080号案中，法院认为，投资者是否应负有更高注意义务，不应因其身份有所差别，而应根据交易市场和交易方式来确定。对于公开募集股份的发行市场和通过证券交易所报价系统进行的“非面对面”证券交易，投资者均是信赖上市公司披露的信息进行交易，机构投资者和普通投资者负有的注意义务一致，并不负有更高的注意义务。

3.《虚假陈述新规》的溯及力问题

在（2022）京民辖终37号中，法院认为，《虚假陈述新规》自2022年1月22日起施行，其第三条第一款规定：“证券虚假陈述侵权民事赔偿案件，由发行人住所地的省、自治区、直辖市人民政府所在的市、计划单列市和经济特区中级人民法院或者专门人民法院管辖……”第三十五条规定：“本规定自2022年1月22日起施行。《最高人民法院关于受理证券市场因虚假陈述引发的民事侵权纠纷案件有关问题的通知》《最高人民法院关于审理证券市场因虚假陈述引发的民事赔偿案件的若干规定》同时废止。《最高人民法院关于审理涉及会计师事务所在审计业务活动中民事侵权赔偿案件的若干规定》与本规定不一致的，以本规定为准。本规定施行后尚未终审的案件，适用本规定。本规定施行前已经终审，当事人申请再审或者按照审判监督程序决定再审的案件，不适用本规定。”该案现系管辖权异议审查阶段，立案时间为2022年3月21日，案件尚未终审，故该案应适用《虚假陈述新规》对于案件管辖的相关规定。本案中，涉案证券的发行人华晨汽车公司住所地位于辽宁省沈阳市，故本案应移送至沈阳市中级人民法院审理。

第三章

诉讼策略

在大多数时候，诉讼是一个残酷的零和博弈，你所得到的往往就是对方所失去的。你得到的越多，别人失去的就越多，反之亦然。这一特征决定了诉讼案件将充满竞争性和博弈性，诉讼策略的选择也就直接贯穿争议解决的始终。举一个例子，比如双方在租赁合同中将“定金”写为“订金”，对于该款项的法律效果如何确定，是否需要双倍返还？如果合同双方都是商事主体，那么这个案件可能就会被分流到商事法庭承办，如果双方当事人是自然人，那么这个案件就有可能会被分流到民事法庭承办。以审理商事案件为主的法庭可能更加注重商事的底层逻辑、交易安全和意思自治，基于商事主体的交易能力和文义本身可能就不会支持双倍返还定金的义务。但以审理民事案件为主的法庭则会更倾向于实质公平，即使写的是“订金”也可能会支持双倍返还定金。又如疫情之后房东给二房东减租，二房东是否应该给实际承租人减租，从商事视角和民事视角的裁判结果可能也截然不同。在不同的调整范畴内，同一个事实最终法院确定的责任可能是截然相反的，这就体现了策略的重要性。

诉讼策略选择的不同很可能直接导致案件处理结果的差异，如果能在充分了解成案因素、充分感知诉讼态势的基础上预判影响各方行事的因素，制定行之有效的诉讼策略，那么在整个诉讼过程中就能够游刃有余、成竹在胸。如果不能整体地制定诉讼策略，则常常会有左支右绌、弹尽粮绝之感，这就体现了制定诉讼策略必要性。本章中，我们将介绍制定诉讼策略时需要思考的七个思维要素，分别是：管辖、主体、缓急、时机、繁简、解决方式和权利构造。我们拟通过真实的案例来反思这些思维要素在特定的时空环境中是如何发挥作用的，以及我们的工具箱中有哪些工具可以为我所用。

诉讼策略的制定就是要创造和利用对自己有利、积极的因素，增加对对方不利、消极的因素，以此实现我们的诉讼目的。尤其需要指出的是，我们需要具备一种反向思考、举一反三的能力，案例中对一方的不利因素，反过来就是对另一方有利的因素，这种“有利”与“不利”不是一成不变的，而是流动的。我们要善于总结自己成功和失败的原因，善于将我们受到的挫折转化为我们自己工具箱中的工具。

一、管辖

民事诉讼中的管辖，一般分为级别管辖和地域管辖。在考虑管辖法院的过程中，我们实质上在考虑的是以下几个因素：

第一，地域因素。我们不必讳言，在部分案件中地域因素或多或少会对司法审判造成影响，可能是程序上的影响，也可能是实体处理结果上的影响。我们有时候会努力掌握这种因素，有时候则要努力消除这种因素。在“王老吉”与“加多宝”侵害商标权纠纷中，广州医药集团有限公司为了掌握地域管辖的有利因素，除了将广东加多宝饮料食品有限公司告上法庭之外，还将东莞嘉荣超市列为共同被告，从而确定了管辖。实际上，广州医药集团有限公司既可以起诉东莞嘉荣超市，也可以起诉其他任何出售相关饮料的超市，在这个意义上，广州医药集团有限公司可以十分灵活地选择受诉法院，这是争取地域管辖的经典案例之一。

又如在劳动争议案件中，如果劳动合同履行地和用人单位住所地不一致，《最高人民法院关于审理劳动争议案件适用法律问题的解释（一）》第三条第一款规定：“劳动争议案件由用人单位所在地或者劳动合同履行地的基层人民法院管辖。”第四条规定：“……双方当事人就同一仲裁裁决分别向有管辖权的人民法院起诉的，后受理的人民法院应当将案件移送给先受理的人民法院。”因此在劳动争议案件的仲裁结果作出后，无论对于仲裁结果是否满意，有时双方当事人都会立即向人民法院提起诉讼，就是为了避免对方先提起诉讼，导致劳动争议的一审被不便于自己的法院管辖，徒增诉讼负担。

第二，案外其他因素。有一种观点认为，法院的层级越高，法官的公正性就会越高。这种观点的合理性在于，法院的层级越高，相应的行政级别也就越高，那么其抵抗案外因素的能力也就越强，独立性也就越高。我们通常会通过调整诉讼请求的金额等方法来控制级别管辖的高低，例如我们需要二审法院的管辖级别更高，违约金的起算期限、利率就可以适当提高；如果我们要二审法院的管辖级别更低，我们就可以反向操作，也可以考虑把一个案件拆分成数个案件起诉。此外，把握案件中的涉外或涉港澳台因素，也可能对案件的级别管辖产生影响。

那么就管辖问题，我们可以使用哪些工具呢？从理论上说，我们应当多读判例，注重在学习和法律实务中不断积累和刻意训练，这个过程可以锻炼我们思维的敏感度，让我们更加敏锐地捕捉到我们可以利用的因素，扩充我们的工具箱。例如，在（2021）粤01民辖终1850号案中，广州某软件科技有限公司与某数据服务有限公司因合同纠纷发生争议，根据双方签订的《协议》第13.2条约定：“凡因本协议引起的或与本协议有关的一切争议，协议双方应首先通过友好协商解决。如协商不成或不愿协商的，任何一方均可向甲方所在地人民法院起诉。”《协议》签订时甲方住所地位于广州市黄埔区，争议发生时甲方住所地位于广州市南沙区，双方因此发生争议。依据《最高人民法院关于适用〈中华人民共和国民事诉讼法〉的解释》第三十二条的规定，“管辖协议约定由一方当事人住所地人民法院管辖，协议签订后当事人住所地变更的，由签订管辖协议时的住所地人民法院管辖，但当事人另有约定的除外。”本案应当由签订管辖协议时的住所地人民法院管辖，最终本案裁定由广州市黄埔区管辖。这个案例的意义在于，我们如果需要使用管辖权异议的工具箱时，要敏锐地意识到住所地变更可能对管辖权造成影响，进而去探究相关纠纷是否存在合同主体住所地变更的情况。申言之，该案只能管窥管辖异议有关规定的一个角落，中国裁判文书网是一个庞大的宝库，我们应当通过广泛阅读备物致用。

同样地，许多法律法规对于管辖问题也有特别的规定，这些规定也不断在充实我们的工具箱。例如，《最高人民法院关于加强和规范案件提级管辖和再审提审工作的指导意见》第二十一条规定：“上级人民法院应当健全完善特殊类型案件的发现、监测、甄别机制，注重通过以下渠道，主动启动提级管辖或者再审提审程序：（一）办理下级人民法院关于法律适用问题的请示；（二）开展审务督察、司法巡查、案件评查；（三）办理检察监督意见；（四）办理人大代表、政协委员关注的事项或者问题；（五）办理涉及具体案件的群众来信来访；（六）处理当事人提出的提级管辖或者再审提审请求;(七)开展案件舆情监测;(八)办理有关国家机关、社会团体等移送的其他事项。”该规范中所涉及的途径就是我们可以对管辖造成影响的途径。又如,《最高人民法院关于证券纠纷代表人诉讼若干问题的规定》中对代表人诉讼的管辖如何确定和移送?因公司设立、确认股东资格等纠纷提起的诉讼,是专属管辖还是特殊地域管辖?约定管辖和集中管辖冲突时如何适用?是否存在约定管辖与争议标的没有实际关系的情形?是否可能发生追加境外当事人,导致案件增加涉外因素,以至于案件被移送集中管辖的情形?对前述问题的知悉和理解,有助于我们活用管辖制度,以帮助我们在财产保全、审理等过程中取得优势。

二、主体

如何确定参加诉讼的主体,这也是制定诉讼策略时需要周全考虑的重要因素。诉讼主体的确定,往往既影响案件发展的程序进度,也对查明案件事实、案件的执行可能性产生决定性影响。以下我们试举例子以提供思考的角度。

第一,把特定主体列为参加诉讼的主体,有时候并非为了追究该主体的法律责任,而是为了查明案件事实。例如在借贷活动开展时,借贷关系的发生有见证人当场见证,但见证人出于各种原因不愿出庭作证。鉴于此,在策略上可以考虑将见证人列为被告,促使见证人对自己可能承担的法律责任产生不安，进而促使见证人参加庭审以说明借贷的真实情况。

第二，在起诉时，列明的诉讼主体并非越多越好。我曾经代理某私募基金与某上市公司的股权转让纠纷一案，案件背景是这样的：某上市公司为收购东莞某科技公司的股权，通过发行股份购买资产的方式从东莞某科技公司 30 余名股东的手中受让公司股权。收购行为完成后，该上市公司发现东莞某科技公司存在严重的财务造假，因此将所有股东起诉。因为被告人数多，造成了几个重大弊端，一是送达难，因为人数很多，难免有被告因各种原因无法接收法律文件，案件不得不公告送达，诉讼的进程很慢；二是被告众多，客观上对案件取得有利于原告的结果产生障碍。被告人数增加后，容易形成合力影响案件结果。不同的被告各自聘请了律师，20 多个被告在庭审中互相补充，形成共同的力量，原告的声音在这种庭审态势下容易被淹没，原告掌握庭审话语权和节奏十分困难；三是原告没有对被告的类型进行区分，虽然案件基础事实相同，但纯粹的财务投资人和参与管理的股东显然对于财务造假的责任不同，“一揽子”起诉使得法官作出裁判十分困难。所以最终法院寻求了一个简洁的裁判路径，以案件涉及刑事犯罪为由裁定驳回起诉。

在另一个我承办的合伙纠纷案件中也发生了类似情况，案涉合伙协议上签字的名义合伙人有四人，而实际的合伙人是另外四人。项目进展过程中有两个合伙人被采取刑事强制措施导致项目无法继续经营，所以项目内部分包又增加了新的合伙人，最终经过法庭追加，本案的参与主体多达 13 人。因其中一个被追加参加诉讼的合伙人是我国香港特别行政区居民，因此本案按照涉港案件集中管辖的规则被移送其他法院，导致案件处理的时间周期非常长。

还有一种策略是基于仲裁规则的特殊性而产生，比如《深圳国际仲裁院仲裁规则》第二十条第三款规定:“……仲裁庭已组成，仲裁庭接受追加当事人请求的，由仲裁庭继续审理。”这一仲裁规则的初衷是提高仲裁案件的处理效率，但在这一仲裁规则下，如果一方存在多个当事人，那么合理安排申请仲裁时的被申请人，再适时追加其他被申请人，策略上就有可能导致在后追加的被申请人丧失选择边裁等权利。但是，不同仲裁规则对于追加当事人的处理方式不同，比如《中国国际经济贸易仲裁委员会仲裁规则》第十八条第五款就规定:“……在仲裁庭组成后决定追加当事人的，仲裁庭应就已经进行的包括仲裁庭组成在内的仲裁程序征求被追加当事人的意见。被追加当事人要求选定或委托仲裁委员会主任指定仲裁员的，双方当事人应重新选定或委托仲裁委员会主任指定仲裁员……”在这一规则下，该策略就不太可行，故应当基于仲裁规则的具体规定判断这一策略的可行性。

第三，当然我们也不是一味地认为起诉的对象少就是唯一正确的做法，一切都应当具体情况具体分析。例如，我们在借贷纠纷中通常要考虑是否将借款人的配偶作为共同被告。又如，我们起诉的对象是一家自然人独资企业时，可能考虑将公司及股东列为共同被告，这些措施可以增加未来清偿的确定性及执行的便利性。况且，在民事诉讼程序中只有将特定主体列为被告后，才能针对其采取相应的财产保全措施，并且还可能因为被告本身的特殊性而适用集中管辖、级别管辖等特殊制度，以此来选择适宜的管辖法院。

总而言之，被诉的主体越多，法官审理案件时考虑的要素就会更复杂，裁判就会更审慎，就会更加考虑社会舆情影响和类案的平衡性。被诉的主体多，未来“法律的抓手”相对就更多，但是案件推进的诉讼相对烦琐和缓慢，沟通成本会提高，甚至可能发生被诉主体在诉讼过程中因进入破产程序，导致审理中的案件被移送到受理破产的法院管辖等特殊情况。因此需要根据诉讼态势来确定管辖的主体。

第四，我们在选择起诉主体和被诉主体时，还有一个需要考虑的要点，就是在确定起诉主体时考虑“谁适合作为原告起诉”，在确定被诉主体时考虑“谁会在乎被起诉”。对于这两个问题的回答，不局限于从法律层面对原、被告的适格性进行判断，还要虑及将特定主体列为诉讼的当事人，是否更具有威慑力或转圜余地，是否能够争取更大的舆论空间或谈判空间。例如，选择适宜的起诉主体，采取“保护性”司法保全措施，就是考虑这两个问题后针对特定情形产生的解决方案；又如，被告处于公开发行股票期间、遭遇特定刑事案件的审查期间，处于特殊期间的主体对于被起诉、被采取财产保全措施可能更为敏感，尽快解决争议的意愿也许会更强，这也是考虑前述两个问题后有针对性的策略。

三、缓急

一个案子的节奏应该缓还是急，这也是我们制定诉讼策略时需要重点考虑的因素。我认为我们在争议解决中不必过分放大律师的力量。一个真实的情况是，重大的争议解决项目中依靠的绝不仅是律师，不仅是人和，还要依靠天时。很多争议无法解决，是因为解决的时机没有到，如果解决争议的时机没有到来，解决问题的条件不成熟，那么有些争议无论如何是解决不了的。我们在给一些很特殊的案件做复盘时，发现很多案件接受委托时的情况与裁判时候的情况已经完全不一样了。我的本意当然并非宣扬宿命论，我只是想要表达这样一个观点，现实中有大量问题是需要依赖时间来解决的，我们首先要认识到并接受这个客观规律。比如一些案件是在跟其他债权人竞争，要尽快取得生效裁判文书才能参与分配，那么案件的进展速度就直接关乎权益的实现；再如一些参与诉讼的主体受到融资成本的困扰，存在还款期限的压力，那么也许通过延缓诉讼程序就能创造有利的和解机会。总而言之，我们不能忽视案件中的时间要素，绝不能忽视时间的力量。

我有个自己亲身经历的案件，我曾经代理过一个不良资产管理公司的案件，该案件是在 2008 年胜诉并进入执行阶段。我们的当事人是债权人，债权人对于债务人位于深圳宝安的一栋工业厂房拥有抵押权。但实际进入执行程序后，执行法官在现场勘查时发现，债务人在同一个位置拥有三栋并排、外观相同的工业厂房。由于报建时间较早，三栋工业厂房的面积、建筑结构都完全一致，因此导致执行法院无法确定哪栋厂房是债权人实际拥有抵押权的物业标的。由于担心执行错误，这个执行案件久拖不决，执行程序历经将近十年都没有完成。后来深圳的房价在 2015 年、2016 年连续上涨，差不多翻了两番。在这个大背景下，我们所查封的工业厂房市场价值已经能够完全覆盖债务本金及利息，债务人处置该工业厂房后有利可图，因而债务人具备了积极推进执行的能动性。直至 2017 年下半年，债务人主动向我们寻求谈判，最终双方达成执行和解。

另一个我代理的案件中，我的相对方对于时间因素的应用也值得我学习和反思。我在 2019 年前后承办了一个侵害商标权纠纷的系列案。本案中，我的委托人由于历史原因与商标权人对于商标使用存在长期的合作，均为商标的发展和建设作出重大贡献。也因为双方紧密、良好的合作关系，双方并未就商标使用许可事宜专门签订书面商标使用许可合同。但由于原商标权人经营不善，原商标权人擅自将商标整体转让给第三方，随后原商标权人失联，第三方就以侵害商标权为由提起诉讼，并冻结了我的委托人及77家门店全部的现金，直接导致我的委托人经营发生困难。实际上，我们认为对手方发起本案诉讼的根本目的未必是索赔，而可能是要抢夺经营区域的市场，在司法冻结我的委托人全部现金后，第三方立即在相同的经营区域开设门店。最终，一审法院驳回了对方的全部诉讼请求，对方实际没有上诉的意向，但为了达到继续冻结财产的目的，专门提起上诉却最终没有缴纳上诉费，利用系列案归卷难、移卷难的特点，加之新冠疫情的影响，实际延长了9个月的司法冻结期限。

我想要指出的是，时间有时候会成为我们的阻碍，有时候又会成为帮手。一切事物都是在变化当中的，力量的对比、情绪的强弱随着时间的酝酿都会发生变化，我们应当仔细体会时间这个要素对于人和事的影响，并且扩充我们诉讼中能够使用的工具箱。比如我们可以利用管辖权异议、鉴定申请、申请回避、申请追加当事人、公告送达、中止审理、延期开庭、执行异议、财产保全、调解程序、确认仲裁协议之诉等诸多方法来推动诉讼策略的落地。当然这些方法的运用需要综合考虑，比如申请法官回避时适当强硬，但不要使用不合理理由恶意拖延，否则可能产生因实施不诚信诉讼行为而带来的风险。

四、时机

苏轼的《沁园春》中有“用舍由时，行藏在我”的名句，在争议解决的过程中，委托人和律师往往需要基于“时机”这个因素决定自己为或不为某个具体事项。例如在《民事诉讼法》对于举证期限没有规定的时期，很多律师都会采取证据突袭的方法作为诉讼策略，在开庭当天才提交许多证据。从整体上说，这种处理方式实际不利于查明案件事实，但这种提交证据的时机选择确实有时候会打乱对方对于案件的预判和部署，有时会有出其不意的效果，这就是一个简单的时机选择技巧。不过在现行的民事诉讼规则之下，我极不赞成证据突袭的方法，因为证据突袭在给对方带去不确定性的同时，也给主审法官带来困扰，进而可能会影响我方的诉讼效果。

在一个完整的争议解决流程中，当事人无时无刻不在面临着抉择。相同行为在不同的时空背景下，所达成的效果可能截然相反。因此是否实施某个行为、何时实施某个行为，都需要仔细审视。我们需要从博弈的角度去看待时机选择，这正是争议解决的精髓所在。

那么如何选择时机，我认为要有意识地留意“关键时期”。什么是“关键时期”，第一是对当前政策环境的把握。例如，2021 年法院系统的一个关键主题就是“司法整顿”，“司法整顿”的大背景之下还有“积案清理”等支线任务。把握有关部门在特定阶段的工作主题，律师顺应政策环境开展代理工作，往往能达到事半功倍的效果。第二是对相对方所处时期的把握，如“融资期间”“IPO 期间”等。有些公司的实际控制人会和投资机构签订对赌协议，具体而言，一般就是公司的实际控制人向投资机构保证公司在某个最后期限前完成首次公开发行股票的审批，否则该实际控制人就需要承担按特定价格回购股份或补偿现金的义务。由于这种对赌协议往往涉及的标的额特别巨大，而发生诉讼很可能对于 IPO 进度造成较大阻碍，为了顺利推动 IPO 工作，在此期间发生的诉讼往往相对方更有意愿尽快解决。第三是留意法律规范对于法定期间的特殊规定，不同的法律关系所涉及的诉讼时效不同，法律规范对于不同形成权赋予的除斥期间也不尽相同。比如行使合同撤销权、确认股东会决议无效、主张保证责任、提出管辖权异议的期限，等等。具体的法律关系中有许多关于期间的认定，我们对于时机的把握不能脱离法律规范的约束。

五、繁简

在争议解决中，大多数时候我们提出的是给付之诉或确认之诉，通常单刀直入地主张权益。但有的时候我们又需要步步为营，比如通过提起反诉、提起公司知情权之诉、政府信息公开之诉来起到威慑、警示等种种作用，徐徐为之。除了律师视角的繁简之外，我们还需要特别地注意，在法官裁判时也同样面临“繁”和“简”的抉择。如何影响法官裁判路径的选择，我们试举以下两个例子以供参考。

如何化简为繁，我试举一例：我的委托人曾到我国澳门特别行政区去赌博，并在赌场中向博彩中介人借款，签署了一张保证人落款处为空白的收据。保证人随后自称偿还了该笔债务，并在我国内地起诉我的委托人主张追偿。该案件的事实本身十分简单，但我们以裁判思维为出发点，通过化简为繁的方式让法院无法轻易下判，最终使一审法院驳回了原告的诉讼请求。观察案件全貌我们可以知道，最简单的裁判方式有两种，一种是适用我国澳门特别行政区法律法规，然后按照查明的还款事实及我国澳门特别行政区的法定利率等规定，判决我的委托人还款；另一种是确定准据法是我国内地的法律，或者适用公共秩序保留原则，将赌债本身认定为不法债务。

那么依照我们办案的原则，当然要加强对当事人有利的因素，关注对对方的不利因素。首先，我们要表明不应适用我国澳门特别行政区法律根据案件客观事实，我的委托人和担保人双方至今素不相识，委托人从未有过委托原告提供担保的意思表示，委托人不知道何时、何地与原告发生过案涉法律关系，本案没有证据证明涉案法律事实发生在我国澳门特别行政区，因此我国澳门特别行政区并非最密切联系地，本案不应适用我国澳门特别行政区法律作为准据法。就本案应当适用我国内地法律的观点，我们也提交了相关案例作为参考。其次，我的委托人确实已经通过现金方式偿还部分借款，但无法提出具体证据予以证明。对于没有证据但客观发生过的事实，如果想要打动法官，那么就把这个事实所发生的时间、地点等情况描述得越详细越好，事实越多越容易证伪，越容易证伪而对方不能证伪，就越有可能影响法官的心证，至少让法官对于事实无法查明的风险产生警惕，反而更严格地去核查对方提供的境外证据。再次，我们对对方所适用的我国澳门特别行政区法律进行研究，并提出反驳。我国内地的法官所精通是内地法律，而非我国澳门特别行政区法律。因此我们的反驳只要有理有据，即使不太准确，承办法官未经涉外法律查明程序也不会轻易下判，否则就有法律适用错误之嫌。最后，我们要高举高打，向法院说明极有可能是赌场控制保证人追偿的情况，解释赌场“跑通”该追偿模式后所造成的社会危害，拔高案件立意。

在有利于对方的裁判路径上增加障碍后，法官自然也需要考虑对我方有利的裁判路径是否安全可靠。我们此时应当向法官提供案例检索报告，给法官作出判决提供更充分的支持。在完成上述工作后，我们才可能在艰难的案件中寻找一线生机。

如何化繁为简，我试举一例：我的委托人曾与某品牌酒店签订关于品牌使用和特许经营的协议，由我的委托人提供宾馆进行运营，某品牌酒店提供品牌使用权及相关业务指导。因疫情原因经营难以为继，我的委托人决定关闭酒店，并不再继续相关的特许经营合作，剩余协议期限近十年。就此，某品牌酒店依据双方签署的特许经营协议起诉我的委托人，并提出巨额赔偿，合同依据为："1. 如因乙方违约导致本合同终止的，甲方遭受的预期利益损失调整为:（本合同终止前12个月的月平均管理费 + 品牌推广费）×（36个月或本合同余下未履行月份数，以较高者为准）；2. 如乙方发生违约但本合同未在合作期限届满前提前终止的，乙方除了按照本合同及附件的约定向甲方支付足额费用及相应的滞纳金外，还应当赔偿甲方因此遭受的经济损失（包括但不限于预期利益损失、调查取证费、律师费、仲裁费等），并按照甲方经济损失的30%向甲方支付违约金。"

在该案中，如果我们仅做调减违约金的抗辩，其实只能帮助法官解决定性的问题，即违约金是否过高、是否应予调减的问题。但违约金具体高了多少，法院判决多少数额合适，这个定量的问题并未解决。作为律师，如果能够化繁为简，帮助法院找到安全、有效的途径解决定量的问题，那么判决的结果和效率无疑会大大提高。因此我当时提供了案例检索报告，完全解决了法官在本案中定量的问题，最终法院参考了案例检索报告的内容，酌定可得利益的合理期限仅为1年，并迅速作出判决。这个案例检索报告已经作为本书"法律检索"一章的附件。

除了上述两则案例，我曾经还听过一则轶闻，权当一笑。有个同事曾经告诉我，他在诉讼时偶尔明知不合理，却会有意超出合理范畴提出更大金额的诉讼请求。我询问他这么做的理由，他说求上得中、求中得下，这么做有两个理由：一个是增加谈判的筹码，使自己有更大的周旋空间；另一个是能给承办法官一些酌定的空间，让承办法官可以综合考虑案件内外的多种因素，使得承办法官也可以裕如地进行自由心证。

六、解决方式

传统的争议解决方式有仲裁和诉讼两种，在布局争议解决的过程中，我们要充分了解两种不同程序的特殊性。由于两种程序都是争议解决中的常见程序，因此仅简要罗列一些差别，以供参考：

1. 一般而言，诉讼程序以公开审理为原则，仲裁程序以不公开审理为原则，并且仲裁程序不涉及裁判文书上网，因此仲裁程序的私密性更强。对于交易内容较为敏感，保密性要求更高的交易，采用仲裁的争议解决方式可能更为适宜。

2. 过往我们认为，商事仲裁一般是一裁终局，而民事诉讼是二审终审，因此仲裁程序的效率更高。但由于近年来仲裁案件数量的高速增长，实践中简单的仲裁案件也可能动辄 1-2 年无法作出仲裁裁决，仲裁程序未必比诉讼程序效率更高。如果从效率这一维度进行考量，主要考虑如下几点因素：第一点是仲裁案件中的送达规则与诉讼中的送达规则不同，许多仲裁委员会的送达规则以《联合国国际贸易法委员会仲裁规则》及《联合国国际贸易法委员会国际商事仲裁示范法》

为渊源，对于下落不明的人员，给受送达人最后一个为人所知的通讯地址邮寄资料的行为可以视为送达，这一规则与诉讼中公告送达的规则不同。所以，不同的送达规则可能导致案件处理效率不同。第二点是对常见的争议类型，法院处理此类争议的稳定性更高，效率也可能更高。如果涉及不常见的、行业专业性特别强的争议类型，那么选择一个对特定行业熟悉的仲裁员可能会更高效。

3. 商事仲裁倡导当事人中心主义，商事仲裁的特点就是灵活性。仲裁管辖条款不仅可以约定仲裁机构，还可以约定仲裁规则、仲裁的语言、适用的实体法、仲裁地、组庭方式、审理方式、审理程序等。因此在谈判时，我们有诸多的谈判点可以争取，如果是一连串的交易安排，就需要考虑不同合同之间约定仲裁管辖的连贯或有意的不连贯。

其中尤其值得一提的，一是对于仲裁审理程序的约定，从我自己与商事仲裁委员会工作人员交流得知，部分商事仲裁委员会可以接受仲裁协议中关于裁限的约定，也即仲裁协议的当事人如果事先约定了仲裁必须在特定期限内作出，部分商事仲裁委员会会尊重当事人的意思表示，遵循该约定期限作出裁决，那么这一约定有可能解决仲裁效率的难题。二是目前约定由一方选定首席仲裁员的条款效力存在争议，但可以对首席仲裁员任职的资质或经历等条件进行约定。

4. 从成本的角度考虑，我们通常以为商事仲裁会比诉讼收费更高。其实不然，不同仲裁委员会的市场定位不同，加之疫情情况下的减免政策，以及仲裁委员会对特定客户的仲裁费减免政策，有可能出现商事仲裁的收费低于诉讼的情况。以北京仲裁委员会的收费标准为例，实际上如果案件争议标的超过 5 亿元，北京仲裁委员会的仲裁程序收费标准将低于诉讼两个审级要缴纳的诉讼费总额。

表 3　仲裁与诉讼收费标准对比

争议标的额（万元）	北京仲裁委员会收费总额（元）	人民法院收费总额（元）
500	62,500	46,800
5000	667,000	291,800
50,000	2,497,000	2,541,800
100,000	4,597,000	5,041,800
200,000	8,297,000	10,041,800

5. 在面临“超裁”这一风险时，不要低估仲裁程序的保守程度。尤其是交易模式中涉及多个第三方（如债权转让），或者争议解决时无法独立区分前一阶段的交易与后一阶段的交易。不同阶段、不同部分的交易需要整体看待时，要特别警惕仲裁程序的管辖范围。仲裁程序的合法性来自仲裁协议，而仲裁协议具有相对性，因此对于超出仲裁协议范畴的争议，仲裁程序在解决上具有局限性。当然，我们可以反过来说，我们在设计交易时可以将一部分交易内容设置为仲裁管辖，这样在发生争议时能获得对冲的抓手，对争议解决有利。

6. 依据《最高人民法院办公厅关于确定首批纳入“一站式”国际商事纠纷多元化解决机制的国际商事仲裁及调解机构》的规定，在特定仲裁机构中，争议金额在 3 亿元以上或有重大影响的国际商事案件作出的仲裁裁决，可以向最高人民法院申请撤销仲裁裁决、申请财产保全和申请强制执行。这一规定对于重大涉外商事仲裁的策略安排有重大意义。

7. 最后，在仲裁程序中一定要关注仲裁庭的组成，仲裁员的身份可能会影响仲裁程序的走向，该情形在案件涉及交易模式有效性的争议时，尤其值得注意。比如因某信托业务引发的商事仲裁，双方对于某信托业务的架构是否因违反法律法规的强制性规定无效而发生争议。此时，仲裁委员会以熟悉信托业务为由可能安排其他信托公司的领导作为首席仲裁员。但由于该首席仲裁员本身就是信托机构的从业人员，如果裁决相关业务架构的合同无效，那么将影响自己所在机构的正常展业，此时仲裁员的身份可能对某些诉讼构成天然的障碍。对于这一点，我们在诉讼策略制定时尤其要予以注意。

七、权利构造

诉讼策略中最考验法律功底的思维维度，就是识别并确定适当的请求权基础。在复杂的、多主体的法律关系中，我一般会从横向和纵向两个方向梳理案件并识别请求权基础。

从横向说，首先要通读全案的资料，确定本案究竟有多少个主体参与，并建立法律关系的图表。为了不忽视不同主体在案涉交易中的作用，我一般建议穷尽地对图表中的主体逐一进行两两配对。以商业逻辑为出发点，先从生活经验上思考：配对的两个主体在特定交易安排中可能发生怎么样的联络，从联络的事项判断其法律关系、依赖程度和义务水平。在这个过程中，我们还要抱着两个疑问去审视这个交易架构，第一个问题是“有没有更便捷的方式可以实现交易目的？”第二个问题是“如果减少特定交易环节（或主体），会对这个交易产生怎么样的障碍？”

通过所述的“配对”和“审视”，有助于我们更深刻地认识商事交易，理解各方的利益关切，也就更有利于我们打开争议解决的视野。我们经常看到的一种情况是，明明交易目的很简单，可以用很直接办法实现，但是交易架构特别复杂，此时我们就一定要提高警惕。商业追求的是效率，交易架构的设计不会为了复杂而复杂。当我们带着问题去审视、拆解这个交易架构的时候，才会发现每个交易环节的功能，在此基础上才能挖掘出潜在的需求和个案的特殊性，才能抓住主线并真正探究各方当事人的真实意思表示如何发生、演变和终止。循着商业的主线去构建法律叙事的合理性，去还原彼时彼刻商业决策的现实图景，这是重大商事争议解决的必备技能。

在我们承办的一起因差额补足协议引发的合同纠纷案中，某银行为追求固定收益，作为委托人及信托受益人与某信托公司签署《信托合同》，约定某银行将合法理财资金数亿元以单一资金信托的方式委托给某信托公司，信托期限为36个月，信托受益人的受益权可以根据《信托合同》的约定转让和继承；信托受益人的业绩比较基准为8%/年（含）。某信托公司以自己的名义将上述理财资金委托给资产管理人某基金公司，设立“某定增×××号资产管理计划”，资金专门用于认购某上市公司非公开发行的股票，并指定某银行担任资产管理计划的托管人。同日，该银行与某上市公司实际控制人签署《差额补足协议》及《信托受益权转让合同》，约定某上市公司实际控制人作为差额补足义务人和补仓义务人，若《信托合同》到期,《信托合同》约定的收益未能及时支付或约定的履约保障比例低于约定标准等情形发生时，某上市公司实际控制人应当承担差额补足责任或按照申请人要求受让某银行持有的信托受益权。

在这个交易中，为了理解各方的交易逻辑，我在研究案情过程中就自我设问，为什么该笔资金要经过信托计划及资产管理计划两层嵌套，才最终投入上市公司的定向增发中？如果少了其中一个环节会发生什么？循着这个思路我了解到，依据当时有效的《上市公司非公开发行股票实施细则》（2017修订）（已失效）第八条第三款：“信托公司作为发行对象，只能以自有资金认购。”换言之，因投入定向增发的资金并非信托公司的自有资金，所以从监管规则上不能直接由信托计划直接参与上市公司定向增发。那为什么我们不直接使用资产管理计划参与交易呢？是因为依据《证券公司客户资产管理业务办法》《上海证券交易所资产管理计划份额转让业务指引》等规定，资产管理计划的份额无法转让或转让手续十分复杂，而信托受益权的转让程序较为简单，因此不宜直接使用资管计划参与上市公司定向增发。

我想说明的是，在复杂的交易中，每一个交易环节都有其存在的价值，我们应当保持好奇心。应用前述思维去挖掘和探索，才能比较深刻地理解特定商业模式的用意，进而理解当事人履行特定合同时的决策基础，基于交易安排的特殊性去探究、还原各方的真正意图。

在了解了案件全貌之后，我们就要考虑具体的请求权路径，比如在侵权行为、违约行为竞合时，我们要综合考虑法律的构成要件、赔偿的标准等因素，考虑使用侵权之债请求权或合同之债请求权。在此也试举一例：曾经有一些上市公司的投资者前来咨询，提及某上市公司大股东（实际控制人）与上市公司的关联交易数额特别大、业务占比特别高。由于上市公司实施关联交易前需要就日常关联交易事项在股东大会进行表决，表决时从事关联交易股东需要回避表决。因此在2020年，小股东们联手否决了《公司2020年度日常关联交易计划》的议案。但该议案被否决后，上市公司照常进行关联交易，导致次年会计师事务所对上市公司2020年度财务报表出具了保留意见的审计报告。会计师事务所出具非标准审计意见的主要原因系公司2020年度日常关联交易的议案未获股东大会通过，但公司董事会与高级管理人员仍然控制公司与关联方实施关联交易，且该交易影响重大。该审计报告公告后，上市公司股票连续多日跌停，投资者拟通过诉讼方式维权。

具体如何诉讼，我们依据《公司法》第二十一条、第二十二条的规定向投资者提出了两个方案。第一个方案是依据《公司法》第二十二条第一款的规定，“公司的控股股东、实际控制人、董事、监事、高级管理人员不得利用关联关系损害公司利益。违反前款规定，给公司造成损失的，应当承担赔偿责任”。就控股股东、实际控制人、董事、监事、高级管理人员利用关联关系损害公司利益的行为提出赔偿，该方案的索赔对象是特定的，需要通过股东代表诉讼的程序进行，实践中法院会重点实质审查关联交易是否损害公司利益，最终索赔所得应当归入公司。第二个方案是依据《公司法》第二十一条的规定，“公司股东应当遵守法律、行政法规和公司章程，依法行使股东权利，不得滥用股东权利损害公司或者其他股东的利益。公司股东滥用股东权利给公司或者其他股东造成损失的，应当承担赔偿责任”，以及《民法典》第八十三条第一款的规定，“营利法人的出资人不得滥用出资人权利损害法人或者其他出资人的利益；滥用出资人权利造成法人或者其他出资人损失的，应当依法承担民事责任”。若向滥用股东权利的股东主张依法承担赔偿责任，则索赔的对象仅限于公司股东，也意味着财产保全等特定法律措施的效力只能及于公司股东，但索赔所得可能直接偿付给股东，程序更加简便，法院审查“造成损失”这一法律要件的空间也更大。这里我想指出的是，不同请求权所针对的对象、能够实现的法律效果、法院审查的法律要件等均不相同，我们应当审慎、广泛地寻求适宜的请求权。

从纵向说，我们寻求适当的请求权基础时，不能将思路仅限于民事纠纷的范畴，而应该将目光向更远、更深的地方投射，考虑我们能否通过行政法律关系、刑事法律关系或其他途径促使争议解决。例如，劳动者在劳动争议中可以通过劳动监察的投诉或举报程序，促使行政部门直接就欠付的工资作出行政处理，并通过非诉行政审查程序和强制执行取得被拖欠的工资。又如，我们可以通过政府信息公开程序获取证据，在政府行政行为（如抵押登记行为）有瑕疵时我们可以寻求行政赔偿。再如，在深圳地区，监督公安部门行为非常有效的途径之一是局长信箱，可以通过投诉举报的途径督促有关行政部门的行为。此外，可以通过刑事控告程序、纪检监察程序等其他程序，控制成案因素和诉讼节奏，为实现诉讼目的创造有利的时空条件。

陆游老年的时候给自己儿子写了一首诗说明自己学写诗歌的经历，其中最后一句话流传千古：“汝果欲学诗，功夫在诗外。”我们争议解决往往亦不应当将眼光局限于既有的争议，也要考虑通过“诗外”的途径解决写诗的难题。

八、小结

诉讼策略的制定是一个需要高度理性又极富有艺术魅力的过程，是争议解决中最能体现深度的环节。简言之，所谓的诉讼策略，就是在尽可能了解成案因素的基础上，利用和创造对自己有利的、积极的因素，消除和减少对自己不利的因素。除了本章所提到的思维要素，我还需要提醒制定诉讼策略时候的两个关键词，一个是“整体性”，另一个是“博弈性”。

所谓的“整体性”，就是要求我们着眼全局、着眼历史，用整体、联系、动态、发展的眼光看待争议解决。争议解决不是一时一地的得失，不谋全局者不足以谋一域，不谋万世者不足以谋一时。我们在个案的诉讼中就要考虑为全局性的其他案件打好基础、提供支持，而不能在个案中留下能被对方在另案利用的不利证据、自认。

所谓的“博弈性”，就是我们要学会换位思考，站在对方当事人的角度对案件进行分析、判断。而能够站在对方当事人的角度叙事，首先，就要掌握更多的信息，尽可能减小双方的信息差；其次，对方当事人可能采取的诉讼策略最可能针对的就是我们自身的薄弱环节，而最了解自身弱点的恰恰是我们自己，我们的叙事内容只有经历过对方的质疑才能为法官所采信；最后，叙事的方式要具有合理性和可信度，因此我们也需要根据个案讨论当事人本人是否适宜出庭等问题，调整我们的表达方式。

总而言之，诉讼策略是一个需要充分准备、反复论证的工作，既需要有章法地大胆构想，也需要有耐心和韧性去实施，更需要我们用专业和阅历不断因地制宜、因时制宜地调整策略。本案的附件，就是前文所述通过“化简为繁”的策略应对借款合同纠纷案的答辩状，以供参考。

附件

案情简介

本案中，被告前往我国澳门特别行政区博彩，博彩中因资金不足，向博彩中介人借款并签署了借款确认单。根据被告自述，被告签署借款确认单时担保人处为空白，被告不认识担保人，不清楚担保人签署借款确认书的时间和地点，且被告和担保人从未联系过，此外借款人自述通过现金方式已经偿还了部分款项。嗣后，担保人作为原告向人民法院提起诉讼，担保人主张自己已经履行了担保责任，因此向被告追偿。

答辩状

答辩人：张三，男，汉族，1988年×月×日出生，身份证住址：广东省深圳市福田区，身份证号：44012319885×××××××。

被答辩人：李四，男，1988年×月×日出生，住址：广东省珠海市，我国澳门特别行政区居民，身份证号：1234567（8）。

就被答辩人（以下简称原告）诉答辩人（以下简称被告）借款合同纠纷案，基于本案事实被告发表答辩意见如下。

一、本案应当适用我国内地法律作为准据法。依据《最高人民法院关于适用〈中华人民共和国民事诉讼法〉的解释》（法释〔2015〕5号）第五百二十条①、第五百四十九条②的规定，本案属

---

① 2022年修正后为第五百二十二条："有下列情形之一，人民法院可以认定为涉外民事案件：（一）当事人一方或者双方是外国人、无国籍人、外国企业或者组织的；（二）当事人一方或者双方的经常居所地在中华人民共和国领域外的；（三）标的物在中华人民共和国领域外的；（四）产生、变更或者消灭民事关系的法律事实发生在中华人民共和国领域外的；（五）可以认定为涉外民事案件的其他情形。"

② 2022年修正后为第五百五十一条："人民法院审理涉及香港、澳门特别行政区和台湾地区的民事诉讼案件，可以参照适用涉外民事诉讼程序的特别规定。"

于涉澳民事法律关系，应参照涉外案件处理。因此应当根据《涉外民事关系法律适用法》的一般规定确定本案予以适用的准据法。被告认为，本案应当适用我国内地法律，不应适用我国澳门特别行政区法律。

（一）原、被告双方至今素不相识，被告从未有过委托原告提供担保的意思表示，被告不知道何时、何地与原告发生过案涉法律关系！本案没有证据证明案涉法律事实发生在我国澳门特别行政区，因此我国澳门特别行政区并非最密切联系地，本案不应适用我国澳门特别行政区法律作为准据法。

本案中，原、被告至今从未谋面，被告不知道原告曾为被告提供过担保，被告也从未有过委托原告提供担保的意思表示。原告为被告提供的所谓"担保"，事先没有征得被告同意，履行过程中也未通知过被告，事后至今双方也没有过任何联络。因此，被告不知道案涉担保关系发生的时间、地点，本案没有证据证明案涉担保法律关系的产生、履行、变动发生于我国澳门特别行政区。案涉担保关系的法律要素与我国澳门特别行政区不存在实际联系，因此原告主张本案适用我国澳门特别行政区法律没有事实和法律依据。

按照一般理性人的行为准则以及社会交易习惯，原告没有理由为一个与自己毫无关系的陌生人随便提供担保，更不会在不与被告沟通的情况下随意履行担保责任。本案中被告已经向案外人××公司偿还了大部分借款本金，因此原、被告双方担保关系的发生和履行都明显不合常理，本案不排除原告与案外人××公司恶意串通的可能性，因此适用我国澳门特别行政区法律亦将不利于公正审理本案。

（二）本案原告选择在我国内地法院起诉，且原告起诉状中载明的地址亦位于我国内地，因此依据最密切联系原则，债务人履行义务最能体现案涉合同特征，本案应当以我国内地法律为准据法，不应适用我国澳门特别行政区法律。

依据《涉外民事关系法律适用法》第四十一条的规定，“当事人可以协议选择合同适用的法律。当事人没有选择的，适用履行义务最能体现该合同特征的一方当事人经常居所地法律或者其他与该合同有最密切联系的法律”。本案双方当事人未选择适用我国内地法律还是适用我国澳门特别行政区法律，应当依据最密切联系原则确定法律适用。本案中，原、被告双方在我国内地均有住所，原告又专门选择在我国内地人民法院提起诉讼，假设案涉法律关系如果真实有效，法律关系极有可能发生在我国内地，被告作为债务人履行义务最能体现案涉合同特征，因此显然我国内地是本案的最密切联系地，本案应当以我国内地法律作为处理实体争议的准据法。

首先，本案中被告的户籍所在地及住所地均位于广东省深圳市，贵院的（2018）粤0391民初594号案件裁判观点认为：“当事人未明确约定法律的适用，姜某（被告）住所地在中华人民共和国内地，故依照《涉外民事关系法律适用法》第四十一条规定的最密切联系原则，适用中华人民共和国内地法律作为解决本案争议的准据法。”本案中，被告的住所地位于广东省深圳市，本案同样应当适用我国内地法律。

其次，本案原告提供的起诉状已经明确载明，原告在我国内地有住所，住所地址为“广东省珠海市拱北迎宾南路××号××大厦××室”。参考（2013）中中法民四终字第37号案件裁判观点：“本案中，各方当事人在大陆均有住所，因此，本案应适用与争议有密切联系的当事人的住所地法律即大陆的法律作为解决本案争议的准据法。”本案双方在我国内地均有住所，应当适用我国内地法律。

再次，原告选择在内地法院起诉，参考广东省佛山市人民法院（2017）粤06民终4837号案件裁判观点，认为“虽然博彩行为在我国澳门特别行政区为合法民事行为，但林某（原告）选择在我国内地法院提起诉讼，故本案应适用我国内地法律。”本案中原告亦选择在我国内地法院提起诉讼，本案应当同样适用我国内地法律。

最后，深圳市中级人民法院作出的（2019）粤03民终359号、（2014）中中法民四终字第12号等民事判决书中均认为，在借贷关系中“债务人履行义务最能体现案涉合同特征”，本案最能体现案涉合同特征的地点亦位于我国内地，本案应当适用我国内地法律。

（三）适用我国澳门特别行政区法律可能会损害社会公共利益，本案应遵循公共秩序保留原则，根据《涉外民事关系法律适用法》第五条以及《民法通则》（已失效）第一百五十条[①]的规定以我国内地法律作为准据法。

根据《涉外民事关系法律适用法》第五条的规定：“外国法律的适用将损害中华人民共和国社会公共利益的，适用中华人民共和国法律”以及《民法通则》（已失效）第一百五十条的规定，“依照本章规定适用外国法律或者国际惯例的，不得违背中华人民共和国的社会公共利益”，上述条文是对关于公共秩序保留原则的规定。具体到本案，在适用我国澳门特别行政区法律将违反我国

① 已失效，《民法典》未再保留该规定的内容，该内容体现在《涉外民事关系法律适用法》中。

内地法律的基本原则或者损害社会公共利益时可以排除我国澳门特别行政区法律的适用。

案涉纠纷是因被告在我国澳门特别行政区参与博彩活动欠下赌债而形成的，原告系明知被告参与博彩活动而为被告的赌债提供担保，根据《治安管理处罚法》第七十条的规定："以营利为目的，为赌博提供条件的，或者参与赌博赌资较大的，处五日以下拘留或者五百元以下罚款；情节严重的，处十日以上十五日以下拘留，并处五百元以上三千元以下罚款"，以及《刑法》第三百零三条第一款的规定："以营利为目的，聚众赌博或者以赌博为业的，处三年以下有期徒刑、拘役或者管制，并处罚金"等明文禁止赌博。与澳门博彩行业属于合法产业的规定不同，明知他人赌博而提供资金的行为在我国内地法律中属于非法行为，并非民事法律保护的范畴。依据《最高人民法院关于依法妥善审理民间借贷纠纷案件促进经济发展维护社会稳定的通知》（法〔2011〕336号）第四点："……对于因赌博、吸毒等违法犯罪活动而形成的借贷关系或者出借人明知借款人是为了进行上述违法犯罪活动的借贷关系，依法不予保护"，若仅因涉案赌博行为发生在我国澳门特别行政区就以我国澳门特别行政区法律为准据法、承认赌债合法并对其加以保护，将违背我国内地的公序良俗。

法院在司法实践中一般均认为涉澳关于赌博的借款合同纠纷等应适用我国内地法律作为准据法。贵州省高级人民法院在（2015）黔高民三终字第7号民事判决书中指出：“双方当事人所从事的转码行为在澳门特别行政区属于博彩中介服务的一种，但在内地则系为赌博提供直接帮助的行为，若承认其合法并对其提供保护，显然与我国内地的社会公共秩序和善良风俗相违背。《涉外民事关系法律适用法》第五条规定：‘外国法律的适用将损害中华人民共和国社会公共利益的，适用中华人民共和国法律。’因此，本院在对涉案合同及上诉人权利进行评判时，参照该条法律规定，审慎适用公共秩序保留原则，以中华人民共和国内地法律作为处理本案的法律依据和判断标准。”浙江省温州市中级人民法院（2020）浙03民初273号民事判决书、深圳市中级人民法院（2019）粤03民终359号民事判决书等均对类似情形作出了相同的处理意见。就此，被告已提供完备的《类案检索报告》供贵院参考，敬请留意查收。

二、被告已在2017年9月8日至2018年1月3日通过微信转账方式偿还债务共计人民币59,298.86元，并通过直接支付现金等方式偿还120,000港元，总计还款191,703港元，被告已经清偿大部分债务。原告在不向被告核实欠款金额的前提下直接向

案外人 ×× 公司履行担保责任，极不符合常理，本案不能排除原告与案外人 ×× 公司恶意串通的可能性。

（一）被告已清偿大部分债务。

被告已在 2017 年 9 月 8 日至 2018 年 1 月 3 日通过微信转账的方式分六笔向案外人 ×× 公司指定的人员曾某恒支付债务共计人民币 59,298.86 元；此外，被告于 2018 年年初在位于母亲住所附近的珠海 ×× 酒店大堂 2 楼通过现金方式向案外人 ×× 公司指定的人员曾某恒交付千元面值的共计 120,000 港元。具体见表 4。

表 4　被告债务清偿详情

序号	时间	偿还金额	偿还方式
1	2017 年 9 月 8 日	人民币 13,018.2 元	微信转账
2	2017 年 10 月 10 日	人民币 15,600 元	微信转账
3	2017 年 10 月 12 日	人民币 2418.78 元	微信转账
4	2017 年 11 月 8 日	人民币 10,286.28 元	微信转账
5	2017 年 12 月 4 日	人民币 8864.6 元	微信转账
6	2018 年 1 月 3 日	人民币 9111 元	微信转账
7	2018 年年初	120,000 港元	现金
合计	折合港元总计[①]	191,703 港元	

① 按照 2021 年 10 月 1 日的汇率行情，港元兑换人民币的行情价为：1∶0.872。

（二）原告在不向被告核实欠款金额的前提下直接向案外人××公司履行担保责任，极不符合常理，本案不能排除原告与案外人××公司恶意串通的可能性。

如前所述，原、被告素不相识、从未谋面，原告为被告提供的所谓“担保”，事先没有征得被告同意，履行过程中也未通知过被告，事后至今双方也没有过任何联络。按照常理，原告没有理由为陌生人提供担保，即使原告提供了担保，原告基于正常人的理性认知，在向债权人承担担保责任前，亦具有与被告联系并确定合理还款数额的注意义务，以便了解主债权范围以及债务人对于债权的看法。尤其需要指出的是，我国澳门特别行政区《民法典》专门规定了保证人在履行债务前有义务通知债务人的法定程序。我国澳门特别行政区《民法典》第六百三十三条第一款规定：“一、保证人除其本身之防御方法外，有权以属于债务人之防御方法对抗债权人但与保证人之债务有抵触者除外。”第六百四十一条第一款规定：“一、履行债务之保证人应就其履行通知债务人，否则，债务人因错误而再作给付时，保证人即丧失其对债务人之权利。”因此，原告在本案中未向被告核实剩余债务金额而径行向案外人清偿超额本金及高利贷利息的行为匪夷所思，遑论案外人主张的利息标准明显违反了我国内地和我国澳门特别行政区两地法律法规的规定。

本案中，案外人曾通过多种方式、多个联系人向被告催债，被告迫于案外人的追讨，已经多次分批偿还了大部分赌债的本金，由于被告无力偿还案外人设定的高利贷，案外人和原告极有可能恶意串通，虚构所谓担保之债，企图通过迫使被告重复清偿而实现不法债务。结合原告在案涉担保关系的履行中存在的明显异常，原告的债务清偿行为明显违背法律程序、违背客观事实、不符合常理，故本案不能排除原告与案外人 ×× 公司恶意串通的可能性。

（三）原告对于其超出担保范围承担担保责任的行为具有故意或重大过失，该部分损失应由其自己承担。

由于担保债权具有从属性，债务人对有关债权的抗辩方法原则上属于保证人必须援引的抗辩方法。若保证人未援用合理的抗辩方法，超出主债务范围进行清偿的，对于超出部分的清偿内容保证人对债务人不享有追偿权。本案中即使认定赌债合法有效，由于原告提供担保后从未联系被告，原告未经确认剩余债权金额即行清偿的行为明显存在重大过失或者故意，因此原告超出剩余主债权范围清偿的不利后果应由原告自己承担。原告履行担保义务超出主债权范围清偿与被告无关，其实际清偿额大于主债权范围的，构成不当得利，保证人应当自行向案外人主张返还。

三、原告对于案涉法律关系的履行，不仅违反了我国内地法律法规的规定，也违反了我国澳门特别行政区的法律规定，违背了两地关于借贷利率司法保护上限、保证期间、诉讼时效等规定。

（一）原告主张的金额明显超过了两地对于借贷利率司法保护的上限，违背了两地法律法规，亦损害了我国内地的金融秩序和公序良俗。

本案中，即使按照原告主张，债权的本金是40万元，利息为38.48万元，计息期间为2017年5月13日（债务履行期届满之日）至2020年8月21日（原告自己主张的清偿之日）共计1196天，折算年利率约为29%，远超司法保护上限。

1. 依据我国内地法律，本案原告主张的利息明显属于“高利贷”，不应予以保护。

依据《最高人民法院关于审理民间借贷案件适用法律若干问题的规定》（2020修正）第二十五条第一款“出借人请求借款人按照合同约定利率支付利息的，人民法院应予支持，但是双方约定的利率超过合同成立时一年期贷款市场报价利率四倍的除外”的规定，应依法调低至2020年8月一年期贷款市场报价利率四倍，即年利率为15.4%，而原告按照29%的年利率标准向被告主张利息，明显违法。

2. 依据我国澳门特别行政区法律，本案原告主张的利息亦属于“暴利”，不应予以保护。

我国澳门特别行政区《民法典》第一千零七十三条第一款及第三款规定：“一、在消费借贷合同中，如订立之利息高于法定利息之三倍，则视有关合同具有暴利性质”及“三、如订定之利率或定出之赔偿金或处罚金额超过以上两款所定之上限，则视为减至该等上限，即使不符合立约人之意思亦然。”原告提交的正式借款凭证载明“按法定利率之五倍计提利息直至全部清还欠款”，该借贷合同明显具有暴利性质。参考我国澳门特别行政区金融管理局[①]披露的基本利率，案发时我国澳门特别行政区的基本利率为0.5%，三倍法定利息仅为1.5%，而原告按照29%的年利率标准向被告主张利息，明显违法。

我国澳门特别行政区《民法典》第二百七十五条暴利行为第一款规定：“一、有意识地利用他人之困厄状况、无技能、无经验、轻率、依赖关系、精神状态或性格软弱而使其承诺给予自己或第三人利益、或使其给予自己或第三人利益，且根据具体情况，上述

① 详见我国澳门特别行政区金融管理局官方网站：http://rate.amcm.gov.mo/zh/financial-information/amcm-base-rate。

利益系过分或不合理者，有关法律行为得以暴利为理由予以撤销。”第二百七十六条暴利行为之变更第一款规定：“一、受害人得声请按衡平原则之判断变更暴利行为，而不请求撤销该行为。”若本案适用我国澳门特别行政区《民法典》，被告将主张撤销正式借款凭证或声请按衡平原则变更该暴利行为。原告作为保证人，对于该暴利行为未主张撤销或变更，存在重大过失或故意，由此造成的损失应由其自行承担。

（二）无论是按照我国内地法律，还是按照我国澳门特别行政区法律，案涉主债务的保证期间在原告清偿前已经届满，保证期间届满时保证关系已经消灭，原告对案外人的清偿行为没有法律依据，依法不享有追偿权。

依据我国内地法律，本案债务履行期届满之日为2017年5月13日，保证期间已于2017年11月14日届满，原告2020年8月21日偿还款项时与案外人××公司之间的实体权利义务已消灭，原告偿还行为无法律依据，系对自己权利的处分，依法不享有追偿权。

1. 依据我国内地法律，本案保证期间已届满，原告与案外人××公司之间的实体权利义务已消灭。

本案中原告与案外人××公司未约定保证方式和保证期间，

《担保法》第十九条[①]规定：“当事人对保证方式没有约定或者约定不明确的，按照连带责任保证承担保证责任。”第二十六条[②]规定：“连带责任保证的保证人与债权人未约定保证期间的，债权人有权自主债务履行期届满之日起六个月内要求保证人承担保证责任。在合同约定的保证期间和前款规定的保证期间，债权人未要求保证人承担保证责任的，保证人免除保证责任。”因此本案应视为原告承担连带保证责任，保证期间为6个月。正式借款凭证中载明：“张三……并承诺于30天内全数偿还该借款……”因此本案主债务履行期届满之日为2017年5月13日，保证期间为2017年5月14日至11月14日。原告未提供案外人××公司要求其承担保证责任的证据，被告据此认为原告于2020年8月21日偿还款项时保证期限已经届满。

① 已失效，现行有效的规定为《民法典》第六百八十六条第二款：“当事人在保证合同中对保证方式没有约定或者约定不明确的，按照一般保证承担保证责任。”

② 已失效，现行有效的规定为《民法典》第六百九十二条第二款：“债权人与保证人可以约定保证期间，但是约定的保证期间早于主债务履行期限或者与主债务履行期限同时届满的，视为没有约定；没有约定或者约定不明确的，保证期间为主债务履行期限届满之日起六个月。”第六百九十三条第二款：“连带责任保证的债权人未在保证期间请求保证人承担保证责任的，保证人不再承担保证责任。”

依据《最高人民法院关于适用〈中华人民共和国担保法〉若干问题的解释》第三十一条[①]“保证期间不因任何事由发生中断、中止、延长的法律后果”的规定，保证期间是确定的期间，不同于诉讼时效。本案中，保证期间已经届满，案外人××公司未在保证期间内请求原告承担保证责任，原告与案外人××公司之间的实体权利义务已消灭，原告的保证责任当然免除。《北京市高级人民法院审理民商事案件若干问题的解答（之三）》（京高法发〔2002〕51号）第八条规定：“保证期间内，债权人未要求连带责任保证人承担保证责任，或者债权人未对一般保证的主债务人提起诉讼或者申请仲裁的，保证人和主债权人之间的实体权利义务消灭，保证人当然免责。无论保证人是否以此抗辩，法院都应当主动适用相关法律规定，免除保证人的保证责任。”保证人的保证责任在保证期间届满后当然免除，原告作为保证人，在保证期限届满后偿还借款，系其对自己权利的处分，因此其偿还借款后无权向被告追偿。

2. 即使依据我国澳门特别行政区法律，本案保证期间亦已经届满，案外人××公司未在法定时限内对被告行使权利，案涉保

① 已失效，现行有效的规定为《民法典》第六百九十二条第一款：“保证期间是确定保证人承担保证责任的期间，不发生中止、中断和延长。”

证已告失效，原告承担保证责任无法律依据，无权向被告追偿。

依据我国澳门特别行政区《民法典》第六百四十八条第一款“一、主债务定有期限者，债务一经到期，享有检索抗辩权之保证人，得要求债权人自债务到期起计两个月内对债务人行使权利，否则保证即告失效；该期间仅于通知债权人一个月后方终止”的规定，原告作为保证人，有义务自债务到期起计两个月内要求案外人××公司对被告行使权利，现原告无证据证明其已在法定期限内、即于2017年7月14日前履行该项义务，因此保证已经失效。原告在保证失效后自行承担不存在的保证责任，系对其权利的处分，原告无权向被告追偿。

综上所述，本案中原告与被告素不相识，至今双方从未有过任何沟通和联系。原告向赌场偿还借款前未通知被告，不仅清偿金额错误，而且擅自按照年利率29%的高利贷标准向赌场偿还借款，其清偿行为既不符合法律法规，亦不符合常理和常识，本案不能排除原告和赌场恶意串通的可能性。从原告提交的正式借款凭证也可以看出，原告系明知被告参与博彩活动而为被告提供担保，该担保行为显然严重违反了我国内地的法律法规，因此案涉债务属于不法债务，不应予以保护。鉴于此，请求贵院依法审查本案应当适用的准据法，根据本案的基本事实确定双方的权利义务，充分考虑本案的不良影响及对公序良俗的保护，维护答辩人的合法财产权益，维护社会的公平与正义。

此致

深圳 ×× 区人民法院

答辩人：张三

代理人：

二〇二一年十月一日

第四章

诉讼可视化

最早知道将图表工具用于诉讼，是通过无讼研究院了解到三星与苹果的外观侵权纠纷时。当时三星公司为了证明苹果公司存在外观专利侵权的情况，将不同时间点三星的机型和苹果的机型用照片的方式进行罗列并展开对比，直观呈现了相似手机外观之间的关系。

在此之后，我也开始有意识地关注和学习诉讼可视化的技巧。最近在网络上看到 NBA 球员乔丹诉乔丹体育的庭审片段，为了证明乔丹体育的商标构成侵权，NBA 球员乔丹的代理人也利用可视化的技巧将乔丹体育商标和 NBA 照片进行抠图比对，很直观地展示出乔丹肖像和商标的相似之处。

图 1　NBA 照片

图 2　乔丹商标

图 3　抠图比对

应当承认，图表会给读者带来有别于文字的特殊体验，是一种能够扩充人们感受的工具，因此我们在一定的场景下可以灵活地应用图表工具来强调和突出我们希望表达的信息。诉讼可视化就是一种辅助说理的工具，可以将枯燥的法律显得更有故事性。

当然，对于不同的受众和使用目的，可视化的内容是截然不同的。我们制作可视化图表，有时候是为了突出事实发生的时间先后顺序，有时候是为了突出某个事实发生前后的变化，有时候是为了突出相互或比例关系，有时候则是为了突出流程的复杂性。诉讼可视化的一个基本流程，就是先确定图表的使用对象和使用目的，然后选择制作图表所需要的素材，最后根据实际目的选择合适的图表类型。因此在本章中，我提供一些常用的可视化图表，并说明可能适用的场景，以供参考。

一、时间图

时间图一般用于突出显示案件事实的先后关系。从图形上说，时间轴天然地将轴线上下两个部分分为了两个不同区域，轴线上下的两个部分就可以自然而然地用于突出“对比”关系。比如，一条用于显示合同履行情况的时间轴，上半部分（如图 4 中的 B 部分）可以用于记载甲公司履行合同中的守约行为，下半部分（如图 4 中的 C 部分）可以用于记载乙公司履行合同中的违约行为，这种划分就可以突出乙公司在履行合同中持续的不诚信情况，是后续甲公司采取催告、反制等行为的内在原因。

在轴线的上半部分，我们可以应用不同高度的指向线条，将时间轴的上半部分空间再分隔为几个部分，并用不同颜色加以区分，这些部分都可以对应记录不同主题的事实。假设某案件在发展过程中还涉及诉讼，图 4 中 A 部分可以专门用于呈现“相关诉讼的进展”这一主题的事实，十分便于浏览。

在轴线中，可以用闭合的虚线指代法律上期间的概念，比如图 4 中的 D 部分，虚线首尾两端的事实可以用于显示特定合同债务的发生之时和履行期限届满之时。在虚线范围之后罗列实际履行义务的时间并通过显眼的颜色予以标注，就可以用于突出乙公司延期交付等事实。

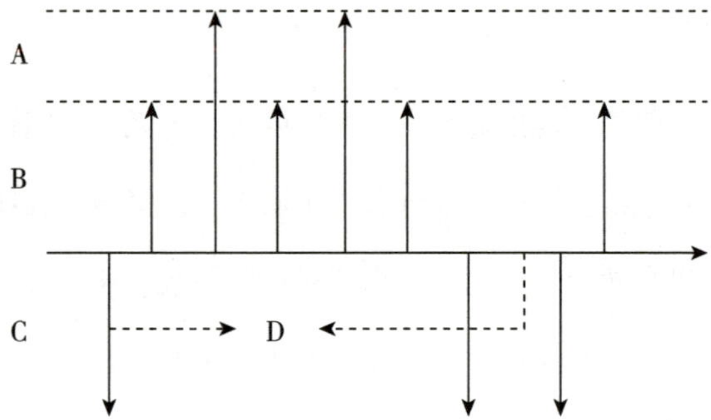

图4　时间图示例

时间图还可以用于突出特定事件发生前后的对比关系，例如，新冠疫情发生前后、某个法律法规实施前后等。在上市公司证券虚假陈述责任纠纷案件中，需要确定虚假陈述的实施日、揭露日和基准日，并且需要证明虚假陈述行为对股价的影响，以论证虚假陈述行为与投资者的投资差额损失是否有因果关系。图5就是我们办理的一个上市公司证券虚假陈述责任纠纷案件，该上市公司涉嫌的虚假陈述行为主要是预测性信息与实际经营情况存在重大差异，致使投资者遭遇损失，为了证明信息披露行为对股价的影响，我们制作了时间轴。

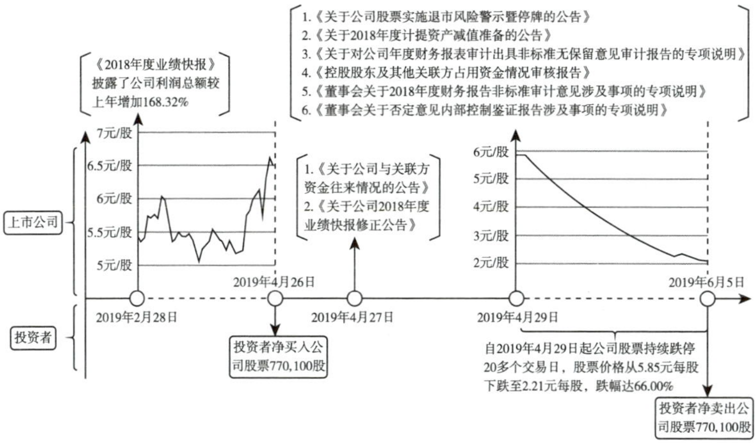

图 5　时间轴

二、流程图

流程图也是我们法律工作中常用的图表类型，该图表可以用于让读图者了解具体的程序。比如在当事人与律师商谈委托事项时，流程图可以让委托人了解法律工作的复杂性，给委托人提供一个预期比较稳定的未来图景；流程图还可以用来体现特定事件发生的先后条件，以此揭示案件的背景及当事人在特定时间节点时的行为策略；此外，流程图还可以用于揭示不同程序中所关切的法律价值，比如用流程图体现行政审批中包含着的公共安全要素，以说明特定交易模式是否可能违反强制性规范。

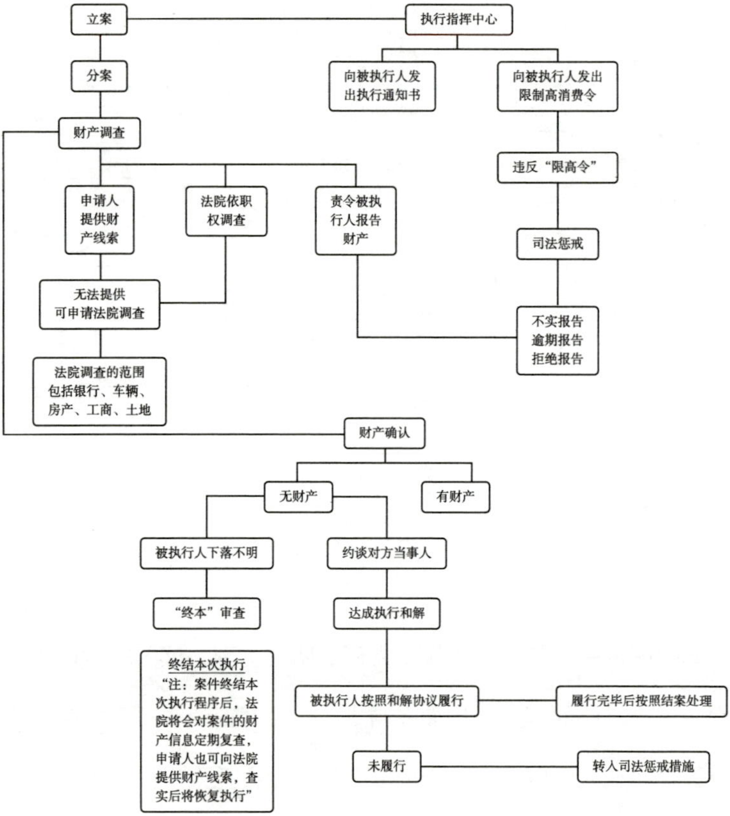

图 6　流程示例

三、法律关系图

在复杂的案件中，由于主体众多，法律关系较为复杂，一般都需要制作法律关系图。从我个人的经验上说，法律关系图主要的作用是帮助我们全面理解案情。一般在复杂案件中，我会列出法律关系图，并完成两项工作。如前文所述的，第一是穷尽地将不同主体两两分为一组，判断在该交易模式中两个主体之间可能发生什么法律关系，从中探索是否有可行的请求权基础；第二是分析不同法律主体在交易模式中的地位和利益点，从而根据“利益动机”和“存在必要性”去全面理解特定商业模式，通过反思“如果缺失这个主体会发生什么情况”以及“这个交易模式是否有更具效率、便捷的方式”，来探究交易中各个主体的真实意图。

图 7 是某银行基于金融创新开展的项目。在该交易安排中，借款企业与数十家持有车位的项目开发公司签署《车位收购协议》及《车位回购协议》，以此取得车位的相关权益，并基于这一权益发行车位收益凭证。某银行为该借款企业提供信贷资金，该借款企业以车位收益凭证作为“担保物”，项目开发公司及建设公司出具《承诺函》就该笔贷款承担连带偿还责任。通过前文陈述的思路，可以从图 7 中挖掘许多信息。

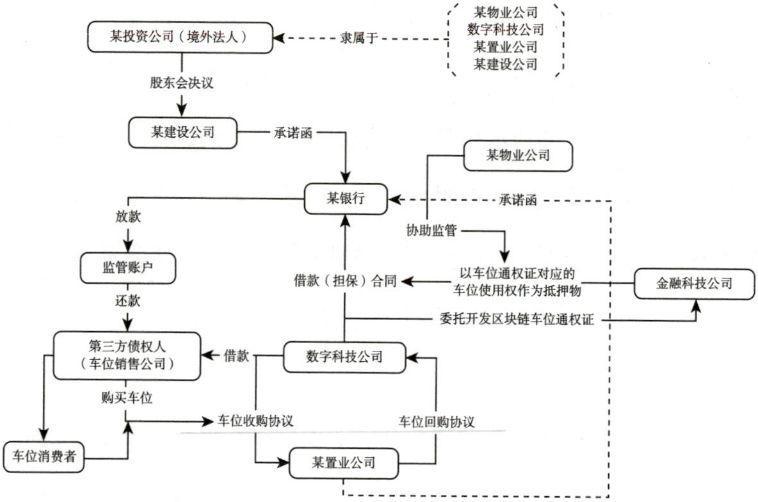

图 7　法律关系

四、股权结构图

股权结构图主要是在较为复杂的公司诉讼中用于说明交易背景，或者在非诉项目中用于说明关联关系等。该类图表应用广泛，笔者不再赘述，仅提供两种图表样式供参考。

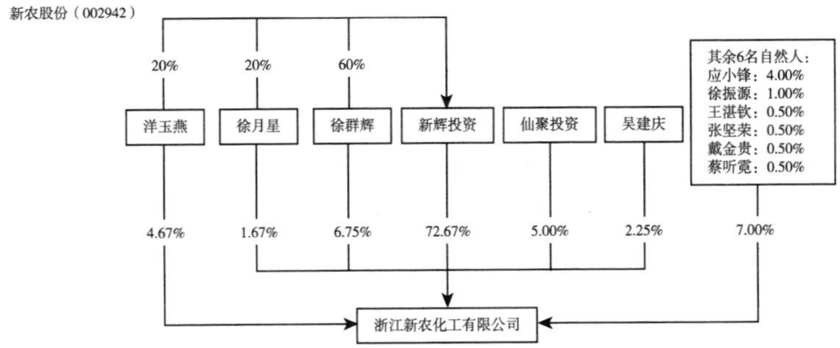

图 8 股权结构示例 1

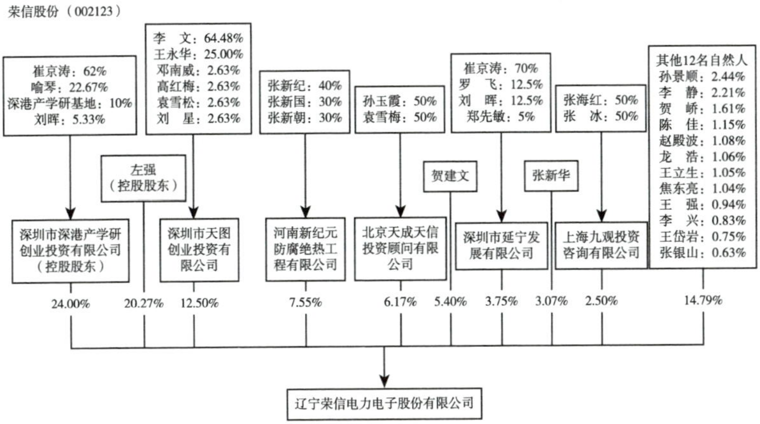

图 9 股权结构示例 2

五、款项分配明细

该类图表主要用于说明款项的往来情况，可以辅助法院理解具体诉讼请求的构成或计算方法。下列图示是一宗金融借款纠纷案，某银行以同业委托的形式为其客户开立敞口信用证，也即客户交付部分保证金，敞口部分银行将基于信用证先行垫款兑付，随后银行可以向债务人追索欠款。本案中，涉及五笔信用证的款项，其中第一笔、第二笔已经全部偿还，第四笔信用证部分偿还，剩余的信用证除了保证金外均未偿还。为便于说明款项的支付情况，我们制作了示意图（见图10），以供参考。

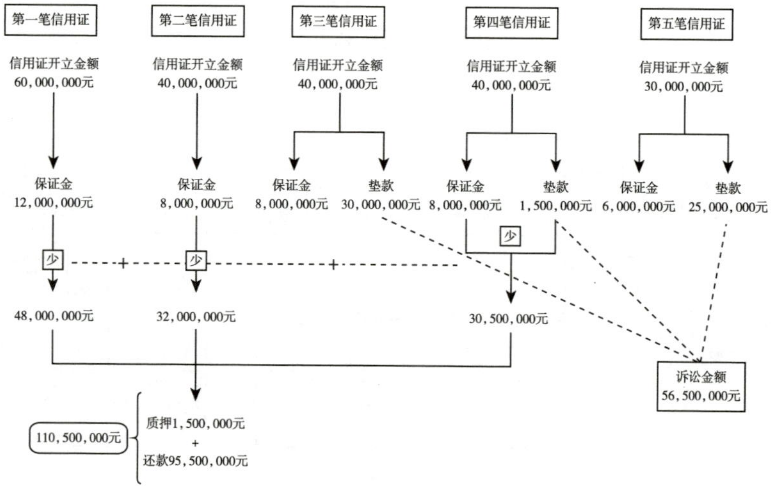

图 10　款项支付情况说明

六、小结

本章中只是呈现了诉讼可视化的一些常用场景，更多的可视化应用方法有待于根据实际情况进一步挖掘。图表是工具而不是目的，在制作可视化图表时一定要选好图表类型，要考虑受众的感受，切忌过于复杂、要素过多、用力过度的图表。

第五章

证据的组织及编排

一、如何看待证据

在诉讼程序中人们常说“证据为王”，证据是影响诉讼案件走向的最核心要素。法官并不是当事人争议的案件事实的亲历者，只能通过审查证据来了解案件的来龙去脉，以已知的证据为基础构建法律事实，进而通过采信的法律事实完成法律适用。

在此笔者需要指出一个常见的思维误区，即裁判活动的开展实际是基于法律事实，并非基于客观事实。法律事实不同于客观事实，客观事实是无限丰富、稍纵即逝的，法律事实只能反映客观事实之一隅，法律事实一定比客观事实更局限。以合同纠纷为例，在合同缔约、履行过程中，合同双方可能经历了复杂的博弈，双方的心路历程、期待的法律拘束力在合同文本中未必都能完全反映，博弈的全过程是客观事实，而最终纳入合同文本的有限信息就是法律事实。

在实务中，比如有些合作项目因协商一致而终止，当事人之间因为良好的关系而没有签署相关的解除合同，嗣后若合同一方发生人事更替，新接任的实际控制人对原本已经达成口头一致的内容可能不知情或不予承认，因而引发争议。那么在诉讼中法院只能结合已有的证据进行认定，法院当然无法采信合同一方单方面声称存在的口头协定。人不是全知全能的，法官只能基于法律事实完成审判，这是人本身认识能力的有限性决定的。客观事实就仿佛理想的范式，有限的人只能通过自身的努力试图不断接近范式，而不可能成为范式。就比如纯粹的直线在现实世界是不存在的，纯粹的直线只能存在于纯粹的数学中，我们只能借助绳墨去接近直线，证据就是诉讼中的度量衡，就是法官判断是非曲直的标尺。

基于笔者的实践经验，比起激情澎湃、挥斥方遒的法庭辩论环节，诉讼程序中更重要的反而是战战兢兢、勤勤恳恳的举证环节。在许多地区的法律判决中，法官必须在判决书中对当事人提供的证据进行评析，载明双方举证、质证的意见，并且说明法院对该等证据是否采信。因此我们必须认识到，举证质证的内容是法官一定会听的内容，在撰写判决书时法官一般也会反复阅读庭审笔录中关于证据的记录，所以在诉讼中组织和编制证据的能力再怎么强调都不为过，我们必须重视。

在撰写本章的时候，正好发生了威尔·史密斯在奥斯卡颁奖典礼上打人的事件，随后网络上流传了一个很有意思的故事。故事说的是一位政治学的老师在课程中与学生讨论这个打架事件，老师告诉学生，晚会主持人在奥斯卡颁奖典礼上议论威尔·史密斯老婆的光头，威尔·史密斯就打了这个主持人一巴掌，请全班同学表态是否支持这一行为，此时大约 40% 的学生支持威尔·史密斯的行为。之后，老师播放了整个事件的录像，学生得知威尔·史密斯的老婆是因病掉发，却被主持人调侃，得知这个信息后让学生再表态，此时有 90% 的学生支持威尔·史密斯。之后老师又询问学生，嘲讽当然是言语暴力，但打人却是更严重的暴力，即便被取笑了，我们不是应该在暴力以外寻求其他的解决方式吗？主持人的言论是否构成公然侮辱还有待商榷，更何况主持人事后说了他并不知道威尔·史密斯的老婆是因脱发症才理光头的。没有给对方解释道歉的机会，直接诉诸暴力，是否恰当？在老师的询问下，支持者又降回到约 40%。最后，老师又向学生补充信息称，威尔·史密斯是家暴目睹者，小时候常看到母亲被父亲打到浑身是血，从此他发誓要守护自己的家人。而这次他入围的角色，恰好是捍卫家人的勇者。他的老婆因病掉发，曾经封闭自己，好不容易在女儿的鼓励下愿意走出来，而如今因为主持人可能是无心更可能是蓄意的嘲讽让他老婆受伤，他当然选择保护自己最爱的人。听完老师的说明，支持威尔·史密斯的，又飙高到 80% 左右。

这则故事在我们法律人看来，就是一则证据影响裁判的寓言。故事中的学生就如同法官，老师提供的信息就如同诉讼中的证据。法官不是案件的亲历者，只能根据诉辩双方提供的信息来作出裁断。如果我们作为律师没能协助当事人提供有益的信息和证据，那么居中的裁判者很难靠自己的挖掘接近案件核心的真相。同样地，如果换一个角度来描述，律师的另一个职责就在于通过证据来构建请求权，法院不得基于当事人辩论中没有出现的事实判决，这也是辩论主义中对于主张责任的要求。很多法律关系之间的区别是模糊而纤微的，通过证据选择与呈现，可以将案件引导至符合诉讼目的的方向，这也是本章的核心要义。

二、对证据的要求

根据《民事诉讼法》的规定，民事诉讼中有八类证据，分别是当事人陈述、书证、物证、视听资料、电子数据、证人证言、鉴定意见、勘验笔录。每一类证据的采信规则都是不同的，我们在搜集证据时应当特别注意该类型证据在采信时的特殊性，按照法律规范和实践惯例两个标准来严格要求自我，以审判的视角来搜集证据。比如视听资料的采信，以通话录音为例，依据《最高人民法院关于民事诉讼证据的若干规定》的规定，必须提供存储视听资料的原始载体[①]，因此我们在搜集此类证据过程中，首先就应当确定具有证据意义的原始载体

① 《最高人民法院关于民事诉讼证据的若干规定》第十五条第一款规定："当事人以视听资料作为证据的，应当提供存储该视听资料的原始载体。"

是否存在，并且提示当事人保管好原始载体。除此之外，实践中我们还应当建议当事人在通话录音的过程中尽可能固定对方身份，留存与录音时长相匹配的通话记录，将能够证明电话号码使用身份的证据、证明确实发生通话的第三方拨号记录等一并提交。同时，还应当将通话录音转化为文字版本提供给法官，必要时可以请第三方机构就该通话录音进行文字转化，并在提交的文字材料中载明通话双方的身份、通话时间，并以显著方式标明关键的通话内容。

之所以不同类型的证据采信的方式不同，笔者认为这是经过长期的司法实践不断试错的结果，是集体的历史学习的产物，是经过大浪淘沙一般的沉淀和磨砺才总结出的最符合人们认识能力的采信规则。作为律师我们一定要尽可能帮助当事人提供符合法律法规要式要求的证据，不能因为怕麻烦、想当然而自作主张地降低证据的标准，这是律师的本分。

我曾经经办顾问单位一位退休人员所涉的刑事案件，这位委托人涉嫌过失伤害罪，事发时已六十多岁，被害人已经七十多岁。事情的经过是这样的，委托人和被害人都居住在政府统建的家属楼内，因午休时间被害人在家大声喧哗，导致我的委托人与被害人发生口角，两人就到走廊对峙。据我的委托人陈述，在对峙中他实际没有对七十多岁的被害人动手，反而是这位被害人拿灭火器向他砸来，他在躲避中碰倒了被害人。随后双方也没有再发生肢体冲突，被害人倒地后艰难爬起，双方各自回家。回家后被害人发现自己肋骨骨折，才引发公安机关介入。在侦查过程中，被害人反而宣称是我的委托人拿灭火器砸他，与公安机关现场勘查的情况及我的委托人陈述并不一致。在经办案件过程中，双方快速达成了刑事和解，被害人情绪稳定，并且态度很好，双方在和解过程中都反思了各自的不当行为，案件顺利解决。但我注意到，被害人始终认为在他的记忆中就是我的委托人拿灭火器砸他。

在办案过程中，在案证据足以证明我的委托人没有拿灭火器去砸对方，但观察被害人的神色、情绪、陈述以及所处诉讼阶段的利益冲突，我认为被害人既无说谎必要，被害人自己对于这一事实的确信也不似作伪。我在这个案件的办案过程中比较深刻地认识到一件事，那就是人的复杂性。就记忆而言，人的复杂性就体现在人有时候会因为应激的状态或某种自我保护的目的，而不自觉地自我篡改记忆。时间一长，彼时所经历的事物实际上就只在记忆中剩下了混乱、模糊、不规则的色彩和画面，想象中的和已抵达的就含混不清。在漫长的岁月中，人每一次回忆起过去某个刻骨铭心的片段，可能都是在想象中补充自己的情绪和动机，在不自觉中给自己赋予行为的合理性，一次次强化对自己有利的、期待的细节，弱化和忽视对自己不利的细节。换言之，每一次对记忆的重构，实际上可能使得个人的记忆离事实越来越远。

正因为人的记忆客观上有这样的特点，所以程序法中对证人证言的采信和补强有一整套复杂的机制。之所以讲这个故事，笔者就是想再次强调前面已经提及的观点，证据规则之所以复杂，是因为现实生活更复杂。如果我们以追求真实为目标，那么证据规则就是辅助我们接近真实的阶梯。证据规则是一个集体的历史学习的产物，如果我们不对证据的采信标准加以限制，那我们几乎不可能在充满博弈性的诉讼程序中接近真实。

我一向信奉"法即程序"，证据采信规则就是程序，这个程序中就沉淀着数代人孜孜追求真实的智慧和经验，薪火相传的证据采信规则本身蕴含着无比丰富的、几乎难以在个案中超越的价值。法的应然价值要被裁判必须有"中介原则"，程序即是沟通经验和超验世界、将规范"从天国引入俗世"的中介桥梁。法律程序有别于其他评价制度的最根本的区别，就是是否重视和遵循程序。无程序即不正义，我们作为法律工作者，就应该去践行承载着价值的规范。如果我们没有按照证据规则去取证的意识，那我们的工作也难以实现法律价值，难以获得法官的认可。

总而言之，我们作为律师应当向当事人强调证据裁判主义，应当遵循法律规定的证据规则，区分不同证据类型的特殊性[①]，从证据的真

① 我们一定要尤其注意那些容易混淆的证据类型，比如留意司法审计和司法会计鉴定的区别等。

实性、合法性、关联性、证明目的和证明力方面对证据进行评价并提出要求，进而使用证据。

三、证据的取得

本章前面部分向大家列举了《民事诉讼法》中的证据类型。我们应当认识到，证据具有广泛性，形式多样，因此我们应当具备发散的证据思维。就实务中的证据取得，简单提示几点：

第一，我们应当打破当事人的思维桎梏，有时候当事人对证据理解不够全面，律师应当予以引导。比如会计师在对企业做审计时经常向与企业具有交易关系的相对方发出询证函，询证函上有时会载有“本函仅作为账目核对之用，不用于催款，用于其他用途无效”等表述，当事人有时会自认为询证函上有相关表述，不能作为证据使用，所以没有提供给律师。虽然询证函的法律效力在实践中有争议，但该函件能一定程度地反映客观事实，律师应当积极引导当事人提供相关文件或信息。

在案件没有证据时，律师可以引导当事人通过通话录音等方式创设并保全证据，也可以通过房地产中介等第三方了解涉诉标的的状况。总之我们应当用灵活、开阔的思路对待证据搜集工作。

第二，要注重观察和了解制度运行的规则，留心生活细节，这些往往会产生出其不意的效果。例如，我们要在诉讼中冻结对方的银行账户，除了通过双方交易的往来资料外，其实我们在企查查等软件上经常能看到公司的开票信息，而开票信息中往往有公司的银行账户信息；又如，通常在不可抗力条款中会约定一方有履行不可抗力的通知义务，如果我们熟悉公证处的业务，就知道可以通过邮寄公证的方式进行证据保全。此外，通过政府信息公开、信访、投诉等途径也极有可能获得一些证据资料，尤其目前各级政府都关注国家信访局转办的信访件满意度评价这一指标，使得通过信访途径取得证据的可能性大大增加。

第三，尤其要重视公开的信息发布渠道。我们在办理上市公司证券虚假陈述案件中，大量的证据都来源于证监会指定的信息披露平台——巨潮资讯网。在我自己承办的一个案件中，我们因电视剧的摄制起诉过一个在新三板挂牌的影视摄制公司，通过其年报中关于存货的表述，得知其在哪些具体拍摄的剧集中享有权益，进而通过国家广播电影电视总局的公开信息找到财产线索，完成了财产保全。在我承办的另一个案件中，我的委托人与相对方存在紧密的商标合作和事实的商标使用许可合同关系，但是双方没有签订书面的商标使用许可协议。因对方是新三板挂牌的上市公司，在其公告的一份问询函回复中找到证据，该问询函的回复中对方明确自认其与我的委托人所管理的门店均使用同一品牌，并详细描述了双方的商业合作模式，称该合作是实现共赢，降低成本，在省范围内深入推广品牌的举措。

第四，依据《民事诉讼法》的规定行使自己的诉讼权利。在调取证据确有困难时，可以通过律师调查令、法院依职权调取证据及书面提出命令等方式搜集证据。在实务中，如果相关证据可以由律师调取，我们在申请调查取证时一定要注明自己申请的是律师调查令，法院准许律师调查令的可能性较大，而请求法院自己去实施调查取证被准许的可能性较小。在调查令申请书中，一定要清楚、明确地写明接收调查令的单位，要写明具体要调取的资料，如果请求法院自己开展调查取证还应当写明被调查单位的确切地址。另外，若立案时需要通过律师调查令调取个人信息，实务中也需要将相关主体的身份信息特定化，比如向法院提供返乡证号码等。

总而言之，调查令申请书上的请求事项一定要尽可能明确、清晰、避免歧义，如果我们要调查的资料写成“在册资料”“转让资料”等，容易让需要配合调查取证的对象无所适从，最终得到的资料也未必是我们想要的。在实际开展调查取证的过程中，如果需要配合调查取证的对象是政府部门，可以直接与其办公室或法制科联系，办公室一般会负责相关文件的收文和转递。调查过程中，我们要做好留痕工作，如果相关人员或单位不配合调查取证，律师应当提出相关证据予以证明，以减轻执业风险。

四、证据的编排和呈现

对于手里拿着锤子的人来说，看什么都是钉子，人所看到的世界源自自己内心世界的投射。在电影中有一个非常有趣的理论叫作“库里肖夫效应”，列夫·库里肖夫认为造成电影情绪反应的并不是单个镜头的内容，而是几个画面之间的并列，选择不同的画面作为素材，对观众造成的情绪反应就完全不同。所谓的证据，就是要提供能够影响人内心世界的素材。那么究竟如何编排和呈现这些素材，我认为要遵循一个核心，两种方法。

证据编排和呈现的核心，就是抓住请求权基础。我举个例子，假设张三向人民法院起诉要求李四偿还借款，提供了两项证据：第一项证据是张三和李四的短信记录，张三问李四：“那笔借款什么时候能还？”李四回答：“这两天就还过去。”第二项证据是张三给李四银行转账的记录。这两项证据能否证明张三和李四之间存在借贷关系？在实务中，李四若没有出庭导致缺席审理，法院从优势证据的角度，较大可能会判决张三和李四之间存在借贷关系。但如果我们进一步发挥想象力，实际的案情可能是张三向王五提供款项，王五与李四比较熟，李四答应张三帮他向王五催款且李四系代张三收取款项，张三对此也知情，那么实际上张三与李四没有借贷关系，张三只是通过证据的呈现构造了一个虚假的借贷法律关系。那么李四如果参加庭审，就需要编制证据对委托催收款这一法律关系进行呈现，围绕委托合同关系的法律特征组织证据，才有可能摆脱个人责任。如上所述，不同的法律关系可能导致当事人承担完全不同的法律责任，编制证据应当围绕特定法律关系的权利义务特征。以请求权基础为核心，才能叙述一个容易被法官接纳的案件背景。

在编制证据的实务操作中，我们一般可以采取两种编制方法，一种是以时间顺序为轴心，这种编制方法一般用于比较复杂的合同纠纷，或者是主要承担事实查明功能的一审案件；另一种是以法律的构成要件为轴心，这种编制方法一般用于比较强调要件思维的侵权纠纷，或者是主要承担法律适用审查功能的再审案件。

在此基础上，我们必须编制证据目录，且遵循如下要求：1. 证据目录中应当载明的内容包括：提交人、联系方式、提交时间、证据名称、证明内容、页码、页数，证据名称必须与具体证据中呈现的名称保持一致，如“客户电子回单”不能写成“银行流水”，对于需要载明证据来源以说明证据权威性、真实性、合法性的，要注明证据来源。2. 在编制证据目录及证据时，应当在证据左边留足页边距，页码应当写在右下方，有些地区的法院还是采用手工装订的方式整理案卷，留足页边距可以方便法院工作人员整理，右上方留给法院自行归档时另行编制页码。3. 证据中的关键内容，可以标注出来突出显示，以帮助法院节约注意力成本。例如在一个讲座中，一个律师提及为了让法院注意到施工图中“少了一块土地”这个事实，特地在施工图上裁剪一个洞以示提醒，还特定使用蓝色的施工图作为证据以示专业。4. 从当事人处取得证据后，必须形成书面的交接单据，交还时要求客户签字。尽量由团队成员基于原件自行扫描，以防出现复印件与原件不一致的情况，避免执业风险。若取得的证据是复印件，应当作留痕工作，证据来源的链路应该清楚或经过当事人最终确认。归还证据是原件时应当要求当事人确认已经全部收到了原件，或采用列举的方式列示未归还的原件。5. 如果需要提交的证据数量较多，一定要提前分类并做好标记，以便法官翻阅时更便利、迅捷地完成定位。6. 如果涉及多次提交证据，后续提交的证据序号应当接续第一次提交的最后一份证据，比如第一次提交了九份证据，则第二次提交的第一份证据应编排的序号为十，这样方便书记员记录，也可以避免遗漏举证质证。

第六章

法律文书的写作

法律文书的写作是律师实务中的基础性工作，是最容易，也最难的工作之一。法律文书写作的基础性要求，是写作者必须使用“法言法语”，能够使用准确、精练的语言描述事实和解释法律，能够围绕事实焦点和请求权的一般构成要件展开具有逻辑性的论证。

但法律文书的写作标准仅仅满足基础性要求是不够的，法律文书的写作还必须以其功能为导向，力争在特定的程序或阶段中发挥效果。因此法律文书写作的进阶性要求，是写作者必须提前了解特定程序的特殊要求，了解不同法律文书因其使用场景的特殊性而对应的不同评价标准。例如在起诉状中，也许最重要的评价标准是诉讼请求是否清楚明确、是否具有可执行性；在代理词中，也许最重要的是合理、完整地回答裁判者庭审中的问题。

本章中提纲挈领的思维是，法律文书并非一成不变，其形式、内容均要服务于法律文书的目的导向。本章中，我们将浅谈法律文书的目的导向，之后再展开介绍法律文书的形式、内容等主要要点。

一、法律文书的目的导向

（一）效率与安全

要写好法律文书，我们首先应该回答这样一个问题，法律文书的作用是什么？只有理解这个问题，才能试图接近正确的评价标准。我认为，法律文书的阅读对象是裁判者，法律文书是当事人和裁判者之间沟通的载体。在一个诉讼中，当事人并不能总是见到裁判者，裁判者几乎总是需要通过大量法律文书来了解案情和推进案件。所以这个问题可以一定程度转化为两个问题，即裁判者希望在法律程序中看到什么样的文书？或律师在写作法律文书时应当如何回应裁判者的期待？

通常的理解，裁判者在审理案件时最重要的两个价值是效率和安全。如何理解“效率”这一价值？现在每个裁判者每年所审理案件的数量巨大，大量案件需要快速地完成裁判工作，因此如果一篇法律文书被大量引用，那么无疑可以帮助节约裁判的时间成本，进而加快裁判的速度，并帮助当事人尽快实现权益。

（二）法律文书的形式要求

为了实现“效率”这个目的，我们在形式上就会有所要求，我们来对比一下以下两个版本起诉状载明的主体信息：

版本一：

原告：王某某

住址：深圳市福田区虚拟南街 110 号 666 室

身份证号码：440××××××××××76543

被告：深圳市不存在房地产开发有限公司，法定代表人：赵某某

住所地：深圳市福田区虚拟北街 119 号

统一社会信用代码：9135××××××××76543W

版本二：

原告：王某某，男，1960 年 1 月 1 日出生，汉族，住深圳市福田区虚拟南街 110 号 666 室，居民身份证号码 440××××××××××76543。

被告：深圳市不存在房地产开发有限公司，住所地深圳市福田区虚拟北街 119 号，统一社会信用代码 9135××××××××76543W。法定代表人：赵某某，董事长。

采用什么标准来评价这两个版本的优劣呢？我们认为，越接近裁判文书写作规范的法律文书版本，越能够降低裁判者的工作量并提升效率，更容易被裁判者直接引用。依据《最高人民法院关于印发〈人民法院民事裁判文书制作规范〉〈民事诉讼文书样式〉的通知》的规定："当事人是自然人的，应当写明其姓名、性别、出生年月日、民族、职业或者工作单位和职务、住所。姓名、性别等身份事项以居民

身份证、户籍证明为准。当事人职业或者工作单位和职务不明确的，可以不表述。”因此，无疑第二个版本的写法更符合裁判文书的写作规范，更有助于实现提高审判效率的目标，是更优秀的写作形式。所以一般我在答辩状中不会采用“被答辩人”“被反诉人”等称谓，因为这些称谓难以兼容于法院的判决书，给法院在直接引用时候增加了成本。

（三）法律文书的内容要求

如何理解“安全”这一价值？法律是成年人的职业，一切理想主义的追求都需要根植于现实，裁判者想要在理想主义的图景里“谋国”，就先要“谋身”。简单点说，为了强化裁判者办案的责任意识，规范司法行为，如今裁判者对自己所办理案件的质量需要终身承担责任。而裁判者又不能拒绝裁判，因此裁判者当然希望在案件中寻求更低成本、更安全的裁判路径。

但现实的复杂性往往要求律师为了当事人的权益向一些保守的司法观点提出挑战，为达到实质公平往往也需要进行法律观点的创新。因此为了实现诉讼目的，我们在法律文书中要关注两方面内容：一方面是增加我方所陈述客观事实的合理性、法律适用的稳定性，让裁判者相信循着我们提供的思维进路进行裁判，是程序合法、实质正义的；另一方面就是强调采信对方事实和观点的复杂性，让裁判者认为要实现对方的诉讼目的存在诸多障碍。那么反过来说，一篇良好的法律文书，除了要发挥积极作用，也要注重避免消极作用。

如何帮助裁判者安全地进行论证呢？答案就是要帮助裁判者找到素材、找齐要件。我们曾经承办一起涉及拆迁安置补偿的案件，该案中我们提出拆迁安置补偿的申请，但相关政府部门没有回复。我们在提起行政诉讼时，有观点认为本案应当进行先行裁决后才能提起行政诉讼，依据是修改前的《土地管理法实施条例》（2014 修订）第二十五条第三款：“……对补偿标准有争议的，由县级以上地方人民政府协调；协调不成的，由批准征地的人民政府裁决……”但我们提出“对补偿标准有争议的”，是指已经存在“补偿标准”，本案没有依法作出补偿决定，本案事实上不存在“补偿标准”。就此，我们提供了大量案例，告诉裁判者他的前见或许并不安全。

了解清楚法律要件有哪些、法律要件如何理解之后，我们还要查找相关的案例、释义和学理学说，把案件结合逻辑、经验和常理常情进行解读。用常理理解常情，用非常理理解非常情，这是我们抵近安全观点的方法。当然，法律文书所期待实现的“安全”感，需以“当事人的诉讼目的得以实现”为前提。我们要尽可能让裁判者期待的价值和我们的诉讼目的相互匹配，相向而行，形成合力。

本章中，我们将提供一些素材，但法律文书写作的细节性知识本章必然无法穷尽。规范依据有《最高人民法院关于印发〈人民法院民事裁判文书制作规范〉〈民事诉讼文书样式〉的通知》，全国人民代表大会常务委员会法制工作委员会印送的《立法技术规范（试行）（一）》《立法技术规范（试行）（二）》，可参考的国家标准有《党政机关公文格式》（GB/T 9704—2012）等。这些文件都是我们打磨自己法律文书写作技巧的磨刀石。我们已经提供了线索，大家可以顺藤摸瓜，自己探索和提升。

二、具体的法律文书形式和内容

法律文书的形式结构是指法律文书所表现的外在形式或外在结构，也称结构形式。而法律文书的内容则是要关切论证的深度，要兼顾法律规范、案例、立法原旨和法律价值。

（一）法律文书的具体形式

法律文书的具体形式，我认为至少有以下几个要求：

第一是遣词要精细、用句要准确，法律职业的专业化首先体现在法言法语的使用上，我们要力求更加精准地使用看上去相似的词语，更加鲜明地区分看上去类似的法律关系。例如，因为查封、冻结、扣押所对应的财产形态不同，我们不能将“冻结银行账户”表述为“查封银行账户”；我们也不能将公司的“法定代表人”称为“法人”。法律语言中有许多看似差别微小，但又界分极其严格的表达，我们在日常工作学习中要注意观察和积累。对于这项训练，我推荐法律工作者们一定要阅读全国人民代表大会常务委员会法制工作委员会总结印送的《立法技术规范（试行）（一）》《立法技术规范（试行）（二）》，其中提及了许多相似词语的不同之处。我选取其中两条，供大家体会。

例如，《立法技术规范（试行）（一）》第 18 项提及了“依照”和“按照”的语用区别：以法律法规作为依据的，一般用“依照”。示例：国务院和地方人民政府依照法律、行政法规的规定，分别代表国家对国家出资企业履行出资人职责，享有出资人权益；“按照”一般用于对约定、章程、规定、份额、比例等的表述。示例：投保人可以按照合同约定向保险人一次支付全部保险费或者分期支付保险费。

《立法技术规范（试行）（一）》中也规定了一些句式的写法，例如：“有下列情形之一的……”和“有下列行为之一的……”中的“的”字不能省略，其所列各项末尾是否用“的”字，根据下列三种情况确定：

（1）所列项是名词时，不用“的”。示例：

本章有关规定中，有下列情形的，可以保留或使用繁体字、异体字：（一）文物古迹；（二）姓氏中的异体字；（三）书法、篆刻等艺术作品。

（2）所列项是主谓结构时，视为名词性短语，不用“的”。示例：

有下列情形之一的，委托代理终止：（一）代理期间届满或者代理事务完成；（二）被代理人取消委托或者代理人辞去委托；（三）代理人死亡。

（3）所列项是动宾结构时，应当用“的”。示例：

企业法人有下列情形之一的，除法人承担责任外，对法定代表人可以给予行政处分、罚款，构成犯罪的，依法追究刑事责任：（一）超出登记机关核准登记的经营范围从事非法经营的；（二）向登记机关、税务机关隐瞒真实情况、弄虚作假的；（三）抽逃资金、隐匿财产逃避债务的；（四）解散、被撤销、被宣告破产后，擅自处理财产的。

除此之外，我们在写作时还要注意造句准确，避免歧义。比如我们常见的“张三向李四借款 100 万元”，这句话中张三到底是债权人还是债务人，存在很大的歧义。如果我们改为“张三向李四提供 100 万元借款”，这个表述就清楚多了。另外在法律文书写作时经常会遇到一些相似的法律关系，比如债务加入和担保等。我们在写作的时候，要多看一些判决书，其他案件中发生争议的表述要尽可能避免，在其他案件中没有发生争议且被法院正确认定法律关系的表述要尽可能采用。在日常工作中，我们也可以研究并摘录一些常用的条款，做好知识管理工作，这样在撰写相关文书时就能更加得心应手。

第二是排版的美观。曾经有一个同事告诉我，他在提交法律文书时会注意裁判者的年龄。如果裁判者年龄比较大，他提交的法律文书就会采用四号字，甚至是小三号字，如果裁判者的年龄比较小，那他提交的法律文书一般就使用小四号字，这个思路非常有趣。

排版是否美观见仁见智，公文的排版方式往往显得保守，可读性不强，所以我对团队具体排版的要求是：1. 仿宋或楷体，小四号字，段后间距 0.5 行，行间距在 22~26 磅；2. 文书一般应当有页眉，写清楚提交人、诉讼地位及案号；3. 文书应当标注页码，最后一页除非明示是无正文的签字页，否则一般不得没有正文。

第三是法律文书的写作应当符合语文的规范。对于法律文书的语言规范，我们一般遵循《标点符号用法》（GB/T 15834—2011）以及《党政机关公文格式》（GB/T 9704—2012）的标准处理。例如各级标题的适用，我们依据《党政机关公文格式》第 7.3.3 条的标准，文中结构层次序数依次用“一、”“（一）”“1.”“（1）”标注；附件等事项的注明，我们依据《党政机关公文格式》第 7.3.4 条的标准，有多个附件，使用阿拉伯数字标注附件顺序号（如“附件：1.×××××”），附件名称后不加标点符号；图或表的短语式说明文字，我们依据《标点符号用法》，中间可用逗号，但末尾不用句号。即使有时说明文字较长，前面的语段已出现句号，最后结尾处仍不用句号。不带括号的汉字数字或“天干地支”做序次语时，后用顿号；不带括号的阿拉伯数字、拉丁字母或罗马数字做序次语时，后面用下脚点。

有趣的是，有时候法律文书的写作未必完全遵循语文规范。例如按照《标点符号用法》的标准，标有书名号的并列成分之间通常不用顿号，例如，《红楼梦》《三国演义》《西游记》《水浒传》，是我国长篇小说的四大名著。但《民法典》第一千二百六十条规定：“本法自

2021年1月1日起施行。《中华人民共和国婚姻法》、《中华人民共和国继承法》、《中华人民共和国民法通则》、《中华人民共和国收养法》、《中华人民共和国担保法》、《中华人民共和国合同法》、《中华人民共和国物权法》、《中华人民共和国侵权责任法》、《中华人民共和国民法总则》同时废止。”为何《民法典》的该条款不遵循语文规范呢，是因为《立法技术规范（试行）（一）》曾有示例：“《中华人民共和国××法》、《中华人民共和国××法》、《中华人民共和国××法》与本法的规定不一致的，适用本法。”因此我们在撰写法律文书时应当优先参考《立法技术规范（试行）（一）》《立法技术规范（试行）（二）》中的内容。

另外一个我们可以参考的语文规范就是法院作出的裁判文书，例如法院的判决书中提及简称时，一般都表达为：以下简称发财公司，而不会表达为：以下简称“发财公司”，以下简称的内容判决书中一般不会使用引号。法院的裁判文书也是规范用语习惯的一个参考来源。

第四是重视读者阅读体验，善用标题、引导词，提高阅读者的注意力。在书写法律文书过程中，至关重要的一点是我们要尽可能以阅读者的视角审视自己所撰写的法律文书。作者和读者阅读同一份文书的感受是不同的，作者其实很容易陷溺到一种自恋的情绪，以为自己所写文书是流畅的，以为读者能够理解自己文书中的事实前提、法律前提、逻辑前提，但读者读起来可能完全不是那么回事。我们应当特别警惕写作者的自恋，能够用抽离的理性和中立的视角自我反省，然后调整自己的文书，这样才能提高法律文书的阅读感。

那么具体到写作的细节，我建议首先要学会善用标题，标题是一份法律文书中最宝贵的部分，是最容易引起阅读者重视的。一般阅读他人的法律文书也是从各个小标题开始，如果小标题提及了吸引读者的内容或激发了读者进一步阅读的兴趣，就可能促使读者更细致地去阅读正文的内容。因此标题的部分千万不要浪费，不要写没用的信息，不要笼统地表达观点，而应该将支持观点的最核心要素在标题中体现出来。

其次，要善于使用引导词和路标词，最简单的路标词就是“第一，第二，第三”，这与庭审中的表达是相似的，路标词可以起到强调和提示的作用，给听众或读者一个心理预期。

再次，要通过一些句式来聚拢读者的注意力，例如，（2015）民二终字第324号判决书里有这样一个句式：“××前后诸多行为违背常理，主要表现为如下九个方面……”这样的表达在查明事实时能起到“以点破面”的效果。我在自己写的一些法律文书中会先总结无争议的内容，在无争议事实的前提下总结焦点，聚拢注意力。例如在一个政府采购项目中，因我的委托人所提供的证书的真实性被质疑，评审委员会没有给予分数。后向发证机构函询确定我的委托人提供的证书是真实，但有关部门表示要尊重评审委员会的权威。就此，我在行政复议的文书中写道："双方当前已对申请人所提供证书的真实性、符合性没有异议。本案的争议焦点在于，评标委员会专家是否应当识别出申请人所提供的真实、有效的证书？评标委员会专家开展符合性审查义务的法律限度如何确定？在评标委员会知道或应当知道的专业范畴内，评标委员会对客观评审因素作出了违背事实的认定，是否应当放任？"在审理法律适用问题时，声明我方或双方没有争议的事项，有利于固定论证前提，减少案件枝节，使审理人员的注意力不会发散和偏移。

最后，写作法律文书还需要"把想说的话写清楚"，进而"写出来的内容更容易使人相信"。我们写作常常强调春秋笔法、微言大义，用词的软硬，细节的繁简，都影响着阅读者的感受。比如对于法律文书中是否可以使用感叹号这个问题，我个人并不完全拒斥，我在法律实务中遇到过感叹号运用得好，使法律文书写得富有力量和感染力的律师。我们在法律文书中应该避免情绪化的表达，一般不使用感叹号，但在特定的条件下为说明事实的真实性是可以使用的。又如我们对一个事实可以从积极的角度描述，也可以从消极的角度描述，可以用"把"字句描述也可以用"被"字句描述，可以正面描述也可以反面表达，描述角度的差异常常会给读者带去思维转折，这就是表达的奥妙所在。

就我个人经验而言，一定要有第一次的突破。大概是我从业五年时，才真正花费巨量的时间打磨一份法律文书，反复从不同角度去表述同一个意思，从中筛选精准的表达和冗余的表达，最终在语言表达上使我自己和阅读者都感觉非常流畅而到位。这次法律文书的写作体验对我而言非常珍贵，此后文书水平才自我感觉更上了一个台阶。

第五是法律文书写作要详略得当，轻重分明，抓住重点。在文书写作中，我们经常要引用很长篇幅的法条、文章或判决，但引用的这些资料如果都放在正文部分，比如引用的部分占到整体篇幅的三分之二以上，自己表达的内容只占篇幅不足三分之一，就容易给人头重脚轻的感觉。在法律文书中，并非所有的法律规范都必须在正文中引用，尤其一些比较常用的法条，裁判者早就已经烂熟于心，其实不必长篇大论。对于不必在正文中引用的法律规范或其他资料，我们可以通过脚注的方式予以注明。如果我们在法律文书中引用的是外文规范或文献，应当在脚注中写明中文译文。

（二）法律文书的内容深度

律师助理加入律师事务所的第一天，了解的第一个原则可能就是“律师提出的观点要有根有据”。所谓的有根有据，是指律师不能凭借自己朴素的法感情去理解法条，而是要充分了解这个法条的立法原旨、法条中的各项要件，甚至是历史沿革。法条、案例、学理或立法解释，只要研究案件时始终坚持把这三者结合起来，那么法律文书的内容就会更有深度。我们始终要切记，律师的说服力源于事实和法律，而不是结论。

就法律文书的内容深度，我们试举以下几个例子以供参考：

第一是对法律规范的解读。如前所述，律师不能凭借自己朴素的法感情去理解法条，律师对于法律规范的理解应当有根有据。比如旧的劳动合同到期后，用人单位没有与劳动者续签书面劳动合同，对于未续签书面劳动合同期间二倍工资的计算，是否应当给予用人单位一个月的宽限期?《最高人民法院新劳动争议司法解释（一）理解与适用》载明："我们认为，首次签订劳动合同与续订劳动合同在预期上存在明显区别……续订劳动合同的情形下,（用人单位与劳动者）互相之间已经非常了解，用人单位对劳动合同期满后是否需要继续用工应有合理预期，用人单位基于诚实信用原则负有提前通知劳动者是否续订劳动合同的义务，故在用人单位与劳动者续订劳动合同的情形下，对劳动者的保护力度应强于首次签订劳动合同时。用人单位应在劳动合同期满前告知劳动者是否续订、以何条件续订劳动合同，若劳动者同意续订的，应在劳动合同期满前完成续订手续，无须再给予一个月宽限期。"当然，包括这个问题在内的许多法律问题都存在争议，但无论持哪种观点，都应该有翔实的论据。律师执业的第一步，是保持敬畏，限缩自己的个人感受，去寻找客观依据。

在另一个我们承办的案件中，某自然人向 A 公司提供借款，其中约定：“借款期限自借款到达A公司指定收款账户之日起至A公司与B公司签订回迁物业安置协议之日止。”后因A公司与B公司的合作出现障碍，预计A公司与B公司难以签订回迁物业安置协议，某自然人拟追回款项，我们为其制作了《初步代理方案》。《初步代理方案》中分析：

首先应当明确的是，本案的借款合同约定的是无息借贷，无息借款合同属于不真正双务合同，该合同项下贷款人出借款项和借款人偿还款项并不构成对待给付关系，因此借款人偿还款项是借款人的单方合同义务，该合同义务不能附条件。参考《民事审判指导与参考》[①]第62辑中最高人民法院审理乔某生与××日报社其他合同纠纷一案[②]的观点：“合同义务是不能附条件的……合同义务的确定直接确定债务人的履行内容，债务人应当全面、适当的履行合同义务……依法成立的合同具有约束力和确定性，所谓附条件法律行为的不确定性是合同确定性的例外。如果将条件的范围扩大到合同义务，那么条件天然的不确定性将毁灭合同本身的确定性。”因此，我们认为偿还债务作为无息借款合同中的主要、单方合同义务，不应在该合同义务外另附条件,《借款合同》的条件性约定本质是履行期限约定不明。

① 杜万华主编:《民事审判指导与参考》，法律出版社2015年版，第201~212页。

② 最高人民法院民事判决书,(2014)民申字第175号。

2017年刊载于《人民司法》的王某春与程某民间借贷纠纷一案[①]对于本案有重大参考意义。在本案中，当事人自行约定了“偿还借款的条件为：程某的母亲所有的位于长江二路的房屋拆迁时”，最终重庆市××区人民法院认为：“案涉该房屋是否拆迁与本案借款纠纷并无必然联系，故该房屋拆迁就目前而言属于无法实现的条件，不应作为本案中还款行为的附加条件。”同时认为，“程某的母亲所有的房屋如何定性、该房屋是否拆迁都系未知，因程某何时还款并无明确的期限，属双方对履行期限约定不明，且双方对履行期限不能协商解决，王某春有权随时要求程某还款。”在前述案件中，案涉《借款合同》中约定的借款期限为“借款期限自借款到达A公司指定收款账户之日起至A公司与B公司签订回迁物业安置协议之日止”，显然各方无法确定A公司与B公司何时能就“回迁物业安置”事宜达成相关协议，双方对于履行期限约定不明确。假设A公司以与B公司一直未达成相应的《回迁物业安置协议》为由拒不偿还相应债务，事实上既违背了基本法理，也违背了公序良俗。

此外，《论债务偿还所附条件是否影响债务履行》一文[②]也指出：

---

① 付佃强：《履行期限约定不明之债的清偿》，载《人民司法》2017年第20期。

② 梁小凤：《论债务偿还所附条件是否影响债务履行》，载《法制与社会》2014年第19期。

"债务偿还所附条件应认定为债权人为债务人履行还款义务的宽限期，此种情况属于履行期限约定不明确，债权人可以随时要求其履行。"在2004年6月16日《江苏经济报》上刊登的关于"杨某诉张某案"中双方当事人约定借款至债务人到美国后1年内付清，人民法院经审理认为："被告未能够提供其具备移民美国的条件并正在申办移民签证的证据，因此所附条件是根本不可能发生的事实"，据此认定约定无效，判决被告归还案涉借款。在前述案件中，A公司并未举证其自身具备与B公司在特定时间签署相关《回迁物业安置协议》的条件，因此应当视为《借款合同》双方当事人对履行期限的约定不明，债权人具有要求债务人随时清偿案涉债务的权利。

综上，双方当事人针对《借款合同》中关于债务履行期限的约定属于履行期限约定不明的情形，依据《民法典》第六百七十五条的规定，债权人在给予债务人必要的准备时间后有权要求债务人随时履行债务。

如前所述，律师的论证必须有翔实的依据，只有论据扎实的观点，才能在市场竞争中取信于当事人。律师本身具备的研究能力，也是律师不可替代的核心竞争力之一。

第二是对立法原旨或合同原意的还原。我们试举几个例子：

在劳动保障监察程序中，对于投诉人的投诉请求，人力资源行政部门经充分调查而无法查明的，行政部门通常会告知投诉人通过仲裁、诉讼程序维权。《广东省劳动保障监察条例》第四十四条第三款、第四款规定："投诉事项属于未依法支付工资、经济补偿金、赔偿金，经调查查实的证据证明违法行为存在的，应当依法责令改正或者作出相应的行政处理决定。对前款规定的投诉事项，人力资源社会保障行政部门已按照本条例第四十条的有关规定充分调查核实，仍无法查实相关事实，双方存在争议的，告知投诉人按照劳动争议处理程序办理。"为什么行政部门明明已经立案却不处理，这种行为是不是行政不作为？这是投诉人提起行政诉讼后，人民法院也关注的问题。事实上，依据《行政处罚法》的规定，依法应当予以处罚的，行政机关必须查明事实；违法事实不清的，不得给予行政处罚。在行政执法中作出行政处罚的证明标准为"排除合理怀疑"或"明显优势证据"，而非民事诉讼、仲裁程序中的"高度盖然性"标准。不能以民事诉讼、仲裁程序中较低的证明标准替代行政法中较高的证明标准，更不能用民事诉讼中的"证明责任"制度给行政程序中的当事人归责。因此在经过合理调查后上诉人和相关单位仍存在争议的情况下，基于限制行政权力扩张的考虑，被上诉人应当依据《广东省劳动保障监察条例》第四十四条的规定告知上诉人按照劳动争议处理程序办理争议事项。如果我们能从立法原意上进行阐释，就能使法院较快理解和接纳行政部门的处理思路。

在我们承办的股权转让纠纷案件中，我的委托人出让了标的公司股权，并向受让人承诺其控制的董事辞职卸任，协助受让人指定的人选进入董事会。后因种种原因，我的委托人控制的董事没有辞职卸任，仍然参与公司的治理和表决，受让人认为我的委托人构成违约，主张我的委托人承担违约责任。在主张调减违约金的过程中，我们的工作之一就是将该董事在两年内所表决的提案逐一统计，并得出结论：计算我们控制的董事将其所有的“同意票”改为“反对票”，将“反对票”改为“同意票”，董事会的提案通过情况不会发生任何改变，以此说明该行为对受让人未产生实际损失。这种处理方式，实际上也是从缔约原意出发，来加深论证深度。

在我们承办的一宗担保纠纷案件中，担保人是公司，担保人向债权人提供担保时是由法定代表人作出决定，没有经过股东会决议。在《全国法院民商事审判工作会议纪要》(以下简称《九民纪要》)实施后商事外观主义逐渐退潮，为了保护中小股东利益不受损害这一法律价值，未经股东大会决议而对外提供的担保通常会被认定为无效。但在我们办理的个案中，该公司是家族企业，法定代表人持有公司80%以上的股权，公司其他股东是法定代表人的配偶或其他亲戚。担保人和借款的债务人存在关联关系，债务人部分借款是通过公司其他股东代收的。换言之，在个案的特殊性中，如果我们证明中小股东对案涉担保是知情且同意的，且从案涉担保行为中间接获益，那么本案公司提供的担保虽然没有经过股东会决议，但亦不会违反法律规范所欲保护的价值，不会损害中小股东的利益。如果律师在这个角度上能组织一定的证据，诉讼中就还留有向裁判者争取有利判决的可能。

第三是谨记常情常理，适当“高举高打”。所谓的“高举高打”，就是向法院充分揭示这个案件背后所隐藏的社会意义，即假设某一个判决结果可能会对社会造成的影响。例如，我们曾经承办过一个建设工程施工合同纠纷案件，其中一个争议焦点是工程量清单的错漏项应当由谁承担。就该问题的辩论，从对价的公平性角度展开实际意义不大，对于“对价公平”这一法律价值的考虑属于不必赘述的观点。但如果能从招投标程序的价值出发，例如，说明要求招标人承担工程量清单错漏项的风险实际上是修改招标文件的实质性条款，是在其他市场主体无法参加的情况下重新更改招标文件的核心竞争规则，排除或限制其他竞标人参与竞争，该行为实际上架空、消解了招投标程序的价值，致使相关项目无法在招投标程序中充分竞争。这是对其他投标人公平竞争权的严重伤害，是对公平竞争秩序的损害，可能导致招投标活动失去意义，这同时也是对社会公共利益的侵害，这样的价值辩争才能吸引关注。法律制度是一个庞大的制度，其中无时无处不体现法律价值的竞争，引导裁判者关注法律价值的冲突及相关社会效果，才能凸显法庭辩论的意义。

应当指出的是，“高举高打”不是让律师避重就轻，我们论证的重点仍然应当放在个案本身，论证案件的社会影响应当简短、精练。我个人办案的原则是，除非这个“高举高打”的内容会让人眼前一亮，或引人深思，我不会提出相应观点。如果是十分粗糙或浅显的道理，这样的“高举高打”难免有诡辩之嫌，宁缺毋滥。

第四是我们应当对表达以及表达的接纳有更高的敏感度。作为中国人，我们的传统文化中素来有“春秋笔法”“微言大义”的敏感性。古代的史学家善于用“曲笔”朦胧地对人物或事件进行评价，因此我们也从小就经受训练，试图通过古人有关细节描写、修辞手法、材料筛选等内容，去理解古人想要表达的意思。中国人共享的这一文化系统，也使得我们在无意间可能对一些关于细节的表达十分敏感，而往往有人会利用这种敏感，因此我们不得不学会解构和重构。比如经常会有人将“屡战屡败”解释为“屡败屡战”，也经常会听到“德国队从来没能在世界杯上战胜过中国”“所有去世的人中 99% 都喝过 H_2O 这种物质”等应用了类似技巧的谎言，我们不仅要会识别，更要学会简洁地揭穿。

三、不同法律文书的写作要点

在写作法律文书时，我们首先应当留意写作的场景，思考我们写作法律文书的受众和功能，并充分换位思考。以起诉状为例，起诉状的第一个功能是促使顺利立案，使得争议事项能够进入实体审理的程序中。从法院立案审查的角度来说，当然要通过起诉状中载明的主体、案由、标的额等信息审查案件是否符合起诉的条件、是否属于受案法院的管辖范围等。

民事诉权具有可处分性，法院只会在诉讼请求的范围内作出裁判，而不会超出诉讼请求作出裁判。因此起诉状的第二个功能，就是确定本案的审理范围和路径。我们认为，在起诉状中载明合适的诉讼请求，是起诉状中最值得研究、最重要的内容。在撰写诉讼请求时，常常会有这么几个错误：第一是诉讼请求的金额不明确，我们载明的诉讼请求金额应该附上相应的计算方法，说明诉请金额的计算过程。诉讼请求的金额明确，法院才能确定诉讼标的额，从而计算诉讼费，如果诉讼请求金额不明确，法院无法开具诉讼费收费票据，案件也就难以进入实体审理阶段。在实务中，我们一般建议原告的代理律师尽量持有变更诉讼请求的特别授权，否则在立案窗口无法当场调整起诉状中诉讼请求的数额，或者变更诉讼请求，法院不会接受。第二是诉讼请求应当具有可执行性，比如，劳动争议中常见的一项诉讼请求是办理离职手续，但具体是什么离职手续，是归还财物吗？是开具离职证明吗？是交接文件资料吗？法院无从确定“办理离职手续”的具体外延，这也意味着案件胜诉后的执行程序可能出现无法克服的障碍。有经验的裁判者在庭审时会要求明确这些模糊不清的请求，并在庭审笔录中予以记录，律师也可以提醒裁判者完成该工作。第三是诉讼请求不能有根本性的谬误。我们曾经办理过一个损害股东利益责任纠纷案件，我的委托人与其前妻曾共同开办公司，其前妻也是公司股东之一，后因感情破裂，双方之间诉讼不断。其中的一个诉讼，是其前妻认为我的委托人将公司的资金通过第三方转移到自己手中，以损害股东利益为由起诉了我的委托人，其诉讼请求是要求我的委托人直接向其赔偿数千万元。这个诉讼请求就存在根本性的错误，因为即使本案确实存在转移公司财产的行为，正确的诉讼请求应该是诉请将所转移的财产归入公司，而非自己作为股东直接要求按照持股比例对所侵占的部分要求赔偿。我们都知道公司要遵循资本维持的原则，企业法人的资产独立于各股东，各股东享有的是利润分配权，而不能要求直接支配公司的财产，否则可能损害公司债权人的利益。我所称的根本性谬误，就是被告无须答辩，我们仅从原告自己主张的事实和理由，就能判断原告的诉讼请求难以得到支持。如果我们仔细去研究事实和理由相似的案件，就会看到很多表述不同的诉讼请求，其中也不乏因诉讼请求存在根本性谬误而被法院驳回的案件。对于我们不了解的案由，大数据是我们最好的老师，我们应该多看看他人的经验，警惕并摒除那些错误的诉讼请求，从已被支持的诉讼请求中确定我们的诉讼请求写作方法。

起诉状的第三个功能，就是促使裁判者形成有利于我方的第一判断。在实务中，裁判者可能不会看代理词，但裁判者一定会看起诉状，因此我们需要在起诉状中描述一个合理的故事。但一般撰写起诉状的篇幅不会很长，因为在实务中面临的情况是，当事人自己对案件的表述时有反复，在案件发展过程中也经常会发现与当事人记忆存在差别的证据。诉讼程序通常是禁止反言的，为避免自认不利事实，或者产生前后矛盾的陈述，我们一般在起诉状中仍然应当以审慎、保守的态度描述有关事实。描述的事实不一定要面面俱到，而是要力求描述的事实都是真实的。

以上是起诉状的写作要点，其他法律文书因为其所处阶段、目标功能、受众对象的不同，也各有其特殊性，比如代理词要围绕庭审状况进行，围绕双方陈述及裁判者关注的问题展开；比如律师作出的法律意见要注意律师执业风险的控制，要充分运用表达技巧；比如申请鉴定要先了解《委托司法鉴定规范指南》，了解司法鉴定的申请类别、功能，才能准确表述申请事项。不同法律文书的写作要点，在此不再赘述，原则上均以法律文书所处阶段、目标功能、受众对象的不同而灵活变通。

四、小结

法律文书撰写能力的提高，要的是工匠精神和精益求精的意志，我始终认为写作法律文书的能力能否提升，只有少部分是认识问题，大部分是意志问题。追求形式的完美，需要不断切磋琢磨，不断修改自己表述中的缺憾，然后在海量训练中形成自己的习惯，培养对法言法语的敏感度；而追求内容的深度，则是需要沉浸于研究和探索之中，持之以恒，不厌其烦。总之，法律文书撰写能力的提高根本上还是需要多写和多读，有声的朗读是校对文书的最好办法。本章的附件是我们为一个案件出具的初步代理方案，其中体现了法律文书写作的一些实操细节。为求保密，部分信息进行了调整，仅供参考。

附件

初步代理方案

致：李四（以下简称债权人）

关于：李四与 ×× 房地产贸易投资公司（以下简称 B 公司）、张三民间借贷纠纷二审代理事宜

日期：2022 年 1 月 19 日

敬启者：

第一部分　本初步代理方案的声明及假设

本代理方案系依据出具日以前已经发生或存在的事实和中华人民共和国现行有效的法律、法规和规章而出具，假设其他国家和地区的法律规定不会对本代理方案中的观点构成任何影响。

本代理方案提出的分析、判断和意见，系本律师事务所律师独立作出。由于理解、法律解释方法、操作方式、人员素质等不同，本代理方案在实践操作中可能产生不同的法律风险。若本代理方案涉及对监管人员、法官裁量权的评价，而监管人员、法官依据其裁量权最终作出何种结论并非本律师事务所律师所能掌控，对此特提示对本代理方案持审慎采信态度。

第二部分　本案的基本事实

根据债权人提供的资料，2020年6月18日，B公司与深圳市××产业集团有限公司（以下简称A公司）签订《合作开发协议书》，第四条约定：自本协议双方签字盖章生效后5个工作日内，A公司同意介绍第三方向B公司提供1亿元的无息借款作偿还银行抵押贷款及清退租客之用，B公司同意在本项目取得预售许可证前，签订回迁物业安置协议时，以货币还款或以本项目同类物业政府预售备案均价为标准，将等值1亿元的可分配物业抵偿给提供借款的第三方作抵销1亿元的借款，B公司与第三方签订的借款合同于B公司偿还全部借款或完成物业抵偿手续之日终止，B公司与提供借款的第三方的债权债务予以结清，B公司确认本项目范围内被拆迁物业的过渡期租金收款账户为：开户名：王五，开户行：建设银行深圳分行××支行，账户：

720160998011092××××。

2020年6月18日，B公司与A公司签订《合作开发协议书之补充协议（四）》，约定：鉴于B公司以本项目范围内的物业【宗地号：A513-××××】向上海浦东发展银行股份有限公司深圳分行（以下简称浦发银行深圳分行）办理了抵押贷款，抵押合同编号：YD790320132800××××，贷款金额为3000万元，B公司承诺在收到A公司介绍的第三方提供的借款之日起10个工作日内办理提前偿还贷款的相关手续，并于2020年11月30日前完成抵押物业的注销抵押手续。

2020年6月18日，债权人与B公司、张三签订《借款合同》，约定B公司因偿还银行抵押贷款及处理×××工业园城市更新项目的租户清退事宜需流动资金周转，向债权人借款1亿元，借款期限自借款到达B公司指定收款账户之日起至B公司与A公司签订回迁物业安置协议之日止，合同项下的借款为无息借款，B公司同意以其在与A公司合作开发的×××工业园城市更新项目的可分配物业权益作为还款担保，借款期限届满，B公司可以选择以货币形式还款或在上述项目取得预售许可证前，签订回迁物业安置协议时，以该项目同类物业政府预售备案均价为标准，将等值的可分配物业抵偿给债权人以抵销借款，B公司应按照合同的约定用途使用借款，逾期办理抵偿物业登记或逾期还款的，自逾期之日按同期银行贷款利率双倍支付利息，张三自愿作为B公司的连带保证人，向债权人承担连带保证责任。

2020年6月24日，债权人通过名下上海浦东发展银行622523118390××××账号向张三名下广东省农村信用社联合社8001000089231××××账号分别汇款100万元、4900万元、1000万元、2000万元、100万元、1900万元，共计1亿元，B公司于同日出具两份《收款收据》，每份均确认收到债权人出借的款项5000万元，共计人民币1亿元。

深房地字第500037××××号房地产证显示：权利人B公司、宗地号A513-××××，“他项权利摘要及附记”处显示：2013年2月1日抵押登记，抵押权人浦发银行深圳分行，编号为深房地押字第8D1300××××号，2015年1月30日注销此编号抵押登记；2015年2月3日抵押登记，抵押权人浦发银行深圳分行，编号为深房地押字第8D1500××××号，2020年10月27日注销此编号抵押登记。

2013年1月30日，深圳市×××化工有限公司（以下简称某化工公司）与浦发银行深圳分行签订《流动资金借款合同》，同日，B公司与浦发银行深圳分行签订《抵押合同》，约定B公司以其名下深房地字第67××号证书项下房地产为某化工公司签署借款向浦发银行深圳分行提供担保。2014年9月16日，B公司与浦发银行深圳分行签订《最高额抵押合同》，约定以其名下深房地字第67××号证书项下房地产对浦发银行深圳分行自2014年8月20日至2017年8月19日各类融资业务所发生的债权提供抵押担保。2020年10月，浦发银行深圳分行向B公司出具《授信余额结清证明》，显示B公司办理的授信合同项下人民币叁仟陆佰万元整的授信余额已于2020年8月13日全部结清。

B公司与王五于2015年4月1日签订《租赁合同书》，约定将×××工业园物业以整体租赁方式出租给王五，由王五自用或对外出租，租赁期限自2015年4月1日至2034年12月31日，2016年1月26日，B公司与深圳市×××物业管理有限公司（以下简称某物业公司）签订《补充协议》，约定双方同意原《租赁合同书》的乙方变更为某物业公司，其他条款继续执行，王五以B公司法定代表人的身份签字盖章。2020年6月28日，B公司与某物业公司签订《关于光明大街×××工业园物业清退之协议书》，对旧物业清租相关事宜进行约定。张三于2020年7月22日向何六转账400万元，于2020年7月24日向何六转账490万元、495万元，于2020年7月30日向何六转账496万元、498万元，于

2020年7月31日向何六转账342.3869万元，于2020年8月12日向何六转账14.4万元，于2020年8月14日向何六转账177万元，于2020年11月4日向王五转账400万元、400万元，于2020年11月6日向王五转账20万元、380万元、400万元，于2020年11月13日向王五转账500万元、500万元、400万元，于2020年11月17日向何六转账300万元、300万元、240万元，部分转账备注“清租补偿款”。某物业公司分别于上述转账日出具《收款收据》，表示分别收到B公司、张三支付的×××工业园清租补偿款400万元、985万元、994万元、342.3869万元、14.4万元、177万元、800万元、800万元、1400万元、840万元，上述《收款收据》加盖有某物业公司财务专用章及何六、王五签字。

根据某物业公司工商登记信息、深圳市××辉煌房地产有限公司工商登记信息、博罗县×××化工实业有限公司工商登记信息上记载的信息显示，王五以及张三之间存在密切合作关系。

B公司、张三确认关于×××工业园城市更新项目，其已经向相关主管部门申请了暂停。

第三部分 法律分析

根据案号为:（2020）粤03民初1111号（以下简称一审判决书），广东省深圳市中级人民法院（以下简称深圳中院）作出的一审判决书中载明的信息显示，深圳中院认为B公司已经提交相应证据证明其在收到案涉借款后，进行了偿还银行抵押贷款和清退补偿相关租户的行为，而债权人未能提供充分有效的证据证明其签订《借款合同》的目的已经无法实现，因此判决驳回债权人的全部诉讼请求。债权人不服一审判决，拟通过上诉启动二审程序的途径寻求救济，我们应当围绕案涉纠纷形成的“基础法律事实”及其所适用的“法律依据”两个核心纲目，就深圳中院作出的《民事判决书》提供如下法律意见。

一、本案《借款合同》对借款期限约定不明，债权人有权要求《借款合同》相对方在合理期限内随时履行案涉款项偿还义务

首先应当明确的是，本案的借款合同约定的是无息借贷，无息借款合同属于不真正双务合同，该合同项下贷款人出借款项和借款人偿还款项并不构成对待给付关系，因此借款人偿还款项是借款人的单方合同义务，该合同义务不能附条件。参考《民事审判指导与参考》[①] 第62辑中最高人民法院审理乔某生与××日报社其他合同纠纷一案[②] 的观点：“合同义务是不能附条件的……合

① 杜万华主编:《民事审判指导与参考》，法律出版社2015年版，第201~212页。

② 最高人民法院民事判决书，(2014) 民申字第175号。

同义务的确定直接确定债务人的履行内容，债务人应当全面、适当的履行合同义务……依法成立的合同具有约束力和确定性，所谓附条件法律行为的不确定性是合同确定性的例外。如果将条件的范围扩大到合同义务，那么条件天然的不确定性将毁灭合同本身的确定性。”因此，我们认为偿还债务作为无息借款合同中的主要、单方合同义务，不应在该合同义务外另附条件，《借款合同》的条件性约定本质是履行期限约定不明。

2017年刊载于《人民司法》的王某春与程某民间借贷纠纷一案①对于本案有重大参考意义。在该案中，当事人自行约定了“偿还借款的条件为：程某的母亲所有的位于长江二路的房屋拆迁时”，最终重庆市××区人民法院认为：“案涉该房屋是否拆迁与本案借款纠纷并无必然联系，故该房屋拆迁就目前而言属于无法实现的条件，不应作为本案中还款行为的附加条件。”同时认为，“程某的母亲所有的房屋如何定性、该房屋是否拆迁都系未知，因程某何时还款并无明确的期限，属双方对履行期限约定不明，且双方对履行期限不能协商解决，王某春有权随时要求程某还款。”在本案中，案涉《借款合同》中约定的借款期限为“借款期限自

① 付佃强：《履行期限约定不明之债的清偿》，载《人民司法（案例）》2017年第20期。

借款到达B公司指定收款账户之日起至B公司与A公司签订回迁物业安置协议之日止”，显然各方无法确定B公司与A公司何时能就相应“回迁物业安置”事宜达成相关协议，双方对于履行期限约定不明确。假设B公司以与A公司一直未达成相应的“回迁物业安置协议”为由拒不偿还相应债务，事实上既违背了基本法理，也违背了公序良俗。

此外，《论债务偿还所附条件是否影响债务履行》一文[①]也指出：“债务偿还所附条件应认定为债权人为债务人履行还款义务的宽限期，此种情况属于履行期限约定不明确，债权人随时要求其履行。”在2004年6月16日《江苏经济报》上刊登的“杨某诉张某案”中双方当事人约定借款至债务人到美国后1年内付清，人民法院经审理认为：“被告未能够提供其具备移民美国的条件并正在申办移民签证的证据，因此所附条件是根本不可能发生的事实”，据此认定约定无效，判决被告归还案涉借款。在本案中，B公司并未举证其自身具备与A公司在特定时间签署相关《回迁物业安置协议》的条件，因此应当视为《借款合同》双方当事人针对履行期限的约定不明，债权人具有要求债务人随时清偿案涉债

---

① 梁小凤：《论债务偿还所附条件是否影响债务履行》，载《法制与社会》2014年第19期。

务的权利。

综上，双方当事人针对《借款合同》中关于债务履行期限的约定属于履行期限约定不明的情形，债权人在给予债务人必要的准备时间后有权要求债务人随时履行债务。

二、即使双方当事人在《借款合同》中约定的条件有效，但在本案中债务人为自身利益不正当地阻止条件成就，《借款合同》的合同目的已经根本上无法实现

本案在一审审理过程中，债务人向深圳中院辩称A公司无相关项目开发的资质并申请暂停了案涉城市更新项目，债务人已就A公司在《合作开发协议》履行过程中的行为向有管辖权的人民法院起诉，请求解除《合作开发协议》。在此情况下，债务人事实上已经丧失了与A公司签订相关《回迁物业安置协议》的可能，进而终局地无法触发《借款合同》中约定的履行条件，致使案涉借贷关系所追求的以拆迁安置物业折抵债务的合同目的落空。因此依据原《合同法》第九十四条第四项的规定[①]，债权人可以按照合同解除的法定事由解除双方签订的《借款合同》，并要求债务人

① 《合同法》第九十四条："有下列情形之一的，当事人可以解除合同：……（四）当事人一方迟延履行债务或者有其他违约行为致使不能实现合同目的；"已失效，现行有效的规定为《民法典》第五百六十三条第四项。

偿还债务。

同时，依据原《合同法》第四十五条第二款[①]的规定："当事人为自己的利益不正当地阻止条件成就的，视为条件已成就；不正当地促成条件成就的，视为条件不成就。"债务人通过起诉解除《合作开发协议》系为其自身利益不正当阻止《借款合同》中约定的履行期限的促成，应视为双方当事人在《借款合同》中所附条件已成就，债权人有权要求债务人返还案涉款项。

三、针对张三等相关主体应进一步揭露其存在的关联关系，并查明案涉借款的实际用途

本案中，从工商登记信息上看，B公司的法定代表人王五与本案被告张三具有紧密的合作关系，本案中不能排除被告通过王五虚构了租户清退的外观、虚增租户清退的成本，以逃避资金用途监管的可能性。对于该项争议焦点的认定，主要依托于各方的证明能力。

我们主要基于一审资料提出以下疑点：首先，案涉《清退协议书》明确清退面积仅为27,000平方米，但补偿款或赔偿总款高

① 现行有效的规定为《民法典》第一百五十九条："附条件的民事法律行为，当事人为自己的利益不正当地阻止条件成就的，视为条件已经成就；不正当地促成条件成就的，视为条件不成就。"

达 160,000,000 元，补偿款中还包含有代建代垫工程款等与清租无关的项目。从庭审情况看，被上诉人根本无法对自己所支付款项的性质加以区分，甚至连补偿的面积、对象等细节情况都无法说明。同时，A 公司按照其与案外人 B 公司《合作开发协议书》第 5.5 条的约定对项目范围内所有物业现状进行拍照、统计，客观上也无从确定合理的拆迁补偿安置资金，因此案涉借款是否被用于约定用途存在重大疑问。其次，从时间上看，案涉借款也并不是专款专用。本案中，A 公司在 2020 年 8 月 18 日向深圳中院起诉 B 公司，要求解除项目合作的有关协议，而根据另案一审认定的事实，2020 年 11 月 4 日至 2020 年 11 月 17 日，王五还付给张三所谓的清退款 3840 万元。被上诉人已经以行动表明了不再继续进行案涉项目，同时又持续使用案涉专项借款支付给二房东，这样的行为自相矛盾，违背了诚实信用原则，显然是对借款的滥用。再次，王五并没有将清退租户的款项支付给实际的租户，而是都支付给了二房东，也就是与被上诉人有大量合作关系的张三等人，而后续张三等人是否将所谓清退款付给租户本人没有任何证据证明，本案一审法院也未查明该重点事实。最后，案涉款项的支付数额明显不符合常理。按照 A 公司就案涉地块提供的《租赁合同书》，案涉地块的总租赁面积共 56,000 平方米，租金为 350,000 元 / 月，如果按照需要清退的面积比例折算，需要清退部分月租金仅有17万元左右，折合年租金仅有200万元左右。本案庭审中，被上诉人自称借款已经全部用完，却没有提供任何证据证明清退租户为何需要用到如此巨大的款项。被上诉人用于清退租户的款项和该等物业本来的租金标准明显不匹配，被上诉人的清退行为明显违背商业常理，不应当予以认可。

基于前述情况，本案中张三与其他交易主体存在诸多关联关系的情形下，需要进一步核查本案中借款的实际用途，甚至通过司法审计、另行起诉等各种方式补强证据，查明本案的实际资金用途。

四、深圳中院作出的一审裁判事实不清，法律适用错误，遗漏了关键当事人，建议在二审中请求法院直接改判或发回重审

根据B公司与A公司于2020年6月18日签订的《合作开发协议书》第四条的约定，“债权人系通过A公司的介绍向B公司提供1亿元的无息借款用于偿还银行抵押贷款及清退租客，同时约定B公司案涉项目取得预售许可证前，签订回迁物业安置协议时，以货币还款或以案涉项目下的特定物业抵偿给债权人用于抵销案涉1亿元的借款。”在债权人与B公司签订的《借款合同》中也存在类似表述。因此，从双方约定的文义看，案涉借贷合同的权利实现与案外物业拆迁安置存在紧密关联，拆迁安置的进展不仅关涉借贷合同项下债务清偿的根本合同目的，也关涉在整体交易安排中被告占有相关资金的正当性。

但本案一审判决没有就案涉借贷关系的权利、义务特征进行综合论证，忽视了无偿借款合同的特殊性，对于资金用途、缔约目的等基础事实没有完全查明，作出判决的事实基础和法律基础均存在重大争议。深圳中院作出的一审判决书中载明的信息显示，B公司认为A公司在履行《合作开发协议》中存在违约行为，已诉请有管辖权的人民法院判决解除双方签订的《合作开发协议》，案号为:（2020）粤03民初3843号。在《借款合同》与《合作开发协议》存在紧密联系的前提下，应当查明《合作开发协议》的履行情况，综合考虑本案是否存在《回迁物业安置协议》无法签订的可能性。《合作开发协议》的履行过程有可能会影响被告的权利与义务，因此本案应追加A公司作为第三人参加诉讼。原审法院未依法追加A公司参加诉讼，导致对本案关键事实认定不清，参考（2016）粤03民终14630号等案件的裁判观点，我们建议请求二审法院发回重审或依法直接改判。若二审法院作出发回重审的裁定，本案将不再受限于一审的诉讼请求，也可以就案涉合同性质、法律效果进行重新论证，可以通过申请司法审计等方式确定资金用途，将为本案的争议解决创造更大空间。

本案中债权人已查封、冻结被告名下以价值人民币 1 亿元为限的相应财产。根据深圳中院关于《查封、扣押、冻结财产通知书》中载明的信息，债权人已通过财产保全措施冻结、查封张三、××房地产贸易投资公司享有的银行账户、不动产及股权。前述财产保全措施可能会给被告基于财产推进有关项目造成阻碍。换言之，该司法保全措施是促成争议解决的方法之一，或可以为案涉纠纷的和解创造必要的前提条件。若诉讼程序的处理周期较长，不排除被告主动寻求和解的可能性。

此致

广东华商律师事务所

2022 年 1 月 19 日

第七章

开庭前的准备工作

凡事预则立，不预则废，一次优良的庭审呈现绝不能靠临场发挥。律师只有事先做好充分的准备，了解了全案的事实和法律适用，才知道哪些问题需要在有限的庭审时间中充分抗辩，哪些问题无足轻重，进而掌握庭审的节奏。也只有事先做好充分的准备，才能理解裁判者发问的用意，并且周延地作出回答，避免自相矛盾的言辞或不利自认。虽然庭审难免有灵活应变的部分，但庭审中灵活应变的技巧只是战术，全面地理解案件才能制定战略。扎实地做好准备才能决定案件的下限，如果全靠灵机一动，很可能会给自己埋下不可挽回的执业风险。

本章所称的庭审准备，就是为了能够呈现一次优良的开庭审理而制作的书面提纲，这份书面的提纲应当能帮助我们解决庭审中大部分问题。根据《民事诉讼法》的规定，开庭审理有既定的程序，我们开庭提纲的基本内容一般与庭审顺序一一对应。就如同高中时数学老师经常告诉我们的，数学题要动手做，不能光用脑子想。同样的道理，无论案件大小，任何案件都必须制作庭审提纲才能全盘把握案件的风险点和关键点。下文我们将循着开庭提纲的内容，介绍如何做好开庭的准备。

第一，庭审提纲应当呈现案件的基本信息。我们一般会在开庭提纲的首部载明案号、开庭地点、裁判者及裁判者助理的联系方式（办公电话、邮箱），并同时载明开庭必须要提前准备的事项。我要提醒的是，这个步骤必须按程序完成！比如，经常有律师看到传票上写的是龙岗区人民法院，开庭时就不假思索地跑到龙岗法院本部，但实际上即使是龙岗法院本部受理的案子也可能不在法院本部开庭，遑论深圳的基层法院一般都至少有四五个派出法庭。无论经验多么丰富的律师，如果没有把庭前准备的工作标准化，都有可能犯同样的错误，一旦年底时法院案件积压众多，原告迟到就可能被直接视为撤回起诉，由此导致财产保全的财产损失，那么律师很可能发生执业风险。

载明裁判者及裁判者助理的联系方式，便于临时发生调换庭室等突发事项时联络工作人员，不至于在客户面前手忙脚乱；载明开庭必须要提前准备的事项，主要包括携带律师证、律师袍、授权资料、证据原件、载有电子档的U盘、案卷资料等。几乎我认识的所有律师，在助理阶段都发生过出门忘记带原件的故事，如果因此导致法庭无法认定相关证据的真实性，那么可能将对案件造成不可挽回的消极后果。

好记性不如烂笔头，我们办理案件不能依赖于个人不恒常的自律，而应当老老实实把开庭提纲中载明的这些事项当成规定动作，用制度来管理自己。

第二，庭审提纲建议包含案件所涉的商业背景和常识。不是所有案件都有必要在庭审提纲中载明这些内容，但交易模式复杂或者相关领域特别专业的案件，建议把法律关系图或交易架构图、案件所涉的商业图景、有关概念列入庭审准备。在商事案件中，裁判者会格外关注商事交易的底层逻辑，我们至少应当把案件所涉的商业图景总结成一两段话，以便能够简洁、单刀直入地为裁判者介绍特定商业模式运行中的各方关切。

第三，庭审提纲中应该包括案件大事记。首先，我们要在庭前与当事人进行充分沟通，尽可能多地挖掘与案件相关的事实。我们都知道，裁判者作出裁判文书依靠的是法律事实，那么法律事实距离客观事实到底多远？一个案件发生后，作为亲历者的当事人实际只能知悉自己认知范围内的部分，有些认知因为时间、记忆能力而丢失，有些则因为涉及第三人而自始不知情，当事人所亲历的内容又会在其自己认知的范围内加工和裁剪，最终经过代理人的加工裁剪，才最终传递给裁判者。在这个过程中，我们尤其要警惕当事人的经验判断，也要警惕律师自己的经验判断。因为当事人很可能自己省略一些关键事实，所以律师要擅长挖掘细节、动机，保持怀疑，并探索合理性。律师办理案件的素材不能仅靠当事人提供，还要善于提问，善于结合我们的生活经验和办案经验，不断通过挖掘事实来加深个案深度。其次，我们在制作大事记过程中应该把文件先做厚再逐渐变薄。最初的大事记应当是完全详尽的，尤其在复杂的案件中，只有把大事记作出来，很多事情发生的原因我们才能想透。当我们对案件有了全盘的理解后，才要去删减一些跟本案争议焦点无关的内容，最终形成篇幅适宜的大事记，形成的大事记如果属于案涉争议的基本事实，尽量把合同的主要内容和条款也概括出来，这个信息一般也属于裁判者询问的范围。最后，我们可以用可视化的方式制作时间轴，将事实再拆解和分组，以便直观地向裁判者呈现。在开庭之前，我们的规定动作要求必须把大事记中所载明的事实发生时间全部背诵。

第四，开庭提纲中应当载明诉讼请求及其事实和法律依据。在开庭提纲中，一般应当载明具体的诉讼请求，以及诉讼请求的计算公式。比如计算利息，要载明计算的基数、起算日、结算日、天数、利率水平等，而这些要素都与一定的事实或法律规定相关，比如如何确定起算日、利率水平等。我们在起诉状中应当事先载明计算公式，以及计算公式中各数字的来源，这个过程也有利于辅助律师重新审视自己关注的法律要件是否遗漏。确定诉讼请求的计算方法很可能是法院所关注的第一个问题，很容易影响裁判者对律师的观感以及后续的庭审节奏。

第五，提前准备起诉补充意见或口头答辩。每一个裁判者都是不同的，有的裁判者可能事先不看案卷，有的裁判者可能不喜欢律师浪费时间照本宣科。如何在不同裁判者之中寻找可被接受的最大公约数，我认为就是除了起诉书或书面答辩状之外，再补充一个简要的口头意见。

就此我们应该做几项准备工作：首先，尽可能去了解主持庭审的裁判者的庭审风格。我们可以通过中国庭审公开网去查找并观看裁判者的开庭录像，是倾向于纠问式的庭审还是对抗式的庭审，这对我们在本场诉讼中语言风格的选用尤其重要。其次，口头补充意见的目的有两个：（1）交流的前提是交流双方具有最低限度的共识，如果裁判者对于案件事实并不了解，律师直接开始法律的论证必然会令人困惑。口头的叙事就是为裁判者构造一个事实图景，让律师和裁判者共享同一个故事世界，这样才能让裁判者具备判断的前提，这是人的认识规律所决定的。（2）我们在表达的过程中除了对案件背景的大叙事，还应该尽可能植入、强调对我方有利的事实细节，以便影响裁判者的心证。福柯曾提出"话语即权力"，在这个场景中，律师本身是表达者，是符号世界的提供者，表达的形式和内容都可以由律师自己决定，而裁判者是听众，只能被动接受。律师应当在法庭规则中体会不同的话语权力关系，抓住表达机会，促使裁判者形成利于自身的看法。再次，庭审是律师难得可以和裁判者面对面交流的机会，是难得加强裁判者印象的机会，书面意见随时可以提供，口头交流的机会可能仅此一次。所以我们一般不会只说我们的答辩意见与书面答辩状一致，这相当于自己放弃了一次沟通的机会。但无论如何，在结案压力越来越大的今天，裁判者绝不会欢迎长篇大论的论述，所以我们要擅长给自己的口头篇幅做减法，一般的表达篇幅要控制在1500字以内。最后，在开庭之前，我们的规定动作是必须把口头表达的意见写成符合个人表达习惯的书面稿件，并且至少朗读20遍，在此之中不断优化用词、停顿和语气重音。哪怕是照着书面稿件宣读，朗读者也需要不断刻意训练才能增加熟练度，我们不能在法庭上展现生疏的第一次。

第六，举证质证部分的准备。从形式上说，在编制好证据后我们要先将证据装订好，用便签指示和提醒关键证据材料，以便庭审时及时翻阅，对于没有编撰页码的证据要编好页码。如果证据中有非常多的微信聊天记录截图，我们要提前做好索引目录，将关键微信聊天的内容在索引目录中呈现，以便庭审时及时反馈。从内容上说，举证质证是有章法的，要围绕证据的真实性、合法性、关联性、证据来源、证明目的制作书面的举证质证意见，要说清楚哪些证据有原件，哪些没有原件。举证意见的长短，还是要考虑主审裁判者的个性后再进行处理，如果是简短的举证意见，为了突出重点，我们可以在庭审中告诉法庭我方证据的证明目的与证据目录相同，但就其中的某个证据要专门补充举证意见。

在举证质证中，我认为真实性的核查是裁判者最关注的内容，只要诉讼各方都认可证据的真实性，裁判者采信该证据就没有压力。那么我们在做开庭准备的过程中，建议将对方提供的证据提供给我们的委托人，由委托人先发表意见。对于持怀疑态度的证据，我们要专门注明，并在开庭核对原件时特别留意，比如对方提供的证据复印件上有拆解订书钉留下的痕迹，而提供的证据文件上没有装订过的痕迹，我们更要留意审查该证据的真实性。

另外，在开庭之前我们应当及时与法院沟通，确认对方是否提交了新证据，确认对方是否申请证人出庭。如果有证人出庭的，我们应当提前拟定好发问提纲。对待证人出庭的情况，我们指导原则是守正出奇，出奇制胜的交叉询问只会少量发生，通过发问提纲的制作进行充分准备才是接近正确的道路。对于证人询问的事宜，我们一般遵循以下规则。

（1）证人越能从细节构建所述故事的合理性，越容易影响裁判者的心证，使裁判者相信其所陈述的内容。所以如果是我方提供的证人，那么我们对证人可以尝试使用开放性的问题，而如果是对方提供的证人，我们尽量给证人提供封闭式的问题，限制证人的回答范围，避免对方提供的证人无边际延伸案件。《最高人民法院关于民事诉讼证据的若干规定》第七十三条在2019年修正时新增了规定："证人应当就其作证的事项进行连续陈述。当事人及其法定代理人、诉讼代理人或者旁听人员干扰证人陈述的，人民法院应当及时制止，必要时可以依照民事诉讼法第一百一十条的规定进行处罚。”也即证人在陈述过程中享有不被干扰的权利，但证人的充分表达未必对我们有利。

（2）我们要对补强证据规则特别留意，对于需要补强的证人证言，我们要及时反应并且应用该规则动摇证人证言的证明力。在一般的询问提纲中，我们必然会询问的问题也包括询问证人与对方当事人的关系，以考察证人与对方当事人是否存在特别的利害关系。

（3）律师可以给拟出庭的证人进行庭前辅导，可以对证人的着装、语速、基本程序、庭审规则、不得旁听庭审等事宜进行说明，但律师切记不要撰写案件情况要求证人背诵，否则容易违反职业纪律，也会在庭审程序中给证人带来紧张感和压迫感，效果可能不好。

（4）我们要尽可能从细节引导证人进入场景，我曾经看到一个令我印象深刻的案例，是一起提供劳务者受害责任纠纷案件，原告主张其虽是农村户口，但常年在镇上打工，依据当时的规定要求按城镇人口标准计算其各项损失，并且原告提供了证人以证实其受伤经过。发问人注意到证人与原告户籍同村同组，于是就原告的经常居住地进行询问。其主要过程如下：

问：证人，你与原告住在同村同组？

证：对头。

问：你家和原告多远？

证：近得很，隔两根田坎。

问：原告家种庄稼没？

证：种了四五个人的庄稼。

问：原告下地种庄稼吗？

证：他要种地，他是主要劳动力。

问：他什么时候到镇上干活？

证：农闲的时候我们一起去。

在这个过程中，发问者并未直接询问各方的经常居住地，而是通过生活经验切入，从生活细节的角度发问，从而还原了法律规定的要件事实。

第七，对于裁判者发问的准备。对裁判者发问的准备是庭审准备难度最高的环节，也是突发情况最多的环节。本书认为评价庭审准备质量高低的最重要标准，就是裁判者提出的问题有没有在开庭准备的“射程范围”之内。对于裁判者可能发问的问题，我们要从两个层次进行准备，第一个层次是类似案件都会询问的基础问题。

构成个案诉讼请求的每一个计算要素，以及这些要素所涉及的事实和法律依据，都是裁判者将询问的基础问题，例如，劳动者向用人单位主张违法解除劳动合同的经济赔偿金，那么必须查明的事实要素就包括了解除劳动合同的原因、解除劳动合同的时间、离职前十二个月的平均工资、本单位工作年限等，而如果在一个计算复杂的案件中，法院没有重点查明构成诉讼请求的事实要素，那么我们就要做好法院不支持该诉讼请求的心理准备。又如，几乎所有二审案件开庭时法官都会询问上诉人与被上诉人对一审查明的事实有无异议，要求说明一审判决查明错误的具体内容或遗漏查明的事项，这属于同类案件中具有共性的基础性问题，是每个案件必须准备的内容。

除此之外，不同个案的法律要件亦不同。对于复杂的案件，我们首先要做到全面了解案件事实，不断深挖新的事实。在对事实全盘掌握的情况下，我们应具备要件树的思维，根据法律要件去整理事实，假设对方的抗辩观点。具备要件树的思维后，我们才能比较迅速地将裁判者提出的问题在要件树中归位，从而理解裁判者提问的用意，参详裁判者隐藏的思路。在开庭准备中，我们一定要以裁判者的视角询问我们自己这样一个问题：“哪些问题是法官必须问的，哪些法官可以不问？”并从准备和实践的差别中预判案件的走向。

我想提示的是，律师要时刻准备着应对那些突如其来的提问。有的法官在进入正式的法律程序前，一进入法庭可能就直接询问律师怎么看待这个案件或某个具体事实，往往此时律师没有进入庭审状态，也没有字斟句酌的时间。所以我们要针对自己的薄弱环节，尝试准备两三句最能直指案件本质、最能打动法官的话，以便应对这类突发状况。

第八，向对方发问。在庭审的法庭调查中，法官有时会询问双方有没有问题需要向对方发问，即使法官没有提出该问题，在法庭调查之末法院一般会最后询问双方有无需要补充的事实，此时我们也可以主动向法庭请求向对方发问的机会。之所以要向对方发问，是为了弥补法官发问之不足，进而放大对方事实主张和法律主张的缺陷。可以预见的是，对方在回答我方所提出的问题时并不会像回答法庭提问那样有问必答，我们不要给对方侃侃而谈的机会，也要防止对方简单地以该问题与案件无关来搪塞。因此发问过程中，我们同样要采用封闭式问题，并且提前预想对方的答案，只有在有必要时、答案可控时才提出问题，尤其注意避免对方借用我们的问题来强化法官的印象。

我曾经办理了一个关于工伤认定的案件，在该案中，劳动者 1993 年出生，和妻子感情很好，孩子才刚刚出生。他在某制造业企业的 DIP 车间上班，平时上班的楼层是单位的三楼。某个工作日早上离上班时间还有三分钟时，他从更高楼层坠楼身亡，经过公安机关勘查现场后确定没有他杀的痕迹。于是劳动者的家属向社保局申请工伤认定，社保局作出了不予认定工伤的决定，劳动者家属遂提起行政诉讼。

由于劳动者在坠楼时的主观状态无从判断，社保局亦不敢贸然认定该劳动者是自杀，因此社保局认为该劳动者并非在工作时间、工作场所发生坠楼，不符合工伤认定条件。在行政诉讼的庭审中，法庭仅简单询问了行政部门三个简单的程序性问题后，就准备结束法庭调查程序。我们知道，人民法院在行政诉讼中遵循司法有限审查的规则，因此，对待这类行政诉讼案件，应当在理解行政诉讼制度运行规则的基础上，严格地聚焦主线，牢牢把握行政诉讼案件中的举证责任分配规则，通过主动发问来揭示具体行政行为的事实基础，争取维护当事人的合法权益。

为便于理解发问提纲中的内容，我先提供与本案有关的法律规范。《最高人民法院关于审理工伤保险行政案件若干问题的规定》第四条第一项规定："社会保险行政部门认定下列情形为工伤的，人民法院应予支持：（一）职工在工作时间和工作场所内受到伤害，用人单位或者社会保险行政部门没有证据证明是非工作原因导致的"。《广东省工伤保险条例》第十四条第三款规定："职工或者其近亲属、工会组织认为是工伤，用人单位不认为是工伤的，由用人单位承担举证责任。"《广东省工伤保险条例》第九条第一项、第二项规定："职工有下列情形之一的，应当认定为工伤：（一）在工作时间和工作场所内，因工作原因受到事故伤害的；（二）工作时间前后在工作场所内，从事与工作有关的预备性或者收尾性工作受到事故伤害的。"

结合社保部门提交的讯问笔录等证据，我围绕本案争议的法律要件分组提出以下问题：（1）发生事故时是否已经到达办公园区并完成打卡？劳动者坠亡时是否穿着工衣和鞋子？（2）劳动者发生坠亡的地点具体在哪一楼？用人单位的三楼、四楼、五楼、六楼区域在工作上的用途分别是什么？不同工作区域有何联系？（3）什么是 DIP 车间？什么是 SMT 车间？DIP 车间的具体工作内容和工作职责是什么？劳动者的预备性工作和收尾性工作有哪些？我提出这些问题的用意在于，如果社保部门只知道劳动者在“DIP 车间”上班，而不知道这个岗位的具体工作内容，不知道这个岗位与其他岗位的衔接情况，也不知道不同楼层分工之间的内在联系，同时也不能确定发生事故的具体地点，不知道劳动者的收尾性或预备性工作有哪些，那么至少当前查明的事实无法确定劳动者系非因工作原因而死亡，进而希望举证不能的不利责任归于对方。

此外，我就具体行政行为的程序也提出了一个问题，就是行政机关如何证明在办理案件过程中执法人员向行政相对人出示了证件。如前所述，我提出的这些问题基本都是封闭式问题，且问题的指向对象都是与法律要件相关的事实细节。由于案卷中并未体现我关注的问题，因此即使行政部门能够回答这些问题，实际上也无法尽到举证责任。换言之，这些问题无论对方如何回答我们都能把握，相关答案和走向最终都是可控的。

第九，法庭辩论。因案件类型的不同，我一般将案件分为侧重“事实审”的案件和侧重“法律审”的案件两种。侧重“事实审”的案件，一般法律适用部分没有过多争议，主要是就案件的基本事实双方各执一词，法院庭审的重点也在于查明事实。侧重“法律审”的案件，顾名思义就是双方对于事实争议不大，双方的争议更多地体现在法律条款的理解和适用中。

根据不同类型案件的审理重点，我们可以预先准备答辩提纲，但我们一般不提倡对法庭辩论环节过度准备，以免自己过度沉溺于自己事先准备的辩论内容。法庭辩论的内容应当针对案件的核心争议来展开，随着庭审的侧重点而变化，不能一成不变。案件的核心争议是什么，我们要结合庭审中法官的发问、对方的主张、法官总结的争议焦点来进行。对于在法庭辩论之前我方暴露的短板，我们要着重解释，补正和充实我们观点；对于法庭辩论之前对方言辞的漏洞，我们可以声明禁止反言的规则，结合生活经验动摇对方叙事的合理性，攻破对方的谎言；对于法庭辩论之前法官明显流露兴趣的问题，我们要重点补强，为法院延伸思考该问题提供素材。

另外，我们在法庭辩论阶段必须掌握好时间节奏。法庭辩论一般不会超过两轮，但由于很多案件进入辩论阶段时已经超过中午午饭及下班时间，或者后续还有其他案件等待开庭，此时法官可能无暇听取双方过多的辩论内容。我们要留意法官的情绪变化，以此决定我们法庭辩论的篇幅。

总而言之，开庭准备的过程是一个长期的、反复打磨的过程，我们需要不断去反省自己叙事的合理性、细节的丰富度、言辞的精准度、庭审格局和态势等。在这个过程中成百上千次地锤炼和模拟，最终才可能呈现自我满意的庭审状态。

在本章的附件中，我们提供了一个合同纠纷案的开庭准备。该合同纠纷案的背景是，A 上市公司因重大资产重组收购了 C 标的公司，受让了 C 标的公司原股东持有的全部股权，其中包括了财务投资人 B 并购基金出让的股权。股权交割后，A 上市公司发现 C 标的公司存在财务造假，遂将出让 C 标的公司股权的全部原股东分别起诉。附件提供的《A 上市公司与 B 并购基金合同纠纷案件开庭准备》，是其中一次开庭的庭前提纲，以供参考。

附件

A 上市公司与 B 并购基金合同纠纷案件开庭准备

时间：2021 年 9 月 8 日上午 9 时 15 分，第十八法庭，地点：略

原告：A 上市公司

被告：B 并购基金

案号、主审法官及联系方式：略

原告诉讼请求

1. 判令被告退还股权转让款 366,251,869.63 元及利息 48,158,916.16 元（其中以 95,225,486.08 元为本金，自 2018 年 2 月 14 日至 2019 年 8 月 19 日按照中国人民银行同期同类贷款利率支付利息 6,923,025.10 元，其中以 271,026,383.55 元为本金，自 2017 年 12 月 7 日至 2019 年 8 月 19 日按照中国人民银行同期同类贷款利率支付利息 22,171,463.88 元，共计 29,094,488.98 元；以 366,251,869.63 元为本金自 2019 年 8 月 20 日起至实际支付之日止按 LPR 支付利息，暂计算至 2020 年 12 月 4 日，利息为 19,064,427.18 元）；

2. 判令由被告承担原告因本案支出的律师费 2,934,791 元；

3. 判令由被告承担本案的诉讼费、保全费、保全担保费、公告费（如有）。

补充的口头答辩意见（书面答辩状简化版本）

我们已经递交书面答辩状，我们对答辩状主要内容进行简要补充和总结。

一、原告对于本案基础事实的描述存在重大错误和误导，答辩人需要首先向法院厘清本案两个十分关键的成案因素和基本背景。

第一个关键背景，是本案中C标的公司发生资产减值的根本原因，是其法定代表人廖××个人的犯罪行为，许多犯罪行为发生于本案双方签约半年之后，与答辩人没有任何关系，也根本不是答辩人声明和保证的范围。

本案中，答辩人与原告于2017年3月22日签署了《发行股份及支付现金购买资产协议》，而廖××违规对外担保和借款的行为发生于2017年9月及之后，当时双方均不可能预见廖××半年后将要从事违规行为。

关于C标的公司资产减值的原因，2019年6月21日A上市公司在自己公告的《某市A上市公司股份有限公司2018年年度股东大会会议材料》(以下简称《2018年年度股东大会会议材料》)中也自认，因C标的公司原董事长、总经理廖××私自以C标的公司名义对外违规借款和担保等事项引发多起诉讼，导致C标的公司银行账户被冻结，资金链断裂，对C标的公司未来的持续经营带来重大不利影响。

(本案中A上市公司收购C标的公司时，C标的公司的净资产仅为9亿元，而A上市公司对其估值34亿元，也就是说，A上市公司为了C标的公司"未来获利能力"支付25亿元的对价。而现在所谓的资产减值，其本质是C标的公司"未来获利能力"的丧失，究其原因，这是廖××个人在后的犯罪行为导致的，不应由答辩人承担。）

第二个重要背景，是答辩人不仅未因出让C标的公司的股权获取收益，反而是答辩人因案涉交易遭受了重大损失。本案中，A上市公司是以"现金+股份"的方式支付受让C标的公司的对价，其中现金对价仅1.33亿元，剩余部分对价均是以发行股份的方式支付。当时A上市公司以每股14.86元的股价向答辩人交割了2500多万股股份，而按照当前A上市公司5元左右的股票价格计算，该部分股票目前价值仅为1.3亿元。这部分股票目前已被A上市公司另案非法冻结，答辩人从未处置变现。换言之，答辩人出让C标的公司股权实际目前实现的所得仅为现金支付的1.33亿元。而早在2015年答辩人获得××公司股权的时候，答辩人就付出了超过2亿元的增资扩股及股权转让款，因此答辩人通过案涉并购重组并未获得任何利益。在此背景下，A上市公司在本案中还要向答辩人索赔3.66亿元，试图把其公司股票下跌的损失都转嫁予被答辩人，其索赔主张明显丧失公平性。

（本案中，由于答辩人实际股权转让收到的对价是“现金+股份”，那么即使A上市公司的索赔请求成立，答辩人也仅应当按照同等的比例“现金+股份”向A上市公司赔偿股份，否则在此期间股票价格产生波动的差价将全部由答辩人承担，严重损害了答辩人的合法权益。）

所以答辩人再次强调，C标的公司资产减值另有原因、答辩人在案涉交易中没有获得任何收益，这是本案两点不容忽略、至关重要的事实。

二、答辩人在案涉交易中不存在违约行为，更未实施任何隐瞒或欺诈行为。答辩人在C标的公司中仅是财务投资人，不参与C标的公司的日常经营管理，就案涉交易而言，已经尽到善意相对方一般程度的注意义务。

答辩人认为，双方签订的《发行股份及支付现金购买资产协议》清楚显示，答辩人参与案涉项目是以A上市公司提供的法律财务等尽职调查报告为前提和依据，且双方签署的所有协议都是A上市公司提供的格式范本，对于前述尽职调查报告，答辩人仅能，且仅需尽到善意相对方一般程度注意义务。A上市公司专为并购项目聘请的独立财务顾问、会计师事务所、评估师事务所等专业中介机构基于其专业技能、业务经验都未能查明C标的公司存在虚增利润的状况，现A上市公司却要求答辩人对于廖××个人实施的欺诈行为予以识别，显然超出了答辩人的认识能力和一般注意义务范围。

对于案涉事实，甚至A上市公司在针对上海证券交易所的问询函中也自认“由于内部控制固有的局限性，内部控制无论如何有效，都只能为单位实现财务报告目标提供合理保证，不能完全杜绝串通舞弊、违法犯罪等行为的发生。廖××私自以C标的公司名义对外进行违规借款、担保及占用公司资金，皆系廖××伙同公司内外相关人员涉嫌实施违法犯罪行为所致，非内部控制缺陷所形成。”

答辩人认为，答辩人应尽的注意义务程度，应当以合理和善意为限。哪怕是专业的、具有高度注意义务的中介机构，只要其基于勤勉尽责、诚实信用的执业准则而出具专业报告，即使专业报告存在一定疏漏，该中介机构也可以免责。举重以明轻，答辩人既非专业的中介机构，又不参与C标的公司的运营管理，答辩人基于A上市公司聘请的中介机构已经作出的专业报告而作出承诺和保证，已经保持了必要的谨慎，不存在任何过错。

三、进而需要指出的是，A上市公司在案涉项目中存在重大过错，不仅其委托的专业机构未尽到核查义务，其高管因在案涉收购项目中未能勤勉尽责而遭受证监会行政处罚。

A上市公司作为上市公司，本应该具备专业且丰富的投融资并购经验，但无论是其自身还是其委托的中介机构，都未尽到必要的注意义务。对于案涉的虚增销售额、采购额及虚增利润等行为，其实独立的供应商、采购方并未配合造假，A上市公司或有关中介机构只要通过简单的走访，甚至与供应商电话访谈，就可以查明真实的采购数据和销售数据，但A上市公司及其委托的中介机构均未能完成基本的调查。A上市公司委托的中介机构的尽职调查行为完全违反了《独立审计具体准则第27号——函证》第三条、第六条、第七条、第十七条、第十八条的明确规定。没有依法采取任何措施或程序对询证函的发出以及收回保持控制，也未就收回的函证进行任何独立核验，就出具了具无保留意见的审计报告，A上市公司及其委托的中介机构在案涉项目中自身存在重大过错。

就A上市公司在案涉项目中的重大过错，证监会于2020年5月12日作出了《行政处罚事先告知书》，其中明确认定，A上市公司时任董事长、副董事长等十余位负责主管人员在案涉收购项目中没有尽到勤勉尽责的法定义务，被处以行政处罚。

另外，案涉的（2020）苏01刑初3号《刑事判决书》显示，早在2016年11月底的尽职调查中，A上市公司已在审计过程中发现了无票销售、关联方资金占用长期存在且数额较大等异常，明知××账上有5.35亿元的资金被占用。且在江苏省高级人民法院已经审结的（2019）苏民初16号案的庭审笔录中，亦多次提及A上市公司“已经在2016年12月明知存在3.59亿元资金违规占用情况”，并与“××公司实际控制人廖××合谋，指使中介机构巧立名目，将××公司对外不正常负债3.59亿元披露为‘委托理财对外投资’，出具具有欺骗性的不实审计报告及独立财务报告。”可见A上市公司在明知C标的公司财务状况可能不实的情况下仍然推动交易，本案甚至不能排除A上市公司“知假买假”的可能性。

四、本案中，双方约定的违约金是补偿型违约金，按照协议约定，A上市公司必须先举证证明其产生损失，才有权索赔。而本案中A上市公司已经通过各种方式得到赔偿或将要得到赔偿，其无权向×××提出赔偿。

首先，A上市公司与部分C标的公司原股东签订了《盈利预测补偿协议》及补充协议，已依据对赌协议的约定通过注销已发行股份的方式收到不低于13.30亿元的补偿。A上市公司系以现金+股份的方式支付股权转让对价款，对于这部分以股份支付的对价，A上市公司于2019年6月29日已通过股东会决议，决定由A上市公司以1元回购业绩承诺方持有的公司89,533,826股股份并注销，A上市公司由此实际挽回不低于13.30亿元的损失。

其次，A上市公司将依据对赌协议得到不低于9.29亿元的补偿。依据A上市公司于2019年4月30日发布的《关于公司重大资产重组2018年度业绩承诺实现情况及补偿义务人对公司进行业绩补偿的公告》，其中载明根据盈利预测补偿协议及其补充协议，承诺方需向A上市公司现金补偿9.29亿元。

再次，A上市公司已通过出让C标的公司的股权挽回4亿元的损失。A上市公司已于2019年6月26日以4亿元的对价将××公司的股权全部出让给某市××××民营企业纾困发展基金合伙企业（有限合伙）纾困发展基金（以下简称纾困发展基金），挽回了4亿元损失。

又次，A上市公司将从廖××处得到补偿。生效的《刑事判决书》已判决“廖××退出犯罪所得19.3297884095亿元”。应当指出，A上市公司发布的公告《2018年年度股东大会会议材料》中已载明“廖××已将其持有的东莞市×××仪器科技有限公司20%股权以及其亲属廖良镜持有的江西C标的公司有限公司84%股权质押给A上市公司作为资产保全。”廖××已经为其名下资产提供了担保，其中×××仪器公司名下有1.91公顷的土地，江西C标的公司名下有25.93公顷的土地，A上市公司可以从廖××处得到补偿。

最后，A上市公司也可能从有关中介机构处得到补偿。依据A上市公司公告的《发行股份及支付现金购买资产并募集配套资金暨关联交易报告书》，A上市公司聘请的××证券股份有限公司、北京市××律师事务所、江苏××会计师事务所（特殊普通合伙）、上海××资产评估有限公司等中介机构均向A上市公司承诺案涉重组的申请文件及专业报告不存在虚假记载、误导性陈述或重大遗漏，否则将承担赔偿责任。

除此之外，A上市公司从C标的公司已取得了3000万元的现金份额。因此A上市公司目前的损失尚未确定，哪怕答辩人存在违约行为，A上市公司也不存在向答辩人追索赔偿的事实基础。

第一部分　本案基本事实

1. 2015年5月28日，深圳市×××大田股权投资合伙企业（有限合伙）（以下简称×××大田）、B并购基金与广东C标的有限公司［以下简称C标的公司，东莞市××塑胶五金制品有限公司（以下简称××塑胶）为C标的公司的前身］及其原全体股东签订《股权收购及增资协议》及《补充协议》，约定：

×××大田、B并购基金投资后××塑胶估值为12亿元人民币，×××大田、B并购基金本次共投资人民币2.4亿元，投资完成后占C标的公司20%股权。其中，B并购基金持有C标的公司16.7%的股权，支付的出资款为2.004亿元（2.4亿元×16.7%/20%＝2.004亿元）。2015年7月10日，C标的公司完成该次增资及股权转让的工商变更登记手续。

2. 2016年11月底，A上市公司委托的中介机构进驻C标的公司进行尽职调查，在审计过程中，A上市公司已经知道C标的公司存在无票销售、关联方资金占用长期存在且数额较大等异常，明知C标的公司账上有5.35亿元的资金被占用。2016年12月13日，C标的公司新增注册资本，B并购基金持有C标的公司股权比例由16.7%变更为15.1344%。

3. 2017年3月22日，A上市公司与B并购基金签订《发行股份及支付现金购买资产协议》，约定：（1）A上市公司以发行股份和支付现金相结合的方式收购B并购基金持有的C标的公司15.1344%的股权，股票交易均价为14.96元/股，定价基准日2017年3月24日为上市公司第三届董事会第十二次会议决议公告日。标的公司全部股东权益评估值为340,200万元，确定标的资产的交易价格为340,000万元。其中，以股份支付的交易对价占全部交易价格的74%，以现金支付的交易对价占全部交易价格的26%。交易各方于交易交割日（指本次发行股份及支付现金购买资产取得中国证监会批准之日所在月的月末）开始实施交割（2017年11月）。（2）乙方（B并购基金）同意对甲方（A上市公司）由于任何乙方声明或保证的失实而遭受的损失、费用及支出（包括法律服务的支出）予以赔偿（声明和保证条款6.11）。（3）除不可抗力因素、本协议其他条款另有规定外，本协议项下任何一方违反其于本协议中作出的陈述、保证、承诺及其他义务而给另一方造成损失的，应当全额赔偿其给另一方所造成的全部损失（违约责任条款14.1）。

4. 2017年3月22日，B并购基金签署《附件一：乙方的进一步声明和保证》。附件第7条约定，截至本协议签署日，标的公司无资金占用和违规担保。第6.1条约定，标的公司财务报告（含附注）在各方面均完整、准确、公平反映了标的公司截至2016年12月31日止的财务状况，包括资产、负债及盈利状况。第11条约定，除已向甲方披露之外，标的公司不存在其他以标的公司为一方或以标的公司任何财产或资产为标的的重大诉讼、仲裁、争议、索赔或其他重大纠纷；凡有关事实发生在目标资产交割日之前而导致的诉讼、争议、索赔所引起的赔偿、产生的债务或责任、发生的费用，均应由乙方承担。

5. 2017 年 3 月 22 日，A 上市公司与标的公司实际控制人廖 ×× 签署附生效条件的《发行股份及支付现金购买资产协议》约定，廖 ×× 承诺凡有关事实发生在标的资产交割日之前而导致的诉讼、争议、索赔所引起的赔偿、产生的债务或责任、发生的费用，均应由其承担。

6. 2017 年 3 月 22 日，A 上市公司与本次交易对方廖 ××、田 ××、东莞市众 × 昕股权投资合伙企业（有限合伙）（以下简称众 × 昕）、赣州森 × 股权投资合伙企业（有限合伙）（以下简称森 × 投资）、曾 ××、胡 ××、罗 ××、苏 ××、吴 ××、孔 ×× 签署了《盈利预测补偿协议》。其他交易对方未参与业绩承诺及补偿，主要原因为：交易对方梁 ××、刘 ××、王 ××、邓 ××、苏 ××、符 ××、林 ××、蔡 ××、B 并购基金为 C 标的公司引入的外部投资者，不参与 C 标的公司的实际经营，对 C 标的公司的重大经营决策影响力有限，对 C 标的公司的业绩实现没有显著影响。业绩补偿承诺方承诺：（1）标的公司 2017 年、2018 年、2019 年实现的归属于母公司所有者的净利润分别不低于 23,800 万元、30,800 万元、38,766 万元。（2）若业绩补偿承诺方触发盈利补偿义务而须向上市公司进行股份补偿的，上市公司应在合格审计机构出具专项审核意见后30个工作日内召开董事会及股东大会，审议关于回购业绩补偿承诺方应补偿股份并注销的相关方案。上市公司股东大会审议通过了股份回购注销方案的，则上市公司以人民币1元的总价回购并注销业绩补偿承诺方应补偿的股份，并在股东大会决议公告后5个工作日内将股份回购数量书面通知业绩补偿承诺方。（3）各业绩补偿承诺方以其通过本次交易获得的全部交易对价总和（225,932.21万元）为限对C标的公司业绩承担补偿责任。

7. 2017年3月24日，上海××资产评估有限公司作出××资评报字〔2017〕0066号《企业价值评估报告书》。（1）以2016年12月31日为评估基准日，采用资产基础法和收益法对C标的公司进行了评估，并采用了收益法评估结果作为C标的公司的最终评估结论。C标的公司100%股权账面价值81,453.18万元，评估值340,200.00万元，评估增值率为317.66%。（2）预计C标的公司2017年、2018年、2019年合并报表口径净利润分别为23,703.13万元、30,738.33万元和38,733.79万元。

8. 2017年3月24日，A上市公司（1）审议通过《关于公司符合发行股份及支付现金购买资产并募集配套资金条件的议案》；（2）审议通过《关于审议〈某市A上市公司股份有限公司发行股份及支付现金购买资产并募集配套资金暨关联交易报告书（草案）〉及其摘要的议案》；（3）审议通过《关于签订附条件生效的〈发行股份及支付现金购买资产协议〉的议案》；（4）审议通过《关于签订附条件生效的〈盈利预测补偿协议〉的议案》。

9. 2017年9月15日，（1）A上市公司与本次交易对方廖××、田××、众×昕签署了《发行股份及支付现金购买资产协议之补充协议》；（2）A上市公司与本次交易业绩承诺方签订附条件生效的《盈利预测补偿协议之补充协议》，约定业绩补偿承诺方在标的资产利润补偿和期末减值补偿中承担连带补偿责任的上限合计不超过其在本次交易中所获得的全部交易对价。

10. 2017年9~10月，《〈关于对C标的公司董事长涉嫌违规担保等事项的问询函〉的回复公告》明确披露廖××以C标的公司从事违规担保及违规借款的时间为2017年9月20日、21日、28日与2017年10月20日（均在2017年3月22日后）。

11. 2017年9月21日，A上市公司收到商务部反垄断局出具的《审查决定通知》（商反垄审查函［2017］第56号），商务部已经审核通过了本次交易涉及的经营者集中审查。

12. 2017年11月30日，（1）A上市公司收到中国证监会出具的《关于核准某市A上市公司股份有限公司向廖××等发行股份购买资产并募集配套资金的批复》(证监许可［2017］2149号),证监会已经核准公司向廖××等发行股份购买资产及非公开发行股份募集配套资金事宜;(2)A上市公司因案涉收购聘请的中介机构××证券股份有限公司、北京市××律师事务所、江苏××会计师事务所(特殊普通合伙)、上海××资产评估有限公司均向A上市公司承诺案涉重组的申请文件及专业报告不存在虚假记载、误导性陈述或重大遗漏,否则将承担赔偿责任。

13. 2017年12月4日,C标的公司就本次发行股份及支付现金购买资产涉及的标的资产过户事宜完成了工商变更登记。

14. 2017年12月6日,根据中国证券登记结算有限责任公司上海分公司出具的《证券变更登记证明》,A上市公司已于2017年12月6日办理完毕本次发行股份及支付现金购买资产的新增股份登记申请。其中,向深圳市B并购基金合伙企业(有限合伙)发行25,624,553股股份。

15. 2018年6月15日,廖××及其一致行动人田××、众×昕将其合计持有的上市公司40,901,631股股份质押给C标的公司,为C标的公司的对外担保提供反担保,并在中国证券登记结算有限责任公司深圳分公司办理了股份质押登记手续。在确认厦门国际银行存单违规质押预计损失时,扣除反担保股票价值后预计了0.97亿元损失。

16. 2018年8月22日，A上市公司收到中国证监会出具的《调查通知书》（苏证调查字2018076号），因A上市公司涉嫌信息披露违法违规，被中国证监会立案调查。

17. 2019年4月30日，（1）根据盈利预测补偿协议及其补充协议，廖××、田××、森×投资、众×昕、曾××、胡××、罗××、吴××、苏××及孔××需向A上市公司补偿22.59亿元［其中，股份补偿13.30亿元（折合股份89,533,826股）、现金补偿9.29亿元］。A上市公司以1元回购上述业绩补偿承诺方应补偿的89,533,826股股份并注销。（2）廖××已将其持有的东莞市×××仪器科技有限公司20%股权以及其亲属廖×镜持有的江西C标的公司有限公司84%股权质押给A上市公司作为资产保全。

18. 2019年6月25日，（1）A上市公司与某市纾困发展基金签署了《广东C标的公司有限公司股权转让协议》，C标的公司100%股权的转让价格由交易双方参照C标的公司经审计的2018年度财务数据协商确定，为人民币4亿元；本次股权转让完成后，如受让方后续处置C标的公司的收入低于4亿元（含），则该等处置收入全部归受让方所有；如受让方后续处置C标的公司的收入高于4亿元，则处置收入中超出4亿元部分的90%归上市公司所有，10%归纾困发展基金所有。（2）A上市公司12名管理层股东（金××、陈××、高××、刘××、徐××、王××、史×、朱××、唐××、顾××、徐×、张××）与纾困发展基金签署了协议，约定以其所持有的43,535,497股上市公司股票为纾困发展基金后续处置龙×科技的收益提供质押担保，如C标的公司后续处置收入不足4亿元，则以前述质押股票为限对纾困发展基金进行差额补偿。（3）A上市公司4名董事金××、陈××、高××、刘××出具认购合伙份额承诺函，拟出资5000万元认购纾困发展基金合伙份额。此前，纾困发展基金的合伙人为某市××股权投资基金管理有限公司、某市××股权投资有限公司、某市××混改基金有限公司、上海××××证券资产管理有限公司［代表“证券行业支持民企发展系列之国君资管2号资产管理计划（单一）”］。

19. 2019年6月26日，A上市公司以4亿元的对价将C标的公司的股权出让给关联方纾困发展基金，且约定如受让方后续处置C标的公司的收入高于4亿元，则处置收入中超出4亿元部分的90%归上市公司所有。

20. 2019年6月29日，A上市公司于2018年年度股东大会审议通过《关于公司重大资产重组2018年度业绩承诺实现情况及补偿义务人对公司进行业绩补偿的议案》，由A上市公司以1元回购业绩承诺方持有的公司89,533,826股股份并注销，由此实际挽回不低于13.30亿元的损失。

21. 2019年6月21日（公告日期），C标的公司2018年年末的商誉余额为0，较2017年年末减少227,149.16万元，主要系因××科技公司原董事长、总经理廖××私自以C标的公司名义对外违规借款和担保，导致C标的公司生产经营受到严重影响，几乎所有银行账户被冻结，资金链断裂。

22. 2019年10月15日，12名股东所持相应股份质押给纾困发展基金的手续已于2019年10月全部办理完毕。

23. 2019年10月18日，纾困发展基金向A上市公司支付了第一笔转让价款24,000.00万元，并于2020年2月11日向公司支付了剩余转让价款16,000.00万元。

24. 2019年10月22日，A上市公司向纾困发展基金出售C标的公司100%股权，C标的公司办理完毕工商变更登记手续。

25. 2019年12月20日，据纾困发展基金与合肥×通签署的《广东C标的公司有限公司股权转让协议》，C标的公司100%股权的转让价格为人民币1元。纾困发展基金已于2019年12月20

日完成C标的公司100%股权转让给合肥×通的工商变更登记手续，于2020年2月10日收到合肥×通支付的转让价款，并于近日完成了相关交接手续，其不再持有C标的公司股权。

26. 2019年12月26日，金证通咨报字〔2019〕第0033号《追溯评估意见》，按照委托人提供的资料进行收益法测算，标的单位扣除虚假因素后的股权价值评估意见为人民币98,000万元。

27. 2020年3月9日，A上市公司向某市中级人民法院提起诉讼，请求被告业绩补偿承诺方配合A上市公司以总价1元的价格回购注销A上市公司向被告发行的公司股票89,533,826股。

28. 2020年3月18日，某市中级人民法院作出（2020）苏01民初309号《民事裁定书》，廖××因涉嫌合同诈骗罪被公安机关立案侦查，本案涉嫌经济犯罪，不属于一般经济纠纷案件，依法驳回A上市公司的起诉。A上市公司已向江苏省高级人民法院提起上诉。

29. 2020年5月12日，A上市公司收到中国证监会《行政处罚事先告知书》（处罚字〔2020〕28号），监管部门查明被答辩人时任董事长陈××、时任副董事长兼总裁高××、时任董事会秘书徐×、时任总裁助理兼财务总监顾××等负责主管人员在案涉收购项目中没有尽到勤勉尽责的法定义务，涉嫌违反《证券法》第六十八条[①]的规定，构成《证券法》第一百九十三条第一款[②]所述行为。

30. 2020年11月12日，某市中级人民法院作出（2020）苏01刑初3号《刑事判决书》，法院采纳追溯评估意见并综合相关证据认为廖××通过合同诈骗手段取得的评价价值与真实价值的差额高达23.2亿元，犯罪数额特别巨大，认定廖××行为已构成合同诈骗罪。

31. 2021年3月25日，与纾困发展基金签署了差额补偿协议的A上市公司时任12名管理层股东合计持有的43,535,497股上市公司股票已通过赋强公证及司法裁定的方式划转至纾困发展基金名下，划转手续已在中国证券登记结算有限责任公司上海分公

① 《证券法》第六十八条规定："在收购要约确定的承诺期限内，收购人不得撤销其收购要约。收购人需要变更收购要约的，应当及时公告，载明具体变更事项，且不得存在下列情形：（一）降低收购价格；（二）减少预定收购股份数额；（三）缩短收购期限；（四）国务院证券监督管理机构规定的其他情形。"

② 《证券法》第一百九十三条第一款规定："违反本法第五十六条第一款、第三款的规定，编造、传播虚假信息或者误导性信息，扰乱证券市场的，没收违法所得，并处以违法所得一倍以上十倍以下的罚款；没有违法所得或者违法所得不足二十万元的，处以二十万元以上二百万元以下的罚款。"

司办理完毕。

第二部分　证据交换（2021 年 2 月 25 日）

一、原告举证

（一）原告第一组证据：A 上市公司与 C 标的公司《发行股份及支付现金购买资产协议》

我方质证意见：对该协议的真实性、合法性、关联性予以认可，但对原告主张的证明目的不予认可。理由如下：

第一，该组证据无法证明我方作出的声明和保证失实。从协议第 6.1 条及附件一的内容可以看出，我方作出声明和保证的前提和基础，是原告委托的第三方中介机构针对 C 标的公司 2015 年度、2016 年度的财务报告作出真实、准确、无保留的结论。我们所提供的保证内容，是自己所知的内容，属于合理保证而非绝对保证，对于我们无法预见、无法控制的事项，理当不属于声明和保证的范畴。

第二，案涉《发行股份及支付现金购买资产协议》签署及工商登记变更发生于 2017 年 3 月 22 日，而廖 ×× 私自以 C 标的公司名义违规借款和对外担保的行为发生于 2017 年 9 月 20 日之后。因此，廖 ×× 在协议签署日之后的私人违规行为不在协议声明和保证条款规制范围内。

第三，从合同约定的内容看，本协议约定的违约金是补偿型违约金而非惩罚型违约金，原告按照合同约定有义务证明其实际发生损失的具体数额，否则其无权索赔。

第四，该协议是格式协议，是由A上市公司拟定的，若对合同条款发生争议，应当作出对原告不利的解释。

（二）原告第二、第三组证据：××银行付款回单；《关于发行股份及支付现金购买资产并募集配套资金暨关联交易之发行股份购买资产结果暨股份变动公告》（公告编号：2017–068）

我方质证意见：

第一，对付款回单的真实性、合法性和关联性予以确认。

第二，对公告的真实性、合法性、关联性予以确认。

同时该组证据也证明被告2015年投资C标的公司的成本为2.004亿元，被告将C标的公司的股权出售给原告后获得的现金对价仅1.33亿元，加之财务成本，至今我们还净亏损上亿元。而如今A上市公司向我们索赔超过4亿元，这一主张显然有失公平，本质上是将自身运营不善导致的股价下跌损失也转嫁予被告，实质上违背了商事活动有限责任的精神。

被告自2018年获得2562万多股A上市公司股票到今天，该等股票一直处于冻结状态，原告在2018年的诉讼经过两审败诉、且江苏省高级人民法院解除对这2562万多股A上市公司股票的司法冻结之后，仍然一直违法不给被告办理股票的解禁手续，被告在C标的公司股权出售的项目中亏损严重。

（三）原告第四组证据：（2020）苏01刑初3号《刑事判决书》

我方质证意见：

对判决书的真实性予以认可，但对该判决书与本案的关联性不予认可，该证据证明目前刑事程序仅进行到一审，廖××已经就该刑事判决书提起了上诉，因刑事案件尚未审结，刑事案件中查明的事实仍具有不确定性，因此本案应当中止审理。

从（2020）苏01刑初3号《刑事判决书》第16页周××[①]

---

① 周××在（2020）苏01刑初3号刑事案件中称“A上市公司聘请了江苏××审计公司对C标的公司进行审计，由吴××、仓××配合审计公司邮寄。函件的收件人、收件地址、联系电话等信息都是由公司提供的。当时审计公司的人就在公司，所以快递也是从C标的公司寄出的。这些寄给采购方、供应商的询证函里有一部分是公司虚增的业绩，所以我们就在快递点将这些询证函拦截了下来，将其中有虚增数据的询证快递拆开，将虚增数据的询证函换下来，重新放进去一份真实数据的询证，但询证函上收件地址改掉了，改成东莞的一个地方，不是寄给江苏××审计公司。但是还有一部分有虚增业绩状况的询证函没有拦截到，后来是曾××去这些采购方、供货商公司将虚增的内容拿回来了，曾××说剩下他没有拿到的虚假数据的询证函廖××会去拿。拿到有虚假数据的询证函后在确认数据无误的位置盖上对方公司的假章，冒充对方公司确认询证函数据是正确的，然后我们跑到对应的采购商、销售商公司所在地址把盖有假章的虚假数据的询证函寄给江苏××审计公司，这样快递的回寄才显得比较真实。”

的证人证言中可以看出，原告及其委托的中介机构没有采取任何有效措施或程序针对询证函的发出以及收回保持最低限度的控制，却基于其在失控程序中得到的大量包含虚假内容的询证函复函作出无保留意见的审计报告。会计师事务所显然放任询证函在失去会计师事务所人员的监督与控制流程中发出与回收，并且对收回询证函照单全收、不作任何独立复核，这是造成原告损失的重要原因之一。

从（2020）苏 01 刑初 3 号《刑事判决书》审计负责人黄 × 进的证人证言[①]可以看出，原告早已明知 ×× 公司存在资金占用、无票销售等异常情况。

另外，仅从该判决书中的内容来看，C 标的公司经营业绩造假、资金过账等行为均由实际控制人廖 ×× 策划并安排相关财务人员实施，该证据恰好证明造成 A 上市公司损失（如有）的直接责

① 周 ×× 在（2020）苏 01 刑初 3 号刑事案件中称“2016 年 11 月底进行尽职调查……发现 ×× 公司存在：1. 每月受税务局提供的发票数额限制，会出现无票销售。2. 供应商开票不及时，未能及时取得采购发票。在此情况下，×× 尚未支付货款的情况居多，已经支付货款的情况较少。3. 关联方资金占用长期存在，发生次数频繁且数额较大。4. 部分银行对账单无交易对手信息。5. 2015 年至 2017 年上半年，进项税额转出有一个年度金额较大，具体情况是供应商将本应开给 ×× 的发票开给了龙 × 和德 ×× 公司。6. 销售费用占比明显低于类似行业。本案不能排除知假买假的可能性。”

任人是廖××，与我方无关，被告亦是廖××犯罪行为的受害者。

（四）原告第四组证据：江苏金证通咨报字（2019）第0033号《追溯评估意见》（验原件）

我方质证意见：对该组证据的真实性、合法性、关联性不予认可，对原告主张的证明目的也不予确认。

首先，对方无法提供该证据的原件，真实性无法确认。

该评估意见正文第九条明确说明除委托人和法律、行政法规规定的评估意见使用人之外，其他任何机构和个人不能成为评估意见的使用人。该《追溯评估意见》载明的使用人为“某市公安局经济技术开发区分局”、载明的评估目的与用途为“某市公安局经济技术开发区分局拟了解广东C标的公司有限公司扣除相关虚假因素后的股权价值并提供评估意见”，依据《资产评估法》第三十二条第一款[①]的规定，该《追溯评估意见》不能作为认定本案所涉并购交易标的股权价值的参考依据。

另外，该《追溯评估意见》还存在多处违法或不当之处，包括但不限于：

1. 该《追溯评估意见》第五大点第三小点载明评估相关的经

---

① 《资产评估法》第三十二条第一款规定：“委托人或者评估报告使用人应当按照法律规定和评估报告载明的使用范围使用评估报告。”

营数据和参数由某市公安局经济技术开发区分局单方面提供，违反《资产评估法》第十三条第四项[①]关于评估专业人员应对评估活动中使用的有关文件、证明和资料的真实性、准确性、完整性进行核查和验证的规定，严重影响《追溯评估意见》的公正性及可靠性。

2. 该《追溯评估意见》的内容不完整、计算不透明，未明确未来收益法下直接影响资产评估数值的关键参数“折现率”的取值依据，也未明确永续评估模型下未来年度预计收益的数额，涉嫌以预先设定的价值作为评估结论，违反《资产评估基本准则》第六条[②]等条款的规定。

3. 该《追溯评估意见》的出具日期为2019年12月26日，已超出正常的非不动产类别资产评估报告的有效期（1年）。

4. 该《追溯评估意见》并非合规意义上的要式资产评估报告，而是咨询报告性质的资产评估文件。

---

① 《资产评估法》第十三条第四项规定：“评估专业人员应当履行下列义务：……（四）对评估活动中使用的有关文件、证明和资料的真实性、准确性、完整性进行核查和验证。”

② 《资产评估基本准则》第六条规定：“资产评估机构及其资产评估专业人员开展资产评估业务，应当独立进行分析和估算并形成专业意见，拒绝委托人或者其他相关当事人的干预，不得直接以预先设定的价值作为评估结论。”

仅从该证据显示的内容来看，该组证据仅能证明被收购方C标的公司股权价值因廖××等人的业绩造假行为而被高估，且无证据证明该《追溯评估意见》与之前的相关财务报告及评估报告采取了同样的评估基准、评估增值率、财务准则和计算口径，不具备可比性，无法用于证明C标的公司中虚假因素对收购价造成的具体影响，该报告不应当作为认定本案所涉并购交易标的股权价值的参考依据。

（五）原告第五组证据：A上市公司与北京康达（某市）律师事务所《委托代理合同》

我方质证意见：该组证据不是被告签署的，对其真实性、合法性无法确认，对关联性也不予认可。原告未提供发票，未证明该委托代理合同项下的律师费已经发生，本案亦不具备由被告承担律师费的合同依据。

二、被告举证

被告第一次提交证据：

《某市A上市公司股份有限公司发行现金购买资产并募集配套资金暨关联交易报告书》

第一，该报告（P89）确认了被告是C标的公司的外部投资者，不参与C标的公司的实际经营，对C标的公司的重大经营决策影响力有限，对C标的公司的业绩实现没有显著影响，故不参与业绩承诺和补偿。因此被告对于C标的公司的经营情况并不知情，亦不存在任何欺诈或隐瞒行为。

第二，该报告（P93）披露本次发行股份及支付现金购买资产由交易对方廖××、田××、众×昕、森×投资、曾××、胡××、罗××、苏××、吴××、孔××作为业绩补偿承诺方，但被告不是业绩补偿承诺方。同时报告中（P94）载明，若业绩承诺没有完成，经股东大会决议，原告可以以人民币1元的总价回购并注销业绩补偿承诺方应补偿的股份，事实上，原告后来也已经实施了回购股份并注销的行为，原告A上市公司由此实际得到股份补偿不低于13.30亿元。

第三，该报告（P4）载明，如本次重组申请文件存在虚假记载、误导性陈述或重大遗漏，中介机构未能勤勉尽责的，将承担连带赔偿责任。本案中原告聘请的中介机构存在明显过错，原告应当先向中介机构追偿。

第四，该报告（P171）亦显示，被告在2015年获得C标的公司股权时支付的对价为2.04亿元，而案涉交易至今被告只获得1.3亿元的利益，被告在案涉交易中遭受了重大损失。

第五，该报告（P25）显示，原告采取收益法对C标的公司进行估值，当时C标的公司的净资产估价仅为906,141,889.49元，评估增值率为317%。换言之，C标的公司“未来获利能力”的价值超过25亿元。而本案中最终导致C标的公司资产减值，“未来获利能力”完全丧失的原因，是C标的公司法定代表人廖××个人的犯罪行为，且大部分行为是发生于案涉《发行股份及支付现金购买资产协议》签订半年之后，不仅不是《发行股份及支付现金购买资产协议》中声明和保证的范围，更与被告无关。

《某市A上市公司股份有限公司关于发行股份及支付现金购买资产并募集配套资金暨关联交易一次反馈意见的回复》(更新后)

在交易完成前，中国证监会专门就C标的公司的估值问题向原告发出问询函（P515），询问称“本次交易标的资产作价34亿元。2015年5月蔡××等增资前标的资产作价为5.72亿元，2015年7月，B并购基金及×××大田增资后标的资产作价12亿元，2016年5月，众×昕增资前标的资产作价14.5亿元，2016年6月，众×昕和刘××受让股权前标的资产作价12亿元。请你公司：结合标的资产报告期历次股权转让及增资价格变化趋势及幅度、标的资产盈利能力变化情况、市盈率等，补充披露本次交易标的资产作价远高于上述历次股权转让及增资价格的原因及合理性。”可见，原告在交易前已经明知××公司的风险，明知自己应当在收购过程中尽到高度注意义务。

《发行股份及支付现金购买资产协议》

同质证意见证据一。

《中国证券投资基金业协会私募基金公示信息》

再次证明被告只是C标的公司的财务投资人，不参与实际经营管理。

《某市A上市公司股份有限公司关于收到〈行政处罚事先告知书〉的公告》

该证据证明原告的内部控制制度缺失，未尽注意义务，导致廖××在签订《发行股份及支付现金购买资产协议》后实施了对外违规担保等行为，进而导致原被告的重大损失。对此，原告对C标的公司的损失存在重大过错。

被告第二次提交证据：

（一）被告第一组证据：《企业价值评估报告书》；《C标的公司2015年、2016年审计报告》（苏亚专审［2017］39号）；《某市A上市公司股份有限公司关于上海证券交易所〈关于对C标的公司董事长涉嫌违规担保等事项的问询函〉的回复公告》；《2018年年度股东大会会议材料》；《某市A上市公司股份有限公司关于上海证券交易所〈关于对某市A上市公司股份有限公司

2018 年年度报告的事后审核问询函〉的回复公告》(对应页码：P1~P243)

证明内容：A 上市公司在进行案涉交易前，已经进行了尽职调查，并委托具备从事证券期货相关业务资格的会计师事务所和资产评估机构对标的资产进行了审计和评估，后经交易各方协商后确定的交易总价，C 标的公司出现亏损主要是因案外人廖 ×× 以 C 标的公司对外违规担保的个人行为所致，廖 ×× 违规担保发生在案涉《发行股份及支付现金购买资产协议》签署之后，与 ××× 无关，××× 亦不知情。

在该组证据（P142）中，原告在公告中自认了“2018 年年末的商誉余额为 0，较 2017 年年末减少 227,149.16 万元，主要系因 C 标的公司原董事长、总经理廖 ×× 私自以 C 标的公司名义对外违规借款和担保，导致 C 标的公司生产经营受到严重影响，几乎所有银行账户被冻结，资金链断裂，C 标的公司经营已难以为继，故对并购 C 标的公司产生的商誉全额计提减值准备。”

在该组证据（P152）中，原告已自认“廖 ×× 已将其持有的东莞市 ××× 仪器科技有限公司 20% 股权以及其亲属廖 × 镜持有的江西 C 标的公司有限公司 84% 股权质押给公司作为资产保全”，该两家公司名下分别具有 1.91 公顷和 25.93 公顷的土地，证明原告的损失极有可能获得赔偿。

在该组证据（P209）中，原告已自认“由于内部控制固有的局限性，内部控制无论如何有效，都只能为单位实现财务报告目标提供合理保证，不能完全杜绝串通舞弊、违法犯罪等行为的发生。廖××私自以C标的公司名义对外进行违规借款、担保及占用公司资金，皆系廖××伙同公司内外相关人员涉嫌实施违法犯罪行为所致”。可见，本案中的损失后果归因于廖××的个人犯罪行为，与被告无关。内部控制也只能为实现财务报告目标提供合理保证，再次证明了被告作为财务投资人无法、也无须对公司的一切事项作出保证。

（二）被告第二组证据:《某市A上市公司股份有限公司关于上海证券交易所〈关于对某市A上市公司股份有限公司发行现金购买资产并募集配套资金暨关联交易报告书（草案）信息披露的二次问询函〉的回复公告》;《某市A上市公司股份有限公司关于收到〈行政处罚事先告知书〉的公告》（对应页码:P244~P263）

证明内容：×××未实施任何造假行为，更没有参与C标的公司的实际经营，A上市公司是沪市上市公司，具有丰富的投融资并购方面的运作经验，A上市公司高管在案涉并购项目中并没有尽到勤勉尽责的法定义务，A上市公司因未尽注意义务且未采取合理处置措施而造成的任何自身损失，都应由其自行承担。

在该组证据（P262）中，中国证监会经过调查后认为，“A上市公司时任董事长陈××、时任副董事长兼总裁高××作为主要领导，和时任董事会秘书徐×、时任总裁助理兼财务总监顾××全程参与案涉资产重组事项，参加了案涉资产重组的相关董事会、股东会，在相关会议记录、相关报告以及审议《重组报告书（草案）》、《重组报告书》、《2017年年度报告》的决议上签字确认，是直接负责的主管人员。无证据表明当事人中的其他董事、监事、高级管理人员和相关部门负责人在上述事项中尽到勤勉尽责的法定义务”，并对原告的高级管理人员实施行政处罚。再次证明原告自身对于本案的损失存在重大过错。

在该组证据（P262）中，在并购完成前上海证券交易所已要求原告对并购事宜尽到高度注意义务。在问询函中上海证券交易所明确称“根据媒体报道，C标的公司2013年资产总额仅200.4万元，2014年营业收入5152.93万元、净利润579.36万元，与报告期数据差异较大。请补充披露：（1）C标的公司2013年、2014年的主要财务数据、前五大客户及其金额和交易内容；（2）C标的公司报告期业绩较2014年大幅提升的原因，并结合主要收入来源、业务、大额订单及客户获取等情况说明合理性。请财务顾问和会计师发表意见。”由此可见，本案原告知道或至少应当知道C标的公司的财务情况，并有义务更加审慎地进行审计，但本案原告未能勤勉尽责。

（三）被告第三组证据：《关于出售全资子公司100%股权暨关联交易的公告》；《某市A上市公司股份有限公司关于上海证券交易所〈关于对某市A上市公司股份有限公司出售C标的公司100%股权事项的问询函〉的回复公告》；《2018年年度股东大会决议公告》；《某市A上市公司股份有限公司第三届董事会第三十三次会议决议公告》；《某市A上市公司股份有限公司关于公司重大资产重组2018年度业绩承诺实现情况及补偿义务人对公司进行业绩补偿的公告》（对应页码：P264~P310）

证明内容：本案中A上市公司未能举证证明其受有损失，退一步假设有损失，A上市公司已从处置C标的公司股权或将从业绩补偿、刑事退赔等途径挽回损失。

在该组证据（P310）中，“根据盈利预测补偿协议及其补充协议，廖××、田××、森×投资、众×昕、曾××、胡××、罗××、吴××、苏××及孔××需向A上市公司补偿22.59亿元［其中，股份补偿13.30亿元（折合股份89,533,826股）、现金补偿9.29亿元]。公司以1元回购上述业绩补偿承诺方应补偿的89,533,826股股份并注销。”由此，原告已经通过回购并注销股份的方式得到股份补偿不低于13.30亿元。

在该组证据（P264）中，“C标的公司2018年向上市公司分红3000万元，本次出售C标的公司100%股权由交易双方参考C标的公司经审计的2018年度财务数据协商确定交易对价为4亿元”。由此，原告通过将C标的公司的股份出让给纾困发展基金，已经挽回了4亿元损失。

三、法庭调查法官提问

（一）合同效力

1. 案涉《发行股份及支付现金购买资产协议》的基本情况。

××× 与A上市公司于2017年3月22日签署《发行股份及支付现金购买资产协议》，××× 向A上市公司出让其持有C标的公司15.1344%的股份，案涉《发行股份及支付现金购买资产协议》交易中，A上市公司向 ××× 支付“现金”对价为1.33亿元，并向 ××× 交割了25,624,553股股份。

2. 案涉《发行股份及支付现金购买资产协议》效力如何？有无发生合同无效、被撤销、被解除事由？

本案中，答辩人与被答辩人于2017年3月22日签署了《发行股份及支付现金购买资产协议》，约定答辩人向被答辩人出让其持有的C标的公司15.1344%的股权。《发行股份及支付现金购买资产协议》签署当日，双方已就案涉股权转让事项完成了工商登记变更。可见案涉《发行股份及支付现金购买资产协议》成立、有效，且已经实际履行。

（二）违约问题

1.被告是否在协议中声明并保证收购标的C标的公司2015年度、2016年度财务报告真实准确完整？被告声明和保证是否属实？该条款如何理解？

我方承认在协议中声明并保证收购标的C标的公司2015年度、2016年度财务报告真实准确完整并确保该声明和保证属实。我方是在认真阅读协议各条款和完整履行义务情况下签署本协议。因我方非专业尽职调查机构，故委托第三方中介机构对C标的公司进行尽职调查。我方作出附件一第6.1条声明和保证的前提是第三方中介机构所作出的C标的公司财务2015年度、2016年度报告真实准确完整的结论。因此，我方在尽到“非参与经营型股东”充分合理注意义务基础之上签署本协议的行为正表明我方在签署本协议之日（2017年3月22日）所作出的声明和保证真实无误。

（1）被告主张您方已经尽到充分合理注意义务且对C标的公

司业绩造假行为无过错的依据是什么？

在C标的公司的历史沿革中，我方是在2015年才通过增资扩股的方式成为C标的公司的股东。我方仅是C标的公司的财务投资人，未向C标的公司委派过管理人员或财务人员，不参与C标的公司任何经营管理。在A上市公司2017年12月1日公告的《发行股份及支付现金购买资产并募集配套资金暨关联交易报告书》中，被答辩人也确认"B并购基金为C标的公司引入的外部投资者，不参与C标的公司的实际经营，对C标的公司的重大经营决策影响力有限，对C标的公司的业绩实现没有显著影响。"

被答辩人已经委托了专业的第三方中介机构对C标的公司进行尽职调查，会计师事务所等专业中介机构基于其专业技能、业务经验都无法查明C标的公司存在虚增利润的状况，却要求答辩人对于廖××在尽职调查过程中实施的欺诈行为予以识别，显然超出了答辩人的认识能力和一般注意义务范围。

哪怕是专业的、具有特别注意义务的中介机构，只要其基于勤勉尽责、诚实信用的执业准则而出具专业报告，即使专业报告存在一定疏漏，该中介机构也可以免责。举重以明轻，答辩人既非专业的中介机构，又不参与C标的公司的运营管理，答辩人基于被答辩人聘请的中介机构已经作出的专业报告而作出承诺和保证，已经保持了必要的谨慎，不存在任何过错。

（2）被告是否与C标的公司实际控制人廖××之间存在关联关系？

我方与C标的公司实际控制人廖××之间无关联关系：

从我方股权结构可见：廖××非我方股东，亦未持有我方企业股东的股权。

2.被告是否在协议中声明并保证截至协议签署之日不存在违规资金占用和违规担保问题？

是，被告该声明和保证属实。案涉《发行股份及支付现金购买资产协议》签署及工商登记变更发生于2017年3月22日，而廖××私自以C标的公司名义违规借款和对外担保的行为发生于2017年9月20日之后，双方均无法预见廖××半年后将要从事违规行为。该等事项全部发生于本案的评估基准日和审计基准日之后，也有大量违规担保、贷款事项发生于工商登记变更完成后，不属于答辩人承诺和保证的范畴。由于廖××违规行为与我方没有关联，不应将廖××个人行为造成的损失转嫁予我方。

综上，我方在案涉协议签署日所作出的被收购方于案涉协议签署日之前财务报告真实及不存在违规资金占用和违规担保的声明和保证真实无误，未触发案涉协议第十四条的违约条款。因此，我方未违反协议约定，不应承担违约责任。

（三）责任承担

1. 被告主张C标的公司实际控制人廖××承担责任的依据是什么？

（1）关于业绩造假。

根据江苏省某市中级人民法院作出的（2020）苏01刑初3号《刑事判决书》，法院审理查明“自2015年起，被告人廖××为达到使C标的公司股权以高于实际价值的价格被收购的目的，安排公司财务总监曾××、财务人员邹××、赖××（均另案处理）等人，通过虚增销售收入、采购金额以及与东莞市××进出口有限公司、东莞市××进出口有限公司进行资金‘过账’等方式，虚增C标的公司2015年度、2016年度的经营业绩。”因此，业绩造假的主要责任人应为廖××。

（2）关于违规担保。

被答辩人已在上市公司的公告中自认，廖××私自以C标的公司名义违规借款和对外担保是导致C标的公司出现严重损失的原因。

2019年6月21日，被答辩人公告了《2018年年度股东大会会议材料》，其中《关于公司2018年度董事会工作报告的议案》

中载明“报告期内，受公司子公司C标的公司原董事长廖××私自以C标的公司名义违规对外担保事件影响，子公司C标的公司产生严重亏损。”同时载明“2018年年末的商誉余额为0，较2017年年末减少227,149.16万元，主要系因C标的公司原董事长、总经理廖××私自以C标的公司名义对外违规借款和担保，导致C标的公司生产经营受到严重影响，几乎所有银行账户被冻结，资金链断裂，C标的公司经营已难以为继，故对并购C标的公司产生的商誉全额计提减值准备。”

可见，被答辩人在《2018年年度股东大会会议材料》中已经自认了，廖××的个人行为是导致C标的公司资金流断裂进而发生重大经营困难的直接原因和主要原因。

2. 被告主张原告方存在重大过错并应对其损失承担责任的依据是什么？

原告方董事长、副董事长等十余位高级管理人员因在案涉收购项目中未能勤勉尽责而被中国证监会行政处罚，原告方对××公司的损失存在重大过错。

2020年5月13日，被答辩人发布了《关于收到〈行政处罚事先告知书〉的公告》，载明被答辩人于2020年5月12日收到中国证监会《行政处罚事先告知书》（处罚字〔2020〕28号）。在

《行政处罚事先告知书》中，监管部门查明被答辩人时任董事长陈××、时任副董事长兼总裁高××、时任董事会秘书徐×、时任总裁助理兼财务总监顾××等负责主管人员在案涉收购项目中没有尽到勤勉尽责的法定义务，“涉嫌违反《证券法》第六十八条的规定，构成《证券法》第一百九十三条第一款所述行为。”

本案中，除了《行政处罚事先告知书》载明了被答辩人数十位高级管理人员存在未能勤勉尽责的情况外，案涉的（2020）苏01刑初3号《刑事判决书》中同样显示被答辩人在案涉项目中至少存在重大过失，甚至不能排除被答辩人“知假买假”。

在《刑事判决书》中，明确载明了审计负责人黄×进的证言：“2016年11月前后，A上市公司拟对C标的公司进行并购，××会计师事务所作为中介机构组成6个人的并购团队，其是项目负责人……2016年12月24日左右，何××带队，各中介机构随同，17~18人，开始正式进入××尽职调查。其在审计过程中发现了如下异常：（1）每月受税务局提供的发票数额限制，会出现无票销售。（2）供应商开票不及时，未能及时取得采购发票。在此情况下，××尚未支付货款的情况居多，已经支付货款的情况较少。（3）关联方资金占用长期存在，发生次数频繁且数额较大。（4）部分银行对账单无交易对手信息。（5）2015~2017年上半年，进项税额转出有一个年度金额较大，具体情况是供应商将本应开给××的发票开给了龙×和德×公司。(6)销售费用占比明显低于类似行业。”廖××辩称:“A上市公司完全知晓C标的公司资金问题的情况下仍然决定并购C标的公司……系知假买假。”答辩人认为，被答辩人作为沪市上市公司，具有长期从事投融资并购和资本运作的专业经验，是熟悉资本市场运作规则的商事主体。从审计负责人的描述可知，被答辩人在审计过程中就已经知道C标的公司的财务状况存在瑕疵。对于虚增销售额、采购额及虚增利润等行为，其实只要通过简单的供应商现场走访访谈，结合××公司的用电量等财务指标就可以查明，但被答辩人在明知C标的公司财务状况可能不实的情况下，未尽必要的注意义务，其自身存在重大过错，甚至不能排除被答辩人“知假买假”。

C标的公司实际控制人廖××应承担主要责任，原告方应在过错范围内承担相应责任。

（四）损失计算:【由原告方举证证明实际损失】

1. 我方对原告方所发生的实际损失的回应：实际上，被答辩人未发生24.2亿元的损失，详见答辩状。

2. 被告投资C标的公司的注册资本、支付对价、B并购基金与×××大田的关系以及资金来源?

第一，关于B并购基金投资C标的公司的注册资本问题。

B并购基金于2015年5月28日签订了《关于东莞市××塑胶五金制品有限公司之股权收购及增资协议》(以下简称《股权收购及增资协议》)，通过股权转让的方式受让了廖××持有的××塑胶6%的股权成为其股东，并通过增资扩股的方式对××塑胶注资。B并购基金对于××塑胶的股权工商登记的出资额是1004.9737万元，该次增资及股权转让完成后，B并购基金的持股比例为16.7000%。2015年8月6日，××塑胶召开股东会，审议通过变更名称为“C标的公司”。2015年10月22日，C标的公司完成该次名称变更的工商变更登记手续。

第二，B并购基金入股C标的公司支付的对价是2.004亿元，包括增资款1.284亿元和股权转让款0.72亿元。《股权收购及增资协议》第3.2.1条约定，甲方本次投资的总价款为人民2.4亿元［其中，甲方2（B并购基金）投资2.004亿元，甲方1（×××大田）投资0.396亿元］，其中，1.68亿元（以下简称增资款）认购丙方（××塑胶）新增注册资本842.4929万元，其余15,957.5071万元作为丙方的资本公积；0.72亿元（以下简称股权转让款）作为甲方受让乙方1（廖××）持有公司6%股权的对价价款。第3.2.2条约定，甲方2（B并购基金）向丙方支付增资款：第一期支付 0.856 亿元；第二期支付 0.428 亿元。故被告 B 并购基金共计支付增资款 1.284 亿元。第 3.2.3 条约定，甲方 2 分两期支付股权转让款：第一期支付 0.48 亿元；第二期支付 0.24 亿元。故被告 B 并购基金共计支付股权转让款 0.72 亿元。《某市 A 上市公司股份有限公司发行股份及支付现金购买资产并募集配套资金暨关联交易报告书》载明（见第一次提交证据第 171 页）：东莞市 ×× 会计师事务所于 2015 年 11 月 27 日出具《验资报告》[金桥验字（2015）第 C1007 号] 确认，截至 2015 年 8 月 21 日，×× 塑胶已收到 B 并购基金、××× 大田缴纳的货币出资 16,800 万元。其中，计入注册资本 842.4929 万元，计入资本公积 15,957.5071 万元。

第三，就 B 并购基金与 ××× 大田的关系问题。

如前所述，2015 年 5 月 28 日，B 并购基金和 ××× 大田与 ×× 塑胶 17 名股东签订《股权收购及增资协议》，B 并购基金通过股权收购及增资的方式取得 ×× 塑胶的股权；××× 大田通过增资的方式取得 ×× 塑胶的股权。2017 年 3 月 20 日，××× 大田将其所持 C 标的公司 2.9906% 的股权全部转让给某市 ×× 置业有限公司。

第四，关于 B 并购基金的投资资金来源问题。

B并购基金投资C标的公司2.004亿元，其中0.704亿元是B并购基金的自有资金，1.3亿元资金来自银行贷款。B并购基金一共投资了11个项目，C标的公司是其中的项目之一。

3. B并购基金向原告A上市公司转让标的股权而获得的股权对价、现金对价的去向以及B并购基金是否曾领取分红?

第一，关于B并购基金所获股权对价的去向问题。

B并购基金获得的股权对价在最终出售之后已全部分配给B并购基金的39名合伙人。

第二，关于B并购基金所获现金对价的去向问题。

因投资C标的公司需要，B并购基金向银行贷款1.3亿元，最终欠付银行本息1.742322亿元。因此本案中B并购基金已将因出让C标的公司的股权获得的1.33亿元现金全部用于偿还上述银行贷款。

第三，关于B并购基金是否曾领取分红的问题。

B并购基金自2015年成为C标的公司股东之后至本案股权收购完成之前，没有领取过分红。

综上，B并购基金股权收购和增资的成本非常高昂，且此后没有获得收益。

4. B并购基金持有的A上市公司股份的限售及冻结情况。

B并购基金持有的A上市公司股份的限售期自2017年12月6日起至2018年12月5日止，B并购基金持有的A上市公司股份最早被冻结时限售期尚未届满。《某市A上市公司股份有限公司发行股份及支付现金购买资产并募集配套资金暨关联交易报告书》中载明（见B并购基金第一次提交证据第318页），B并购基金承诺因本次发行取得的股份自本次发行结束之日起12个月内将不以任何方式转让，包括但不限于通过证券市场公开转让或通过协议方式转让。原告A上市公司于2017年12月8日发布的《发行股份及支付现金购买资产并募集配套资金暨关联交易实施情况暨新增股份上市公告书》载明，A上市公司已于2017年12月6日办理完毕本次发行股份购买资产的新增股份登记申请，限售期自股份上市之日起开始计算，因此限售期自2017年12月6日起至2018年12月5日止。2018年11月29日，贵院在作出（2018）苏01民初3318号之二《民事裁定书》之后冻结了被告的全部股票，此时限售期尚未届满。

5. B并购基金是否派人参加案涉股权收购事宜的谈判？

在整个交易的过程之中，B并购基金自始至终都没有人员参与过A上市公司收购案涉股权的谈判过程，案涉股权收购事宜均由A上市公司和廖××进行谈判，B并购基金对具体细节并不知情。最后廖××告知B并购基金交易的大概对价，B并购基金同意这个对价后，廖××就带着中介机构要求B并购基金签字盖章。截至今日，原告以及廖××都没有将案涉收购协议的原件交付给B并购基金。

向对方发问

1. 根据生效刑事判决：“责令被告人廖××退出犯罪所得19.3297884095亿元，发还被害单位某市A上市公司股份有限公司”，您方是否可根据该判决收回部分损失？您方是否已经通过业绩补偿条款、盈利预测协议以及出让C标的公司股权等方式收回部分损失？具体数额？

2. 原告从被告处受让C标的公司股权时，总共支付了多少现金？

3. 原告从被告处受让C标的公司股权时，C标的公司的净资产只有9亿元，为何愿意估值34亿元收购？

简要辩论意见

本案是一个极具标杆性的案件，被告认为，本案的核心是回答这样一个问题：投融资并购中，在专业中介机构已经进场尽职调查的情况下，作为财务投资人的股东给新投资人提供的保证，到底是一个合理保证还是一个绝对保证？

被告认为，在此类投融资并购中，财务投资人负有的当然是合理保证，而非绝对保证。就此，被告想从认识能力、现代公司治理的价值理念、风险投资的本质三个方面来论证本案的核心问题。

首先，财务投资人的认识能力。我们必须承认，现代商业的发展建立在极其复杂的法律制度、财会制度基础上，这些专业知识本身难以为财务投资人所胜任，因而也就催生了会计师事务所、律师事务所等专业中介机构。应当说，依赖专业机构所作的判断本身也可能是最可靠的判断，不能苛求财务投资人拥有比专业人士更强的识别能力，这在客观上是不现实的。如果认为投资人所负担的是“绝对保证”，实际上是在要求每个股东都必须要有识别经营者财务造假的能力，是在期待每个股东都有比专业中介机构更强的能力，这是违背客观规律的、不现实的期待，也即原告不应具有类似期待或享有类似期待的利益。

其次，现代的公司治理模式倡导经营权和所有权分离。因而在形式逻辑上，我们不可能既要求财务投资人不干涉公司经营管理，又要求财务投资人承担实际经营者造假的责任。要求财务投资人负担与权利不相匹配的义务，不仅逻辑上不能自洽，本质上也有违现代公司治理的价值理念。

最后，我想谈谈风险投资的本质，也即我们究竟需要什么样的法律制度保障风险投资的商业模式。我们知道，有些行业要发展到更高阶段，必须以重资本为纽带，风险投资实际上在很多产业的孵化中发挥了基石性的作用。而参与风险投资的主体往往不是单一的个人，而是一群人。就如同本案的投资一样，被告的资金实际来源于众多的投资人。对于这类风险投资者来说，如果要求其承担“绝对保证”的责任，这将全面抬高财务投资人的义务，从根本上违背投资的初衷，也将对市场流动性、交易效率产生极大破坏。

综上所述，依据《最高人民法院关于审理买卖合同纠纷案件适用法律问题的解释》（2012）第三十三条[①]规定，买受人在缔约时知道或者应当知道标的物质量存在瑕疵，主张出卖人承担瑕疵担保责任的，人民法院不予支持。本案是商事案件，希望法院结合商事的逻辑确认各方的法律责任边界。

---

① 已被修改，现行有效的规定为《最高人民法院关于审理买卖合同纠纷案件适用法律问题的解释》（2020 修正）第二十四条。

第八章

庭审技巧

开庭审理是庭审程序特殊的一环，在庭审中，双方律师将具有平等的机会与法官进行面对面的交流。而在大量案件中，这可能也是律师唯一和法官当面交流的机会，那么反过来说，在大量案件中庭审也是法官唯一和律师当面交流的机会。所以这是一个目的导向非常明确的过程，双方都要在这个过程中完成自己的规定动作，都希望通过庭审得到满足自己目的的成果。律师希望能说服法官，希望法院能够悦纳律师输出的观点，而法官希望从庭审中觅得一条可靠的裁判路径，看看双方律师对自己的初步判断能否提供合理依据，通过庭审来验证自己的判断。一般而言，法官在开庭前或多或少对案件保持着一些怀疑，而开庭后就会形成比较坚定的内心确信。在这个过程中，机会和危险都隐藏其间，律师需要在一个个稍纵即逝的瞬间迅速作出判断并争取胜利的筹码，因此这既是一个十分重视积累，也是一个十分重视应变的过程。开庭前的准备工作一章中我们主要介绍了有关庭审的积累，本章中将主要介绍庭审进行时的技巧和应变。

一、庭审中的表达概要

我们首先应当认识到，庭审是在场的、当面性、即时性的活动，是一个完全有别于文书交流的过程，我们必须重视面对面交流和文书交流的差异性。一般而言，书面交流更加严谨和准确，而当面交流更强调信息传递有效性，当面交流在表达的强度和密度上都更有空间。基于庭审当面性、即时性的特征，我认为有两个关键词是我们需要预先着重思考的。当面性对应的关键词是注意力，即时性对应的关键词是博弈性。

首先，法官是自然意义上的人，人不是机器，每一个人注意力都是有限的。那么我们就要从多个角度来考虑如何抓住法官的注意力。

1. 在结构上，要适当安排不同阶段信息输出的密度。庭审的各个环节是泾渭分明的，庭审环节的安排实际上也科学考虑了人认识事物由浅入深的规律。如果在一个环节中过多地输出信息就会出现两种情况，一种是信息量大导致的“消化不良”，许多信息将会丢失；另一种是裁判者对论证的前提都不知悉或不确定，提供过多的信息会让人听不懂或不确定。大家可能看过《爱情公寓》这个电视剧，其中的一个情节就是电台主播曾小贤在为听众解答情感问题，前来咨询的听众抛出了一段“阿志阿豪阿德阿林阿兰阿欧”的爱情纠葛。如果信息量过大、各方对于案情的认识不在一个水平线上，那么许多沟通实际是无效沟通。因此，为了让裁判者平滑地进入案件，我们应当对不同庭审环节输出的信息密度作出结构性安排。

2. 在内容上，我们要给法官循序渐进了解案件过程的机会。比如一个合议庭审理案件，有可能一部分法官，尤其是非主审法官事先是没有看卷的。所以我们第一件事是要以便于法官理解的方式来阐发案件，你不能一上来就抛出法律观点或者细枝末节的事实。正确的方法应该是要先重构事实和再叙事实，把律师对于案情的了解传递给法官，使双方能够基于最低限度的共识进行交流。而尤其要注意的是，对案情的再叙实际上也是一个争取朴素法感情的机会，是给法官先入为主的良好印象的机会，是促使法官把握交易主线和底层逻辑的机会。现在的审判活动强调穿透式审判思维，需要律师透过话语的外在形式抵达交易的实质，在准确揭示交易模式的基础上探究当事人真实交易目的，这些在我们再叙事的过程中都可以进行铺垫。我在刚开始工作时，我的指导律师经常要求我三句话把案件讲清楚，刚开始觉得为难，但在不断琢磨如何给案情再叙事并做“减法”的过程中，我感觉受益匪浅。因此，日常刻意训练用三句话、三分钟把案件讲清楚的能力，这对庭审技巧的提升也有帮助。

3. 在表达上，我们要学习可以抓住裁判者注意力的表达方式。我们要知道人生理上是会走神的，人不可能永远维持同一个注意力水平。在庭审各个环节刚开始时法官的求知欲可能比较强，这是他注意力水平比较强的时候，或者有些具体事项对于法官审判可能特别重要的，那么裁判者投入的注意力水平就会高一些。在具体的表达时，我们常说信息传递的70%是靠肢体语言、语速、重音、句式等细节，只有30%靠的是内容，我们要细心体会不同表达之间给人带来的不同感受，并尽量多找机会训练自己的表达。

例如，(1)在当面表达中宜使用短句。长句与短句具有区别，长句一般逻辑性更强，更多地适用于书面文件，短句一般更有力量，更适宜当面交流。(2)根据情况灵活使用主动句与被动句。主动句一般显示了更加积极的、作为的主观状态，被动句一般显示了更加消极的、不作为的主观状态。(3)注意停顿与重音。例如看到法官困乏，我们可以巧用停顿并用停顿吸引注意，也可以应用逻辑重音使我们的表达发生抑扬顿挫的变化。(4)善于使用路标词。简单的路标词就是"第一、第二、第三"，这样的路标词除了使逻辑更加饱满，在听众走神时也有利于指引其再次进入倾听的状态。而在有些案件中，路标词非常有利于凸显主干，抓住听众的耳朵。比如我们可以直接说"被告对于一审认定的事实没有异议，本案的争议焦点在于……"、"一审认定构成该法律效果的三个基本事实都是虚假的"或"原告庭审中的陈述与其在起诉状、另案开庭中的陈述有如下五处不一致"。灵活掌握这类路标词，对我们把握庭审节奏具有重大的积极意义。(5)利用口语化的表达加深印象。我一贯认为在法庭上可能遇到各种各样的情况，我们不应该教条地说法律人的表达一定要使用法言法语。虽然我们提倡不禁止口语化，但我在法庭上深感采用口语化表达有时候比采用法言法语表达更加困难。烦冗无用或不恰当的口语化表达很容易起到负面效果，我们的口语化表达依靠的不是灵机一动，而是我们事先妥当的准备。

4. 在礼仪上，我们要尊重法官和对方当事人，身着律师袍，追求稳重、整洁的外观。首先，权威感有一部分来自符号，专业、严谨、勤勉的符号也会使法官用特别的注意力水平对待你的观点，所以我们要按照法庭规范着装，体现沉稳、勤勉的执业风格。其次，我们在开庭讲话时要尽可能看着法官，而不是看着对方当事人。我们庭审的一切目的都围绕着获得法官的认同，而并不是攻击对方。因此我需要特别说明的是，律师有时候在法庭上显得强势，这是为了让我们的特定观点显得重要。但在法庭上并不提倡言辞的争锋，更不需要在语言上拼个你死我活，如果一旦发现我们的表现起到了相反的效果，比如法官对律师的风格感到不适，或者法官因为我们的强势而对对方产生同情，我们就应该立即停下来，要控制语言和情绪的节奏，不要和法官产生冲突。

同时，我们要尊重对手。之前在网络上流传着一个国外的法庭视频，一个少年杀人犯因为已经达成了控辩交易，所以一直在法庭上笑眯眯地看着受害人家属，甚至嘲讽受害人家属，称自己很快将回到家。后来法官不满犯罪嫌疑人的态度，于是表态称从业 23 年来从未不接受认罪协议，但是本案中他不接受认罪协议，并最终经过陪审团的定罪判处当事人数十年的监禁。无论在什么情况下，我们都不能进行人身攻击，都要对对方当事人的人格保持必要的尊重，这也是我们自我保护的策略。

此外，我们要关注庭审的另一个关键词“博弈性”。在法庭的博弈中，最低限度的要求就是避免不利自认。我们为什么要倡导模拟法庭，就是为了在刻意训练中养成个案的用语习惯，避免无意义、不假思索的口语表达直接构成不利自认。

我曾经办理了一个申请诉中财产保全损害责任纠纷案件，在该案中我的委托人曾因借贷纠纷查封了对方名下的房产，因对方名下的房产在查封前已经出售并签署了买卖合同，买房人声称因为查封导致房产不能过户，因此对方对房产的买受人承担了违约责任，对方自称为了过户标的房产，曾向人民法院提出用两个小产权房置换被查封的房屋。对方主张称我们不同意置换，但当时我方根本不知道对方请求置换的事情，是法院直接拒绝了置换。在庭审辩论阶段，我下意识提道：“即使我们当时同意置换，案涉房产仍然无法出售。”本案中，对方无法提供我方拒绝置换的证据，我方在答辩状中亦通过书面方式表达了我们不知道该情况、未拒绝置换。但法官认为我所说的“即使”，隐含了我方确实不同意置换的事实，认为我们前后自相矛盾。当然这个案子的二审判决显有不当，最终我们通过再审程序撤销了二审判决并取得胜诉成果，但我们仍然需要去反思自己言辞的瑕疵，如果我当时用的词不是“即使”，而是“假设”，是不是就不会有自认不利事实的风险。这个案件也不断警醒着我，风险无处不在，办理案件应当秉持着战战兢兢的态度，再怎么勤勉尽责都不为过。

为了避免不利自认，我们就需要在庭前做好规划，与案件相关的庭审笔录一定要提前调取并熟悉。对于当事人本人拟出庭的案件，提前提示庭审的程序和法庭可能调查的问题。对于需要通过多个不同诉讼解决的纠纷，要提前制定好整体的争议解决策略，以便在本案中解决另案的事实查明等问题。

二、庭审中各个具体环节的应对

1. 正式庭审前

在正式开庭前，应当提前与跟案助理取得联系，询问其是否需要将质证意见等需要书记员记录的文件发送至其指定的邮箱，是否需要将前述文件拷贝至 U 盘或者光盘提供给法院。因为不同法院的计算机系统设置不同，有的法院电脑可以外接 U 盘或光盘，有的只能通过邮箱发送相关文件，因此需要与助理沟通并提供有关文件。

由于人工的录入速度较慢，有的法院又没有即时的电脑显示屏让出庭律师根据记录情况控制语速和节奏，所以难免有些需要记录至庭审笔录的关键内容被遗漏。提供有关文件电子版本是为了方便书记员记录，尽可能帮助法院克服录入的困难。

当然，还可能会出现一种情况，由于律师提供的电子版过于详尽，导致主审法官在庭审中频繁打断律师或直接要求律师不再陈述，要求按已提供的电子版内容录入即可。表达机会减少，这种情况有可能实质上反而削弱开庭效果，因此我有时仅向法院提供电子版质证意见，起诉的补充意见或答辩状未必向法院提供电子版，以便主审法官能够现场听取我方的观点。就已经提交的电子版质证意见，我会有意留白一些关键的、篇幅不长的内容，在开庭时当庭补充，以吸引主审法官的注意力。

律师一定要守时，具有时间观念，一般建议律师提前 15~20 分钟到达庭审现场。提早到庭审现场，有利于我们更从容地发现和应对各种突发情况。首先，提早到达现场我们可以留意书记员的记录速度和设备，看看书记员是用一般键盘、速录键盘还是实时语音转译系统来记录，以此来调整我们的语言风格和节奏。其次，提前到达现场我们可以提前调试显示屏、实时转译系统等设备，避免设备故障影响庭审效果。再次，提前到达庭审现场可以获得许多信息，比如对方可能授权材料没有准备齐全、对方证据原件没有带、对方临时更换代理人、对方申请了证人出庭、对方当庭提交新的证据或答辩意见等。我们也可以通过显示屏了解对方律师的联系电话等信息，也要留心对方代理人之间的交流，这些信息对我们后续的庭审都较为重要，我们可以抓紧时间提前准备。最后，提前到达现场也能争取一些与对方律师或对方当事人当面沟通的机会，庭前的交流或许能提前得知对方的观点，也有可能促成调解。

当然，提前到达庭审现场有时也会发现自己的疏漏，以便自己弥补过失。比如到达庭审现场后发现授权书没有带来，可以及时让同事帮忙送至法院，开庭时可以跟法官商量，就说同事在送来的路上，马上就到，庭审结束前一定会送过来。主审法院可能会认为是堵车等原因导致授权书没有送达，一般这种情况法官会更宽容，也会同意继续开庭，我们因此为自己争取了时间。

在我自己办理的案子中，有一次我也提前到达了庭审现场，在书记员准备庭审笔录时我留意到对方的代理人是公司法务。一般这种情况我们会比较敏感，会马上打开深圳律师协会的官方网站和裁判文书网，输入对方代理人的名字验证对方是否是律师。结果对方代理人身份确实不真实，我们对出庭人员身份提出了异议。最终，对方在视为撤诉的压力下同意与我们达成调解。

2. 查明诉讼请求及起诉补充意见时

如我们在本书开庭前的准备工作一章中已经陈述的，正式进入庭审的第一个环节一般是确认原告诉讼请求及被告反诉请求。起诉状和反诉状一般在庭前已经送达给对方，相关诉讼请求的计算方法、事实和法律依据我们也应当提前做好准备，不再赘述。

有一种可能发生的特殊情况，是对方当庭变更诉讼请求。对于此类情况，我们可以先观察对方变更后的诉讼请求是否在我们准备的范畴之中。如果诉讼请求的变化过大，我们可以当庭向法院要求答辩期、要求补充举证并延期开庭。

如果我们自己需要当庭变更诉讼请求，我们首先要留意自己是否有变更诉讼请求的特别授权，避免自身的执业风险。除非法院释明且与当事人事前沟通好，否则我们的诉讼请求尽量不要临时发生重大调整。

还有一种变更诉讼请求的场景是发生于调解时，比如在普通程序中，双方达成调解方案后，可以先变更诉讼请求，将诉讼请求变低或变更至1元，再由法院出具调解书。这样变更部分的诉讼请求所对应的诉讼费可以减半收取，更有利于双方达成一致的调解意向。当然，这种方法一般用于适用普通程序的案件中，不适用于已经减半收取诉讼费的简易程序。

在这个阶段，如果为了快速推进庭审程序，在法官询问诉讼请求、事实和理由时，代理原告的律师可以直接说诉讼请求、事实与理由与起诉状的内容一致，代理被告的律师可以直接说答辩内容与书面答辩状一致。只要代理人没有补充或变更的意见，该环节可以快速推进，该技巧有利于控制庭审节奏，我们也应当掌握。

3. 举证质证

一般而言，我们会就证据的真实性征询当事人的意见，并在庭前做好书面质证意见，在庭审时的主要工作是发表质证意见、核对原件以及应对当庭临时提交的新证据。在质证时，我们仍然要注意发言节奏，可以告知法官质证意见的内容我们在辩论阶段不会重复，以此争取注意力。

对于庭前已经提供证据副本的案件，因为已经提前征询了当事人的意见，在核对原件时我们一般关注已列明的重点证据。但无论当事人对于对方提供的证据有无异议，我们作为律师都应当要求核对原件，对于对方无法提供原件的证据，即使当事人凭借其记忆也许能够模糊判断，作为代理人也应当视情况、依据证据规则对证据发表意见。

对于原件与复印件的核对，我们有一些核验的技巧。比如，我会首先查验公章和文本的相对位置，若副本显示公章的边缘压在文本的某个字符上，在核对原件时就可以直接奔着这个字符去，查验公章和字符的相对位置是否一致；又如，我们有时会留意到复印件上有钉孔，我们也可以核查原件上是否有钉孔，以此判断原件是否被篡改。在我自己曾参与的一个信用证纠纷案件中，对方提交了数份不同时间签署的贸易合同，这些贸易合同内容在落款处完全相同，盖章处的公章和文本字符的相对位置也一模一样。按照常理，即使在相同的文本上盖章，每一次盖章时公章和文本字符的相对关系总会有些偏差，不可能每一次盖章公章的边缘正好都与同一个字符相交，基于此我们怀疑这些贸易合同是虚假的。总而言之，我们要积极地运用生活经验，留心实践中不同证据形式的特殊性，才能挖掘出更多的信息。

如果我们发现对方提供了虚假证据，可能涉嫌伪造公章，我们应当如何处理？如果确实发生此类事件，一般我会先不动声色地做好拍照等工作，掌握并搜集一部分资料，进而立即向法院提出异议，要求法院封存该份证据并申请鉴定。

在证据形式中较为特殊的一类，是证人出庭。根据《民事诉讼法》的有关规定，证人是不可以旁听庭审的。我曾经办理的一个案件中，对方申请的证人在法庭门口就座，但开庭时没有关门。当对方申请的证人出庭时，我就询问证人是否可以听到庭审的内容，对方申请的证人当庭表示可以听到，于是我们提出异议并最终导致该证人无法出庭作证。除此之外，《民事诉讼法》还要求出庭作证的证人签署和宣读保证书，我们可以通过强化法定程序，凸显庭审的严肃性，促使证人更真实地发表问题。

对证人的询问，一般首先要明确证人与案件当事方的关系，对己方证人的询问应尽可能采用开放式的提问方式，少用封闭式的提问方式。询问对方证人时则相反，可结合案件的实际情况采用封闭式的提问方式。在询问之前，我们应当对询问过程进行预演，避免证人的回答推导出于自己不利的结果，也避免证人轻易避让核心问题。

庭审中另一个常见的情况是证据突袭。对于对方当庭提交的证据，我们可以指出该证据属于逾期提交的证据，但不能不同意质证，这在各地律师协会的业务操作指引中屡次提及。当然，我们可以选择不当庭质证，例如《广州市律师代理民事诉讼出庭指引》第三十二条建议："在法庭上对方主张于己不利或者对方新主张的事实，己方律师未向委托人核实并充分披露风险的，可以向法庭申请于庭后向当事人核实后再书面作答……"一般遇到证据突袭，我会向法庭说明："对方当庭提交的这些证据我没有见到过，当事人也没有告诉过我，所以我不知道是否真实，庭后需要向当事人核实真实性。由于对方提供了新证据，我们可能还需要提供反驳的证据，请法庭给我们一些时间。"此外，就一些可能影响庭审的关键事实，我可能会表达："假设某证据是真实的，那么我的观点是……"先做应对。从我们的应对也可以看出，证据突袭的策略实际给了被突袭一方根据庭审情况在庭后整体复盘的机会，由于被突袭一方当庭未必发表质证意见，庭后的书面质证意见就成了法官一定会阅读的文件，这也给了被突袭一方有的放矢地争取法官注意力的机会。

我们认为证据突袭并不是一个好的策略，尤其在重大民商事争议解决案件当中，证据突袭不仅使对方当事人没有准备，也会使审理案件的法官没有准备，使法官难以在庭审中抓住重点，并且易于引发法官的反感，很可能起到适得其反的效果。证据关门的时间规定在《最高人民法院关于适用〈中华人民共和国民事诉讼法〉的解释》第一百零二条第一款和第二款："当事人因故意或者重大过失逾期提供的证据，人民法院不予采纳。但该证据与案件基本事实有关的，人民法院应当采纳，并依照民事诉讼法第六十八条、第一百一十八条第一款的规定予以训诫、罚款。当事人非因故意或者重大过失逾期提供的证据，人民法院应当采纳，并对当事人予以训诫。"依据该规定，如果人民法院采纳逾期提交的证据，人民法院有可能依法对当事人予以训诫，如果当事人在场，人民法院的训诫也会影响律师的职业形象。

就出庭质证，我还有一段印象非常深刻的经历。当时我们与天同律师事务所合作办理一个最高人民法院审理的案件，我旁听了庭审感觉受益匪浅。在庭审中，法官留意到一个关键的待证事实，对方律师应法庭要求需要指出这一证据具体在哪一页。因为案卷很厚，对方律师尚在查找的过程中。在这种情况下，我方律师以协作的态度指出了该证据的具体页数，帮助推进法庭进一步查明案件事实。这种在庭审中诚信合作的风度、共同探究法律问题的氛围当时给了我比较大的震撼。

最后，在举证质证的过程中还需要留意的一个关键点是是否有证据未经质证。在实践中有时双方提供的资料都比较复杂，也有一些律师并不制作证据目录，所以对于拿不准的资料，一定要当庭询问该资料是否是本案证据，避免遗漏质证造成程序瑕疵。

4. 法官发问

在我看来，应对法官发问是整个庭审中难度最大的部分。对于庭审的其他程序而言，律师可以灵活运用言辞，可以通过充分的事先准备较为快速地达到挥洒自如的效果。而应对法官发问的环节，往往占据开庭准备很长的时间，但效果却存在不确定性。

培养应对法官发问的能力，最首要的是准确定位和呈现事实，也就是把“未经加工的案件事实”转化为“作为陈述的案件事实”再转化为“构成要件事实”的能力。对大多数案件来说，法官可能已经审理了大量同类型案件，对法律规范及法律适用非常清楚，庭审更多的是查明事实的过程。

要应对以查明事实为目标的询问，首先，要求律师比较充分地挖掘与本案相关的生活事实。生活事实本身无限丰富，但律师得知的生活事实已经经过了当事人有意无意地裁剪，当事人出于自我保护可能会忘记一些他们自认为不重要的内容，也可能故意或不自觉地隐瞒一些生活事实。加之意思自治的原则影响民事行为，民事主体的个体意志可能随时对民事活动的法律效果产生影响，因此只有较为全面地了解生活事实后才可以进一步诊断案情，这就需要律师不断基于经验、现有材料、法律规范去帮助当事人回忆和表达真实的案件经过。从认识能力上说，这可能是一个无止境的工作，这也是为什么这一程序需要一直准备的原因。

其次，要应对以查明事实为目标的询问，必须对请求权基础、监管背景以及相关法定或约定要件具有深刻把握，唯有如此才能理解不同生活事实转化为“作为陈述的法律事实”时所产生的作用，理解法律事实所指向的法律效果，理解法律事实和法律规范之间的涵摄关系。例如我曾经承办一起合作合同纠纷案，在该合作合同中我方为对方提供款项用于建设某写字楼附近的基础设施，对方对我方的投资承诺了保底的收益，并约定了我方收取浮动收益的条件。嗣后双方就合同的性质发生争议，对方主张本案系借贷关系，本案需要判断合同的性质。在庭审中，法官根据合同条款的一个细节，询问双方修建基础设施的施工队是谁负责寻找的。法官之所以询问该问题，实际上就是在查明本案的权利义务特征，因为我方在本项目中所承担的义务不仅只是提供资金，所以本项目的权利义务特征显示双方所成立的并非借贷关系。因此，对请求权基础和相关要件的充分理解，才可能领会法官询问的意图。

最后，我们在这个过程中需要不断推演。我们知道，“作为陈述的法律事实”落入“构成要件事实”的范畴时，我们才有更大的机会获得胜诉。因此，我们需要根据请求权基础将“作为陈述的法律事实”区分为有利的事实、不利的事实和中性的事实，对于中性的事实和不利的事实要进一步合理化。例如我曾经承办的一起股权转让纠纷，因相关的股权转让需要取得有关部门的批文，因此双方在股权转让协议中约定了过渡期，并且对方有义务在过渡期届满后 15 日内进行专项审计。对方实际上没有履行该义务，但因为股权交割的时间是在 12 月 15 日，因此对方律师解释称 12 月底对方作为上市公司将按照规定开展全面审计，过渡期的损益情况实际包含在全面审计当中，无须花费成本另行开展审计工作。在诉讼时我们已无从查知这一解释是否是未开展专项审计的真实原因，但该解释具有合理性，用于对不利事实的解释是恰当的。总而言之，做到上述三点才能预判法官的发问或听懂法官想问的是什么，进而整合合适的言辞。

当然，还有少量的重大疑难案件，双方所发生的争议是法律适用的争议。这个类型的争议多数体现在商事案件中，商事案件的注意义务、风险程度、行为逻辑、制度设计均有其特殊性，因此也留下了许多法律续造的空间，比如最高人民法院适用“深石原则”判决股东债权劣后清偿就体现了这一特殊性。在此类涉及法律适用争议的案件中，其本质是法律价值的争锋，因此需要代理人从商事制度的价值出发，运用商事制度的价值体系来甄别和判断。

具体而言，应对法庭询问至少要完成以下三项工作。首先，是建立纲举目张的逻辑体系，基于请求权基础把法律要件、有关事实逐层展开。建立这种逻辑体系后，有益于理解和把握开庭的节奏，使自己理解法庭询问的目的，在同一频道与法官沟通。其次，必须重视阅卷。通过阅卷来避免形成自相矛盾的不利自认，并基于之前的庭审笔录与当事人核实细节、打开思维盲区、做好解释准备。最后，尽可能多地进行预演，训练自身思维的灵敏度，训练自己调整节奏、语态的能力。在训练中考虑不同语速、肢体动作对倾听者的影响，观察自己的小动作，让自己的表达避免使法官反感、增加可信度。

以下提供几个应对法庭询问的实战技巧：第一，如果法庭询问了一个我们没有准备到的问题，我们可以要求庭后询问当事人后书面回复，而不是凭借代理人的想象或印象随意应答。如果是一个敏感的、当庭必须回答的问题，我们还没有组织好语言，则可以通过请法官重复问题来争取一些时间，也可以明确告知法院这个问题我们没有考虑到，我们代理人内部商量一下再回复。

第二，如果我们准备的问题和法官实际询问的问题大相径庭，那么在回答法官问题的时候要尽可能提供充分的观点，使法庭往我们庭前设想的争议焦点靠拢。如果很多我们认为关键的问题法官未能询问，我们应当视情况在“补充事实”阶段和“向对方发问”阶段予以弥补。

第三，在一个诉讼请求较多，或者数额计算较为复杂的案件中，如果法官没有查明据以计算数额的事实前提，不关心诉讼请求是如何得出的，那么这个案子诉讼请求被驳回的可能性就相对较大。在此过程中，可以找机会提示法官关注计算数额的相关事实要件，如果法官仍未予以理会，则要充分考虑诉讼请求不被支持的可能性。

第四，如果我们发现对方回答法官的问题时存在虚假陈述，则可以流露相应的情绪，如可以插话称“这个问题我们也需要回应”，但如果要插话必须简明扼要，仅做情绪上的反馈，具体意见应当在自己发言轮次中发表，避免影响法庭秩序。

第五，如果在庭审中法官要求我们就某些事实提供证据，那么我们首先要识别法官的要求是否符合举证规则。一旦答应法官提供证据而最终自己无法提供证据，往往就要自己来承担举证不能的不利后果。如果法官非常强硬地释明，而我们又确实具备举证能力，我们可以答应，但应当先说明我方是否依法具有举证的义务。

第六，若委托人本人到庭参加诉讼，律师要帮助当事人进行陈述，要尽力避免表述上出现误解。

第七，在庭审时，一般法官会询问是否同意诉讼费由败诉方径付胜诉方，这个问题实际问的是胜诉方是希望由法院退回诉讼费，还是在民事执行程序中通过强制执行由败诉方直接支付给胜诉方。

第八，律师在回答法庭的问题时，应当把握“讲出来的必须是真话”这一基本原则，以此避免律师的执业风险。

5. 互相发问

相互发问环节是许多人会遗漏的环节，但发问环节是律师把握主动权的关键程序，也是有可能实现逆境破局的重要机会，尤其当法官所询问的问题不符合庭前准备的预期时。

对于发问环节，我的建议是：第一，我们一定要预先考虑对方可能的回答，如果我们的发问可以使对方用“该问题与案件无关”等方法轻易回避，或者我们的问题反而给了对方解释的机会，或者我们的提问反而给了对方展开强调自己观点的机会，那么我们不如不提出问题。任何解释都是在新条件下的一种新表达，让别人解释就意味着交出话语权。第二，我们在提问中应当采用封闭式的问题，询问事实，而不是问观点、问动机。第三，在发问时要遵守礼节，不要问无关痛痒的问题。我们要事先用审判的思维预设好想要问的问题，并且根据庭审中对方的陈述来增减问题，以追求对方陈述自相矛盾的效果。

那么反过来，对于对方的当庭发问，我们应当甄别该问题是否与案情有关，对方询问的问题中是否有帮助己方强化观点的机会，是否可以将封闭的问题转化为开放的方式作答。对于没有预先准备的问题，可以表示代理人不清楚，在庭后补充法官关注的资料或情况说明，或引出对方的观点后再行反驳。

6. 有无事实需要补充

在法庭调查的最后阶段，法官一般会询问双方还有没有事实需要补充。对于庭审中没有提及的要件事实，我们可以补充。我自己开庭的时候，有时候会基于请求权基础的逻辑体系把关键的事实列明，将其中容易被忽略的事实特别标注，根据庭审情况予以补充。

还有一种情况是，对对方主张的事实有异议，该事实对案件审理又非常重要，且双方都没有充分证据能证明该事实时，为了强化己方观点，可以用一句话明确表示对方所陈述的事实是不存在的。

7. 总结争议焦点

一般法院是在法庭辩论前总结争议焦点，对法院总结的争议焦点有异议的，可以当场提出，或者建议法院将争议焦点细化成几个问题。若法院不愿意调整已总结的争议焦点，可以提醒书记员及时将我方的请求记入笔录即可。

8. 法庭辩论及最后陈述

法庭辩论的环节是属于可以预先准备好的环节，但是有效的法庭辩论绝不能只依赖于庭前准备好的既定文稿，一定要结合对方开庭中自认的事实来展开。庭审的主要作用之一就在于通过双方陈述来固定一些事实，在法庭调查的阶段完成后，很多事实前提经过了庭审过程也得到确定。根据禁止反言的规则，代理人一些辩论的观点此时才具备相对确定的基础。因此，法庭辩论必须结合庭审的实际情况开展，而不能照本宣科。针对法庭辩论环节，我有以下一些建议：

（1）要善于使用对方自己的陈述，针对陈述自相矛盾的内容展开辩论。这里所说的对方陈述，并不一定是指对方在本案庭审中的陈述，也可以是对方在其他庭审中的陈述，或者对方在其他法律文书中的观点。例如，我曾经代理一个涉及房产代持纠纷的案件，对方在本案中宣称自己是房屋的实际权益人，但对方在另案的起诉状中明确陈述自己是案涉房产的代持人。在法庭辩论阶段指出对方陈述的矛盾之处，我认为是效率最高的辩论方法。

（2）在法庭辩论中，辩论的观点要聚焦，说过的观点不需要重复说，重点是对庭审中对方的陈述，以及法官关注的问题进行回应。我一般习惯于对案件进行类型化区分，判断案件审理的重点是查明事实还是法律适用，对于以查明事实为主的案件，根据开庭的时间情况、法官的倾听意愿，实际上可能只发表3~5句话的辩论观点。在实践中，法庭辩论可能有1~2轮，我们要注意发言的顺序，体会不同发言顺序的优劣之处并以此调整自己的表达和观点。

（3）处理具有开创性意义的重大疑难复杂案件，要重点在法庭辩论阶段下功夫。例如，我们可以从立法原旨出发对案件进行解读，也可以基于制度的周延性及其法律价值展开辩论。

（4）要善于从辩论的环境和情绪中跳出来，将目光游走于陈述和证据之间，要善于使用“优势证据”的观点发表看法。要警惕基于没有证据的事实进行辩论，避免使法官形成我们已经承认相关事实的印象。

（5）对于最后陈述的内容，可以用1~2句话简明扼要地说出，当初客户最打动律师、让律师愿意承接这个案件的原因是什么。

9. 调解

我曾经听到过一个关于争议解决的小故事，感觉颇有启发。这个故事说的是一个母亲有两个孩子，有一天母亲在门外听到两个孩子为了争夺家里唯一的一个橘子在争吵，母亲就要去解决这个纠纷。母亲解决纠纷最简单、最传统的方式，就是将橘子公平地剖成两半，让两个孩子均分。但如果母亲更进一步，询问孩子争抢这个橘子的目的是什么，一个孩子可能会说争抢橘子的目的是吃果肉，另一个孩子可能会说争抢橘子的目的是要橘子皮做手工作业。通过这个实例我们可以发现，传统的争议解决方式未必是解决纠纷的最优解，实际上调解是灵活且效果好的争议解决方式。加之调解结案的案件不用出具判决书、不会发生上诉改判等情况，因此法院一般也极力希望案件能够调解。

调解是一个综合能力极强的工作，既要对人足够了解，也要对事情的分析足够到位；既要面向对方，也要劝服自己的当事人，因此这也是知识极多、要点极丰富的实务内容。笔者下文通过列举一些关于调解的技巧和方法，以供参考：

1. 调解工作同样需要我们准备、准备、再准备。我们要清楚自己的谈判对手是谁，与这场谈判相关的关键性背景信息有哪些，谈判的挑战性有哪些。我们要分析双方的共同利益、不同利益和冲突利益，善于构建利益共同体，事先梳理调解的谈判要点并事先征求我们的当事人。应当谨记，对我们不重要的条件不一定对对方不重要。

2. 我们不要一开始就报出底价，第一轮出价必须留有足够的空间。有的谈判者一开始就会显示出极大的诚意并提出谈判的底价，他们并非不清楚“漫天要价、坐地还价”的谈判规律，他们只是为了增加沟通的效率。但我们不赞同这种方法，因为这种方法容易使对方误解，会给对方传递错误的信息。大多数谈判者都会认为第一轮的出价一般都还有较大的谈判空间，因此实际谈判中难以判断对方第一轮的出价是否接近对方的底价。我们必须对调解程序抱有足够的耐心，调解是一个漫长的过程，我们要安排好谈判的节奏，为调解而付出努力是达成一致调解目标的重要组成部分。

3. 我们在调解时要特别注意自己的措辞。虽然《民事诉讼法》规定了调解中表达的事实不会构成自认，但我们必须承认，比起庭审中对于事实的描述，往往谈判中对事实的描述更接近客观事实。谈判中对于事实的承认必然会影响法官的心证，很多法官所追求的就是查明客观事实，因此我们必须把调解也当成庭审来对待。当然，为了保持谈判处于正轨之中，我们可以向法官表明我们在调解中尽可能面向未来、谈方案，让事实问题在调解中解决。

4. 一般不显示自己有最终决定权，应当向各方释放自己作为代理人仅是第三方角色的信号。这样做主要出于如下几点考虑：（1）作为第三方角色可以缓和谈判的节奏和对方的情绪，使对方情绪更加放松。此外，第三方也可以问一些对谈判有帮助的问题，有些言辞也更易于为对方所接受，能起到积极的谈判效果；（2）实践中难免会遇到“以判压调”等现象，不显得有决定权可以避免代理人与裁判者直接的情绪冲突，可以较为妥当地应对各种突发情况，具有较大的转圜空间；（3）即使自己有决定权，在每一个谈判节点也可以用“询问当事人意见”的名义出去透透气，以争取有利的谈判态势。反过来说，这是谈判常用的技巧，也是谈判需要应对的常见情形。我们经常会遇到谈判的对手告诉我们他没有决定权，即使这个谈判对象本身就是公司的法定代表人，他也会说他要回去问问其他股东们的意见。对于此类情形，一般是尽早明确有权决定该事项的具体人员而非模糊的机构，以此提升谈判效率。

5. 确定调解的最终方案前一定要最后再征求一次当事人的意见。在实践中，律师基于调解的特别授权达成的调解方案不被委托人认可，并且引发投诉的情况屡见不鲜。为避免不必要的麻烦，作为代理人在达成最终调解方案前一定要取得委托人的最终同意，并做好留痕工作，以免发生执业风险。

6. 在调解方案的设置上充分应用技巧和法律程序，比如提出有幅度或有选择的调解方案，提供一些心理暗示。又如，双方已经就具体的赔偿金额、方式达成了调解意向，但鉴于案件内容的广泛社会影响，被告希望原告先撤诉，原告则担忧自己撤诉后被告不支付赔偿款项，不愿意在法院之外与被告签订调解协议。那么我们可以采取折中的方法，即将双方的调解内容在法院主持下通过调解笔录记载清楚，然后再由原告撤诉。

7. 对于律师而言，调解既是一个面对对方当事人的过程，也是一个给自己当事人做工作的过程。之所以强调律师的专业性和权威感，就是为了我们能够对当事人施加足够的影响。当事人往往不经常接触诉讼，对诉讼时间成本、代价、不确定性并无准确的判断。做好预期管理，并且让当事人相信律师的品行，对代理人提高案件处理效率具有积极意义。

8. 在谈判中，可以询问对方会有什么行动来创造合作条件，可以尝试让对方先以微小的减让来开启谈判。在长时间的谈判后，双方的出价已经非常接近，我们可以用一个非常接近的金额来表明己方的底线，比如双方达成的调解条件是10,000元，那么你可以出价9888元“图个吉利”。若在最终未达成协议的情况下，要比对方更愿意离开谈判桌。

9. 当我们意识到对方在使用一些谈判技巧时，戳穿这些技巧有时是打破僵局的好办法。如果我们发现了一些苗头，不如把它指出来，促使谈判保持正轨。

10. 口头谈判基本确定双方意向后，应通过书面形式固定成果。书面方案应尽量做到简明清晰、不存在分歧或误解。一般而言，即便双方意向已定，通过书面形式呈现调解方案时，仍然会发现原本谈判中没有注意到的其他矛盾或争议。在最终的书面文件中，建议写明接受履行的银行账户，使得调解协议具有可执行性。

11. 许多能达成的谈判需要经过长时间的切磋，马拉松式的谈判恰恰说明双方都不愿意离开谈判桌，有时候我们得不厌其烦。

12. 庭后工作。开完庭后，应当仔细核对庭审笔录，对于庭审笔录中记载错误的部分应当场修改并签署修改人姓名和日期。若书记员不同意修改，则专门记录该错误，在庭后资料中应当予以指出。签署庭审笔录时，若法院没有相反意见，建议对庭审笔录拍照留底。例如《深圳国际仲裁院仲裁规则》第四十一条第二款规定:“庭审笔录由仲裁员、当事人及其代理人、证人或其他有关人员签名确认。当事人和其他仲裁参与人认为庭审笔录对自己陈述的记录存在遗漏或者差错的，可以申请补正；仲裁庭不同意补正的，应记录该申请。”在仲裁案件中，我们也可以专门指出仲裁规则的规定，进而促成笔录的补正。

庭后若法官没有马上离开，可以与法官就案情进行适当交流，通过法官的反馈和情绪判断其倾向态度，以此为重点起草相关法律文书，并对当事人实施相应的预期管理。

庭后，应当在法官要求的时限内提供相关证据或法律文书，庭后的资料应当根据开庭情况、对方当事人的陈述来准备，着重回应法庭关注的争议焦点，补充开庭中不足的部分，而不是重复已发表过的意见。必要时，律师可以向当事人提供工作报告乃至结案报告，以管控执业风险、提升律师服务的价值。

总而言之，开庭是一个需要“准备、准备、再准备”的工作，庭审并不是一个适宜急中生智的场所，投入充足的时间才能真正游刃有余地应对庭审。本章附件中提供的是一个案件代理意见的目录，以供参考。

附件一

申请人 ××× 与被申请人 ×× 银行股份公司合同纠纷案被申请人（反请求申请人）代理意见

案号:（2020）深国仲受 ×××× 号

致：深圳国际仲裁院

申请人 ××× 与被申请人 ×× 银行股份公司合同纠纷一案，已由贵院受理，案号为:（2020）深国仲受 ××× 号。广东华商律师事务所受被申请人 ×× 银行股份公司的委托，作为被申请人的代理人参加了本案的庭审活动。

现根据本案证据交换、庭审调查、仲裁庭询问、双方回复及辩论之情况，提交本代理意见如下。

特别说明：如本代理意见与申请人此前以书面或口头方式发表的意见存在不一致的，以本代理意见的内容为准。

………………以下留空………………

代理词目录

案号：(2020)深国仲受××××号

提交人：(被申请人、仲裁反请求申请人)××银行股份有限公司

一、关于案涉《差额补足协议》的签订背景：事实上是申请人为了让其担任实际控制人、最大股东的×××股份有限公司顺利完成定增、达到融资目的，自愿和××银行签署《差额补足协议》，为××银行的本金、收益及费用承担差补义务

1. 2016年×××集团股份有限公司（以下简称×××公司）定增面临股票发行价格高于市场价格、无人问津的困局

2.×××公司为实现定增先后两次发起认购邀请程序，但最终只有4名投资者参与定增

3. 为让 ××× 公司顺利融资、分享定增带来的利益，其知悉合同内容并自愿和 ×× 银行签订《差额补足协议》，且 ××× 公司聘用的律师发表专业法律意见认为股票认购对象合规

二、关于案涉《信托合同》《资管合同》《差额补足协议》的法律效力：前述合同合法有效，均系合同各方当事人的真实意思表示，不存在导致合同无效的情形

1.×× 银行交付的案涉资金是理财资金，将理财资金交付信托公司符合规定

2. 案涉《信托合同》《资管合同》《差额补足协议》不违反法律、行政法规的效力性强制性规范，也不违反涉及公序良俗内容的规章

2.1　综观我国相关法律规范，认定合同、民事行为无效必须具备特定的条件，如果不满足该特定条件，并不会导致合同和相关民事行为无效

2.2　案涉《信托合同》、《资管合同》、《差额补足协议》及相关投资行为合法，也不具备被认定无效的特定条件

3. 案涉《差额补足协议》未违反社会公共利益，也未扰乱金融市场秩序。如若认定《差额补足协议》等合同无效，反而将引发市场动荡并损害公共利益

三、关于案涉《差额补足协议》的法律性质,《差额补足协议》是独立的合同，并非保证合同，其不具有保证的意思表示和保证合同所固有、必备的权利义务特征

1. 案涉合同签订时并无保证的意思表示

2. 案涉合同不具备保证合同的特征，缺乏保证合同所必备、固有的要素

3. 保证合同具有从属性，而案涉《差额补足协议》并不具备从属性

4.《九民纪要》第93条、《最高人民法院关于适用〈中华人民共和国民法典〉有关担保制度的解释》第三十六条第四款已对差额补足等增信文件的性质认定、权利义务确定作出了明确规定，且有诸多司法案例均认定该类协议为独立的合同

四、在《差额补足协议》约定义务的履行过程中，申请人违背诚实信用原则、严重违约在先。因申请人拒不履行回购义务，故××银行减持股票以收回资金

1. 在×××公司定增成功后、信托存续期间，申请人指定第三方依约支付了2016~2017年的差额补足款后债务状况不断恶化

2. 申请人在合同约定的资管计划预定到期日前拒不回购信托计划收益权，且经××银行多次发函催告仍不履行回购义务，故

××银行才减持股票收回款项

五、银行不负有在特定期间减持股票的义务，减持股票亦非申请人承担差额补足义务的前提，只要在资管计划原定到期日之前无法变现和足额兑付，申请人即应履行回购义务。本案差额补足条件早已成就

1. 本案中××银行不存在违约行为，××银行也不负有在某期限内将股票全部变现的义务，相反地减持股票是××银行的权利。只要在资管计划预定到期日之前无法变现和足额兑付，申请人即应履行回购义务

2. 因在资管计划预定到期日之前，申请人违约不回购信托计划收益权、支付价款，导致资管计划和信托计划因无法足额兑付而自动延期，申请人应对延期期间的收益及费用承担差额补足义务，并自预定到期日之次日起支付应付未付款项的违约金

3. 在申请人拒不履行回购义务导致资管计划和信托计划延期后，××银行减持案涉股票以收回资金是符合约定、避免损失扩大的合理做法

4. 本案差额补足条件于2018年10月24日即已成就，申请人应当按照××银行的反请求履行付款义务、承担违约责任

六、本案××银行为实现债权支付仲裁费、律师费（包括基础代理费和风险代理费）等应全部由违约方申请人承担

1. 本案纠纷系因申请人违背诚实信用原则、恶意违约在先所致，××银行为实现债权支付的仲裁费、律师费等费用应由申请人全部承担

2.××银行关于全部律师费（包括基础代理费、风险代理费）均应由违约方申请人承担的请求，符合约定和《仲裁规则》的规定

七、关于申请人要求提交《风险提示函》送达凭证的回应

1. 申请人要求提交《风险提示函》和《违约告知函》送达证据的行为既违反了诚实信用原则，又违背了自认规则和禁止反言规则

2. 申请人要求提交《风险提示函》和《违约告知函》送达证据的行为是对贵院已进行司法程序的破坏和司法资源的浪费

3. 对于申请人已经自认的事实，××银行无须举证证明

4. 四份通知文件的内容均是要求申请人履行回购义务、支付价款，申请人是否收到《风险提示函》和《违约告知函》，不影响其承担民事责任

附件二

民事代理词

尊敬的审判长、审判员：

广东华商律师事务所接受被上诉人新疆汇嘉时代百货股份有限公司（以下简称汇嘉公司）的委托，现就上诉人与汇嘉公司证券虚假陈述责任纠纷二审四案，结合庭审情况并围绕法庭归纳的争议焦点，发表如下代理意见，供合议庭参考。

一、案涉虚假陈述的揭露日应当认定为 2019 年 3 月 15 日

《最高人民法院关于审理证券市场虚假陈述侵权民事赔偿案件的若干规定》(以下简称《虚假陈述若干规定》）第八条第一款规定:“虚假陈述揭露日，是指虚假陈述在具有全国性影响的报刊、电台、电视台或监管部门网站、交易场所网站、主要门户网站、行业知名的自媒体等媒体上，首次被公开揭露并为证券市场知悉之日”；第三款第二项规定“证券交易场所等自律管理组织因虚假陈述对信息披露义务人等责任主体采取自律管理措施的信息公布之日”可以作为证券虚假陈述揭露日。同时，2019 年 11 月 14 日发布的《九民纪要》第 84 条规定:“虚假陈述的揭露和更正，是指虚假陈述被市场所知悉、了解，其精确程度并不以‘镜像规则’为必要，不要求达到全面、完整、准确的程度……”因此，虚假陈述的揭露日应为虚假陈述行为在全国性影响的媒介上首次进行披露之日，但虚假陈述行为揭露的内容与虚假陈述行为本身不需要达到“镜像规则”，不要求达到全面、完整、准确的程度。

2019年3月15日，汇嘉公司在证监会指定信息披露平台“巨潮资讯网”上发布了《关于新疆汇嘉时代小额贷款有限公司资金转贷给关联方情况说明的公告》(以下简称《3.15自查公告》)，该公告首次较为完整地揭露了汇嘉公司全资子公司资金转贷给关联方的行为，符合虚假陈述揭露日认定的“首次”“具有全国影响力的媒体”的法律要件。同时，2019年3月15日与《3.15自查公告》同时披露的还有《关于收到上海证券交易所问询函的公告》，2019年3月15日上海证券交易所已经通过问询函的方式对汇嘉公司采取自律管理措施。且《3.15自查公告》载明的内容基本达到全面、完整及准确的程度，与案涉《行政处罚决定书》的认定内容高度一致，充分揭示了投资风险，应认定为案涉虚假陈述揭露日。

(一)《3.15自查公告》揭露案涉虚假陈述行为的方式和范围符合法定的空间上的全国性、时间上的首次性

首先，汇嘉公司在中国证监会指定的上市公司信息披露平台

“巨潮资讯网”上发布《3.15 自查公告》，揭露同日即被各个股票交易软件、股吧等网站同步刊载，已在空间范围上达到在全国影响性媒体上公开揭露的要求。

其次，2019 年 3 月 15 日是汇嘉公司第一次较为系统、完备地向公众披露其信息披露违规行为的时间节点，不仅在时间上早于 2019 年 4 月 30 日立案调查公告日，在内容上也更加具体详细。自《3.15 自查公告》发布后，汇嘉公司的信息披露违规行为已为市场所知悉，正是基于汇嘉公司的自查和揭露，才引致上海证券交易所于同日就关联交易行为出具《问询函》，并引发汇嘉公司的持续督导保荐机构银河证券及天职国际会计师事务所就案涉关联交易行为进行专项核查。就案涉关联交易行为及其违法性，汇嘉公司于 2019 年 3 月 15 日发布了《3.15 自查公告》及《关于收到上海证券交易所问询函的公告》，于 2019 年 3 月 23 日发布了《关于新疆汇嘉时代小额贷款有限公司资金转贷给关联方情况补充说明的公告》《中国银河证券股份有限公司关于上海证券交易所对新疆汇嘉时代百货股份有限公司资金转贷相关问询事项的核查意见》《天职国际会计师事务所（特殊普通合伙）关于对新疆汇嘉时代百货股份有限公司资金转贷相关事项的问询函的回复》《关于对上海证券交易所问询函的回复公告》，于 2019 年 4 月 17 日发布了

《关于收到行政监管措施决定书的公告》以及于2019年4月20日发布了《2018年度内部控制评价报告》《会计师事务所关于公司2018年度控股股东及其他关联方资金占用情况的专项说明》《董事会关于会计师事务所出具否定意见的内部控制审计报告的专项说明》《监事会关于〈董事会关于会计师事务所出具否定意见的内部控制审计报告的专项说明〉的意见》。在以上公告中，案涉关联交易行为被反复、密集、频繁地披露，广泛为市场所知悉，足以使投资者提高警惕，不会再对投资者的投资决策产生误导。而其中，《3.15自查公告》符合法定的“首次性”要求，应当以《3.15自查公告》发布的时间2019年3月15日作为本案揭露日。

（二）《3.15自查公告》能够充分揭示投资风险，对市场起到了足够的警示作用

虚假陈述行为被揭露的实质意义在于向市场发出警示信号，提示投资者重新评估上市公司及其股票价值，从而理性地作出投资决策。《3.15自查公告》中载明“对于公司实际控制人及其关联方通过转贷形式间接使用上市公司资金，违反了中国证监会及上海证券交易所的有关规定”，明确了汇嘉公司信息披露违规行为的性质，对于所有投资者都属于具有较强警示性的信息，足以影响投资者的投资决策。

同时，《3.15自查公告》明确写明“公司将以积极的态度接受监管部门的调查和处理；公司目前的内部控制措施在关联交易决策、资金管理、信息披露方面存有漏洞，其运行控制的环节存在部分失效”，足以对理性投资者起到重新判断股票价值、注意证券市场投资风险的警示作用。

从理性投资的角度出发，当投资者获悉《3.15自查公告》内容时，应预料汇嘉公司的行为可能被定性为虚假陈述而受到行政处罚，进而影响投资者的投资决策。综上，《3.15自查公告》的揭示力度已足以引起市场内理性投资者的注意和警惕，符合虚假陈述行为揭露之客观要求。

（三）《3.15自查公告》揭露的内容与案涉虚假陈述行为具有高度的相似性

《3.15自查公告》首次较为完整地披露了汇嘉公司的全资子公司与关联方的资金转贷及还款情况，揭示了关联交易及信息披露违规行为。《3.15自查公告》披露的内容与新疆证监局作出的《行政处罚决定书》认定的内容具有高度相似性，详见汇嘉公司二审提交答辩状附件《3.15自查公告与行政处罚决定书对比表》。因此，《3.15自查公告》发布日即应为案涉虚假陈述的揭露日。

（四）《新疆汇嘉时代百货股份有限公司关于收到调查通知书的公告》时间上不具有首次性，不应认定为虚假陈述的揭露日

2019年4月30日，汇嘉公司发布《新疆汇嘉时代百货股份有限公司关于收到调查通知书的公告》（以下简称《4.30调查公告》），该公告仅表述汇嘉公司涉嫌信息披露违法违规，中国证监会决定对其进行立案调查。在此之前，汇嘉公司除发布《3.15自查公告》外，还接连发布了《关于新疆汇嘉时代小额贷款有限公司资金转贷给关联方情况补充说明的公告》《中国银河证券股份有限公司关于上海证券交易所对新疆汇嘉时代百货股份有限公司资金转贷相关问询事项的核查意见》《关于对上海证券交易所问询函的回复公告》等多份公告，对案涉关联交易及虚假陈述行为进行了更为具体、详细的补充披露，投资者早已知悉案涉虚假陈述的内容及性质，故《4.30调查公告》不符合时间上首次性的要求，不应认定为案涉虚假陈述的揭露日。

（五）《4.30调查公告》的内容与案涉虚假陈述之间不具有对应性，无法起到风险警示的作用

《4.30调查公告》并未披露案涉虚假陈述的具体表现形式，也没有涉及汇嘉公司涉嫌的虚假陈述的实质内容。《4.30调

查公告》仅提示汇嘉公司有违规嫌疑，依据此公告的内容并不必然将其与“汇嘉公司2018年半年度报告未披露关联交易具体情形”建立联系，也无从知晓汇嘉公司可能存在的信息披露违规事项属于诱多行为还是诱空行为，更无法据此合理判断汇嘉公司股票价格之后的走向，客观上不具备起到足够警示的作用。据此，《4.30调查公告》并未充分揭示投资风险，尚不具备足够的警示强度，该立案调查公告日不应作为案涉虚假陈述的揭露日。

综上，《3.15自查公告》是汇嘉公司第一次系统、较为完整地向公众披露其信息披露违规行为，不仅在时间上早于2019年4月30日立案调查公告日，在内容上也更加具体详细，在公示的范围上也达到了法定的全国性，对投资者起到了足够的警示作用。因此，本案虚假陈述揭露日应认定为2019年3月15日。

二、案涉虚假陈述行为不具备重大性

《虚假陈述若干规定》第十条第一款第一项及第二项规定：“有下列情形之一的，人民法院应当认定虚假陈述的内容具有重大性：（一）虚假陈述的内容属于证券法第八十条第二款、第八十一条第二款规定的重大事件；（二）虚假陈述的内容属于监管部门制定的规章和规范性文件中要求披露的重大事件或者重要事项。”第十条第二款规定："前款第一项、第二项所列情形，被告提交证据足以证明虚假陈述并未导致相关证券交易价格或者交易量明显变化的，人民法院应当认定虚假陈述的内容不具有重大性。"案涉虚假陈述行为不属于《虚假陈述若干规定》第十条第一项及第二项所列情形，且汇嘉公司的股票并未因案涉虚假陈述的实施及揭露而导致交易价格或交易量产生明显的变化，因此案涉的虚假陈述行为不具备重大性。

（一）案涉虚假陈述行为不属于《虚假陈述若干规定》第十条第一款第一项及第二项所列情形

首先，根据《行政处罚决定书》认定的内容，案涉虚假陈述实际是指汇嘉公司未按规定及时披露资金使用方，但该披露违规行为有别于虚增利润、隐瞒亏损等诱多型虚假陈述，不会增加投资者对于汇嘉公司的信赖，也不会促使投资者作出买入该股票的积极行为，不足以对汇嘉公司股价产生实质性影响。

其次，案涉关联交易系汇嘉公司全资子公司的正常展业活动，全资子公司对外借款情况在汇嘉公司公告中曾多次披露，故全资子公司合法、正常的展业活动不会导致汇嘉公司主要财务指标失真，汇嘉公司反而因关联公司正常展业而收取相应利润，由此带来的收益也间接共享于全体股东。

最后，在案涉虚假陈述被揭露前，关联交易全部本金已经返还，相应利息已足额支付，汇嘉公司在相关公告中均予以确认。监管部门亦核实，关联交易资金已于正式立案调查前全部归还，因此因关联交易致使汇嘉公司利益受损，并引起汇嘉公司股价下跌的顾虑已不存在。

综上所述，案涉虚假陈述行为所示关联交易不可能对汇嘉公司的资产、负债、权益和经营成果产生重要影响，因此不属于《虚假陈述若干规定》第十条第一款第一项及第二项规定的情形。

（二）汇嘉公司的股票并未因案涉虚假陈述的实施及揭露而导致交易价格产生明显的变化

1. 无论是贵院在另案中认定的案涉虚假陈述实施日 2018 年 1 月 12 日，还是汇嘉公司主张的实施日 2018 年 7 月 31 日，汇嘉公司的股票在该二日均未有出现大幅上涨的情形，其涨跌幅度与上证指数保持一致。事实上，在 2018 年 3 月 14 日，汇嘉公司作出《关于全资子公司竞拍取得土地使用权的公告》，载明汇嘉公司全资子公司竞拍取得国有土地使用权，从而导致投资者对汇嘉公司的经营利好消息作出了相应的反应，因此对比图可见 2018 年 3 月中下旬汇嘉公司的股价出现一次小幅上涨。

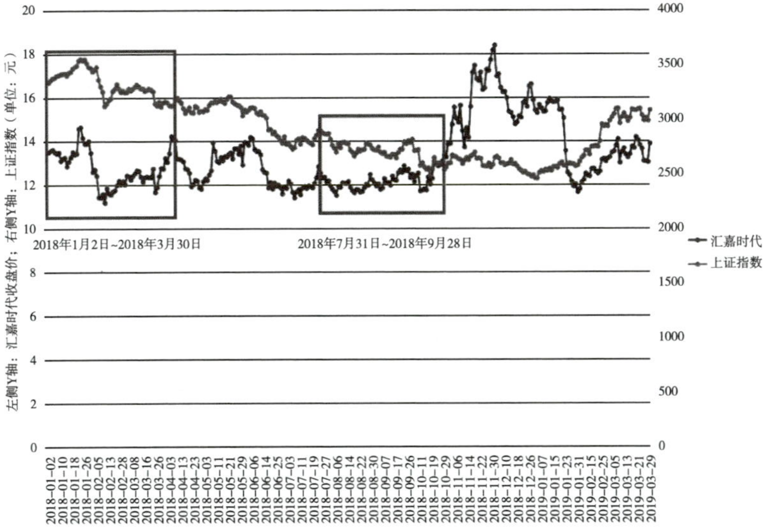

图 11　汇嘉时代、上证指数对比

2. 无论是贵院在另案中认定的揭露日 2019 年 3 月 15 日，还是上诉人主张的揭露日 2019 年 4 月 30 日，汇嘉公司的股票在该二日均未发生恐慌性抛售，在揭露日前后的时间窗口，汇嘉公司的股价走势均强于大盘。

2019 年 3 月 15 日，汇嘉公司作出了《关于新疆汇嘉时代小额贷款有限公司资金转贷给关联方情况说明的公告》，该公告第一次揭露了案涉虚假陈述行为，但当日收盘股价上涨 1.21%，次日收盘股价上涨 2.54%，未发生任何恐慌性抛售的情形。上诉人主张的揭露日 2019 年 4 月 30 日前后，美国决定对中国加征 2000 亿美元的关税，受到中美贸易摩擦不断加剧的影响，我国股票市场发生重大波动。2019 年 4 月 22 日上证指数的最高位为 3279.49 点，在此后不足 10 个交易日内，上证指数急速下跌，其中 2019 年 5 月 6 日上证指数大跌 5.58%，上证指数单日跌幅为 2019 年全年之最，反映了股票市场中个股整体、系统的巨大跌幅。自 2019 年 4 月 30 日起的 10 个交易日内，上证指数跌幅达到 3.19%，而汇嘉公司的股价涨幅为 4.63%，汇嘉公司的股价表现明显强于大盘走势，再次证明了案涉虚假陈述行为的揭露未对汇嘉公司的股价造成不利影响。

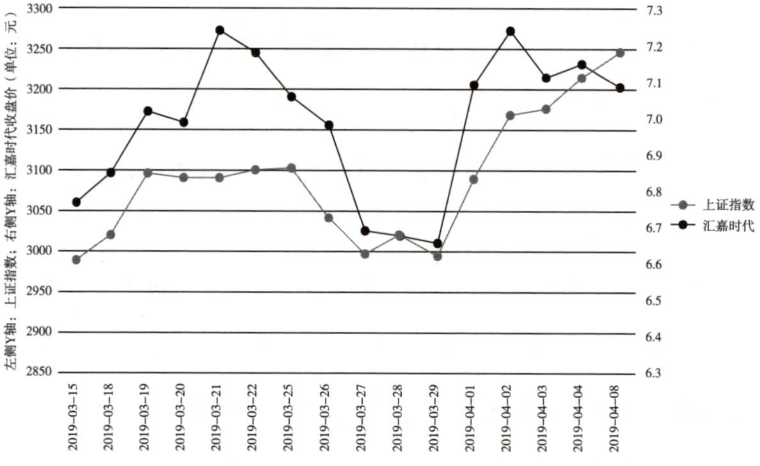

图 12　汇嘉时代、上证指数对比

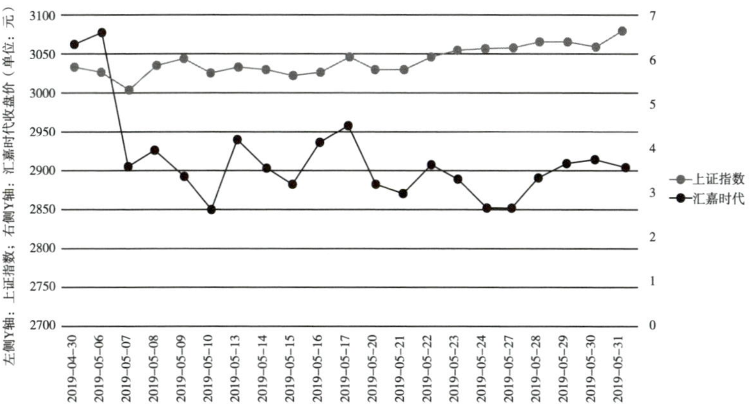

图 13　汇嘉时代、上证指数对比

综上对比图所见，汇嘉公司的股票并未因案涉虚假陈述的实施及揭露而导致交易价格产生明显的变化，即使在 2019 年 4 月 30 日的第一个交易日后，上证指数急剧下跌，但汇嘉公司的股价仍然处于持续缓慢上涨的状态。上诉人所称“2019 年 3 月 15 日之后汇嘉公司股票价格上涨，不符合揭露日认定条件”的主张并无依据。《虚假陈述若干规定》对于揭露日并无“揭露日后股价应下跌或保持平稳”的规定，因此不能以汇嘉公司股票价格上涨为由否定揭露日的认定。案涉关联交易行为非但没有损害汇嘉公司利益，还让汇嘉公司因正常展业收取利息而获益，揭露日之后股价没有发生剧烈波动恰恰证明了汇嘉公司的虚假陈述行为影响轻微、没有给投资者造成损害。一般而言，虚假陈述行为被揭露的当天公司股价波动最为剧烈，而无论一审认定的揭露日2019年3月15日还是被告主张的揭露日2019年4月30日，汇嘉公司股价都仅是轻微上涨或下跌，未发生剧烈波动。

（三）汇嘉公司的股票并未因案涉虚假陈述的实施及揭露而导致交易量产生明显的变化

1. 无论是贵院在另案中认定的案涉虚假陈述实施日2018年1月12日，还是汇嘉公司主张的实施日2018年7月31日，汇嘉公司的股票在该二日均未出现交易量剧烈变化的情形，其交易量与上证指数保持一致。

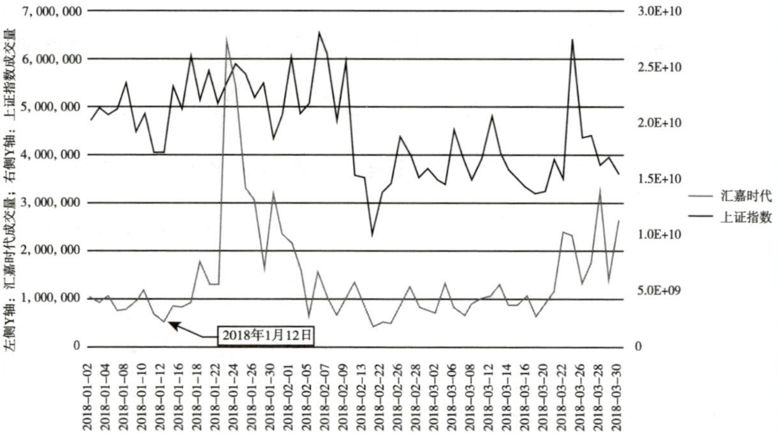

图14　2018年1月12日前后汇嘉时代、上证指数成交量对比

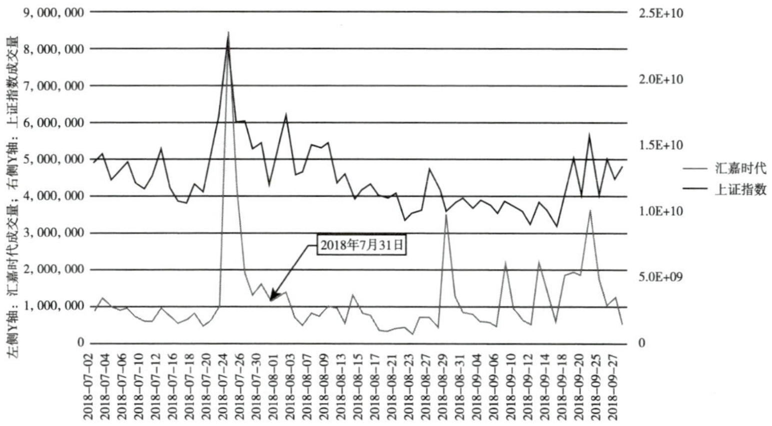

图 15　2018 年 7 月 31 日前后汇嘉时代、上证指数成交量对比

2. 无论是贵院在另案中认定的揭露日 2019 年 3 月 15 日，还是上诉人主张的揭露日 2019 年 4 月 30 日，汇嘉公司的股票在该二日均未发生恐慌性抛售，在揭露日前后的时间窗口，汇嘉公司股票成交量均与上证指数基本保持一致。

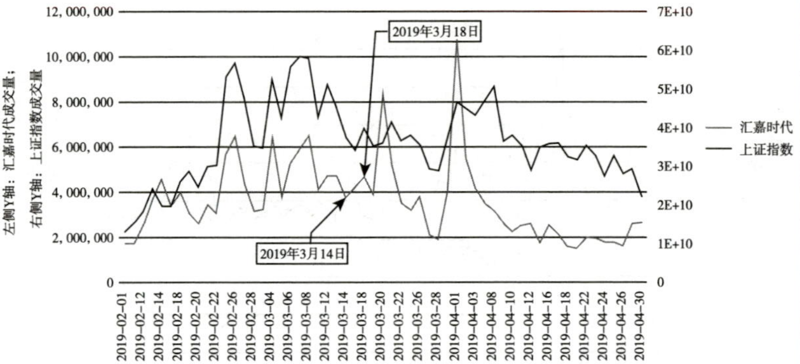

图 16　2019 年 3 月 15 日前后汇嘉时代、上证指数成交量对比

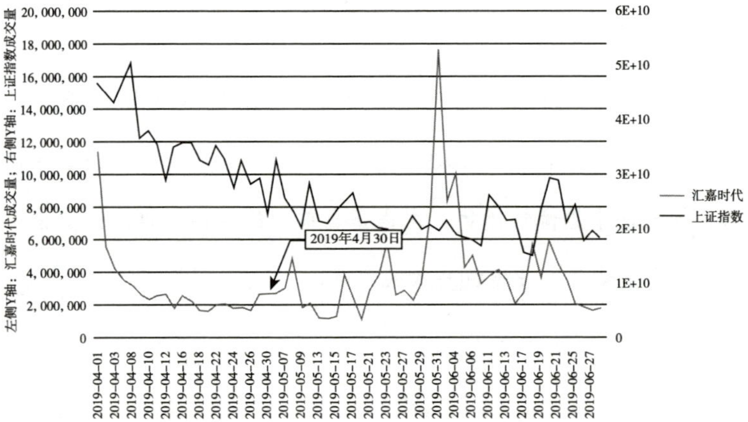

图 17　2019 年 4 月 30 日前后汇嘉时代、上证指数成交量对比

综上，虚假陈述行为的重大性，是指违法行为对投资者决定的可能影响，其可以通过违法行为对证券交易价格和交易量的影响来判断。从虚假陈述实施日及揭露日前后汇嘉公司股价走势可

以看出，汇嘉公司股价及成交量走势并未明显偏离大盘指数，案涉虚假陈述行为并未对汇嘉公司的交易量及价格产生重大影响，因此不具有重大性。

三、上诉人所主张的损失与案涉虚假陈述行为之间不具有交易因果关系及损失因果关系

《虚假陈述若干规定》第十二条规定："被告能够证明下列情形之一的，人民法院应当认定交易因果关系不成立：……（二）原告在交易时知道或者应当知道存在虚假陈述，或者虚假陈述已经被证券市场广泛知悉……（五）原告的交易行为与虚假陈述不具有交易因果关系的其他情形。"第三十一条第二款规定："被告能够举证证明原告的损失部分或者全部是由他人操纵市场、证券市场的风险、证券市场对特定事件的过度反应、上市公司内外部经营环境等其他因素所导致的，对其关于相应减轻或者免除责任的抗辩，人民法院应当予以支持。"

（一）上诉人所主张的损失与案涉虚假陈述行为之间不具有交易因果关系

1. 上诉人在贵院另案中认定的案涉虚假陈述实施日后时隔近一年方买入汇嘉公司股票，且在案涉虚假陈述揭露后依然买入汇嘉公司股票，属于《虚假陈述若干规定》第十二条第二项及第五

项规定的情形，应当认定交易因果关系不成立

从上诉人王某际一审提交的证据可见，其于2016年6月至2018年1月已大量买入卖出汇嘉公司的股票达1万余股。但是，在2018年1月12日之后，王某际并未买入汇嘉公司的股票，时隔近一年后，其才再次买入汇嘉公司股票，足以说明王某际的投资决策未受到案涉虚假陈述行为的影响。

从上诉人杜某一审提交的证据可见，在2018年1月12日之后，杜某并未买入汇嘉公司的股票，时隔一年多之后，其才买入汇嘉公司股票，足以说明杜某的投资决策未受到汇嘉公司被认定的虚假陈述行为的影响。同时，其于2019年3月15日后大量买入汇嘉公司的股票达5000余股。从杜某提供的《证券账户查询确认单》可见其持有多个股票账户，且购买多家上市公司的股票，足以证明其为资深股民，对市场信息具有高度的敏感性。因此，杜某在案涉虚假陈述被广泛知悉后，仍然大量购入汇嘉公司的股票，其在揭露日之后购入汇嘉公司股票所产生的损失，与案涉虚假陈述行为之间没有交易因果关系。

从上诉人汪某名一审提交的证据可见，其于2017年至2018年1月已大量买入卖出汇嘉公司的股票达3万余股，充分说明案涉虚假陈述行为与汪某名作出决策买入汇嘉公司的股票之间没有

交易因果关系。其次，汪某名于2019年3月15日后大量买入汇嘉公司的股票。汪某名提供的《海通证券股份有限公司账户查询确认单》可见其于2016年年初开立账户，且多次买入卖出股票，足以证明其为资深股民，对市场信息具有高度的敏感性。据此，汪某名在案涉虚假陈述被广泛知悉后，仍然大量购入汇嘉公司的股票，其在揭露日之后购入汇嘉公司股票所产生的损失，与案涉虚假陈述行为之间没有交易因果关系。

从上诉人乔某华一审提交的证据可见，其于2016年6月至2018年1月已大量买入卖出汇嘉公司的股票，充分说明案涉虚假陈述行为与乔某华作出决策买入汇嘉公司的股票之间没有交易因果关系。

综观上诉人买卖汇嘉公司股票的交易情况可见，上诉人买入、卖出股票的投资决策和投资时点均与案涉虚假陈述行为之间无关联性，属于《虚假陈述若干规定》第十二条第二项及第五项规定的情形，应当认定交易因果关系不成立。

2. 事实上，上诉人作出投资决策是基于汇嘉公司的经营性利好消息和股市行情，与案涉虚假陈述行为无关

2018年，汇嘉公司开拓发展，公司经营的基本面持续向好。2018年3月14日，汇嘉公司作出《关于全资子公司竞拍取得土

地使用权的公告》，载明汇嘉公司全资子公司竞拍取得国有土地使用权；2018年5月12日，汇嘉公司公告《2017年年度股东大会会议资料》，显示2017年度汇嘉公司营业总收入与上年同比增长14.06%，净利润较上年增加553.4万元，同比增长5.73%，进一步证明汇嘉公司盈利能力趋高的事实；2018年7月10日，汇嘉公司作出《2017年年度权益分派实施公告》，汇嘉公司拟定于2018年7月16日向全体股东派发现金股利2400万元；2018年8月25日，汇嘉公司作出《关于受让新疆好家乡超市股份有限公司股权的公告》，显示汇嘉公司为扩大经营规模收购好家乡超市股份公司，竞争优势得到加强。基于汇嘉公司的公司经营情况，加之2018年至2019年的股市行情亦促发了投资者的投资积极性，因此上诉人才买入汇嘉公司的股票。显然从一般投资者的角度亦可以理解判断，上诉人的投资决策与汇嘉公司的经营情况及股市行情关联性较高，与案涉虚假陈述行为没有关联性。

（二）上诉人所主张的损失与案涉虚假陈述行为之间不具有损失因果关系

首先，上诉人所主张的损失系由证券市场系统性风险导致，与汇嘉公司的虚假陈述行为之间没有损失因果关系。上诉人主张的揭露日2019年4月30日处于中美贸易摩擦期间，我国股票市场波动较大。2019年4月22日至5月16日的10个交易日内，上证指数急速下跌，此期间汇嘉公司的股价表现明显强于大盘走势。因此，即便此阶段内上诉人实际遭受了投资损失，其主张的损失也是由证券市场系统性风险所致。

表5 上诉人主张的虚假陈述揭露日前后汇嘉公司股价与上证指数对比

交易日	上证指数涨跌幅	汇嘉公司股价涨跌幅
2019年4月30日	+0.52%	−2.22%
2019年5月1日~5月5日	法定节假日休市	
2019年5月6日	−5.58%	−6.64%
2019年5月7日	+0.69%	+9.93%
2019年5月8日	−1.12%	+2.21%
2019年5月9日	−1.48%	−4.83%
2019年5月10日	+3.10%	+2.28%
2019年5月13日	−1.12%	−1.37%
2019年5月14日	−0.69%	−1.91%
2019年5月15日	+1.91%	+1.42%
2019年5月16日	+0.58%	+5.76%
10个交易日涨跌总计	−3.19%	+4.63%

其次，上诉人所主张的投资损失应归因于电子商务发展挤压实体零售行业的行业现状，而非汇嘉公司的虚假陈述行为。随着电子商务业的飞速发展及电商购物模式的日益强化，汇嘉公司的实体零售业务也因此受到冲击。根据《新疆维吾尔自治区2019年国民经济和社会发展统计公报》中载明的信息，2019年“全年疆内企业通过网上（第三方平台）销售实现零售额202.0亿元，较上年增长26.5%；新疆本地消费者通过（第三方平台）网购实现零售额990.1亿元，增长35.9%，占新疆社会消费品零售总额的29.5%。”可见，电子商务蓬勃发展的产业趋势和时代背景亦给实体零售业带来了重大挑战。据此，上诉人所主张的投资损失的产生原因主要是外部经济环境、实体零售行业衰弱等系统风险，以及正常的股票周期性波动。上诉人主张的投资损失与案涉虚假陈述行为不具有关联性，应认定其投资损失与案涉虚假陈述行为之间不具有损失因果关系。

综上所述，《3.15自查公告》首次较为完整地在全国范围内揭露了案涉虚假陈述行为，且汇嘉公司于同日披露了《关于收到上海证券交易所问询函的公告》，2019年3月15日应为案涉虚假陈述揭露日。其次，不论是在2018年1月12日及2018年7月31日，还是在2019年3月15日及2019年4月30日，汇嘉公司的股价及成交量均与上证指数保持一致，案涉虚假陈述不具有重大性。最后，从上诉人交易记录可见，其购买汇嘉公司的股票与案涉虚假陈述之间没有关联性，即使上诉人因买卖汇嘉公司的股票产生损失也系证券市场系统风险及美国加收关税所导致，与案涉虚假陈述行为之间不具有交易及损失因果关系。

上述代理意见，恳请合议庭予以采纳。

代理人：广东华商律师事务所 ×× 律师

2022 年 1 月 25 日

第九章

商务礼仪

在商务活动中显示自己的礼仪，这是证明自己接受过良好教育的方法，也是当事人敢于对我们委以信任的一个比较重要的因素。有的人可能会认为只要自己专业好就可以，认为这种束缚自身的规矩是封建糟粕，总企图逃离和摒弃。但本书认为，了解商务礼仪恰恰是争议解决专业技能的一部分，争议解决强调的是对人的整体要求，如果不了解商务礼仪，那么很可能不知不觉搞砸了一些事情而不自知，很可能无意中怠慢了一些人、得罪了一些人。我们并不主张在任何时候都要遵守商务礼仪，一切需要随机应变，在充满博弈的争议解决场景中，我们有的时候可以不遵照礼教行事，但不可以不懂。我们学习这些商务礼仪，就是为了能够有一套相对客观的标准评价自己的行为，避免自己的言行举止传达了错误的信息。

我当然理解，在不违法的情况下，每个人享有选择自己行为的自由。但约定俗成的规矩还是要讲，因为特立高标搞砸了自己的事情没关系，如果因为商务礼仪的匮乏而搞砸了委托人的事情，就极不妥当。因此，本章中将围绕穿着礼仪、接待礼仪、餐桌礼仪三个方面，介绍商务活动中的一些基本规则。

一、穿着礼仪

穿着打扮是个人品位、地位较为真实的写照。《韩非子》中有一则故事很有意思："季孙好士，终身庄，居处衣服常如朝廷。而季孙适懈，有过失，而不能长为也。故客以为厌易己，相与怨之，遂杀季孙。故君子去泰去甚。"[①] 说的意思是，有个叫作季孙的人喜欢蓄养门客，在日常生活中也穿得像参加朝会一样非常严肃庄重。而有一天季孙疏忽懈怠，没有那么注重仪表，所以门客们误以为季孙厌恶和轻视自己，于是就合谋把季孙杀害了。这大概是比较古早的、因为穿着打扮不当而惨遭横祸的人。《韩非子》的教诲是君子去泰去甚，有智慧的人行事不要太过分，不要趋于极端。当然本章中我们主要关注的是仪表问题，也就是避免因为着装不当而被人误以为是轻慢对方。

近十年的职业生涯也让我感受明显，越来越多原本不太注重穿着正装的老一辈律师也在慢慢扭转观念，更加重视律师专业形象的建立。而对于青年律师来说，着装对于自身执业的帮助和加成就更大

① （战国）韩非：《韩非子全译》，张觉译注，贵州人民出版社 1992 年版，第 667 页。

了，年轻的面庞更需要一些辅助的符号来让客户感知到自己的专业、态度和权威。

对于男士而言，西装几乎是职业中唯一的选择，但往往西装未必能体现出精英感或精致感，错误的穿搭反而传递了相反的意思。西装的选择和穿着比较讲究细节，首先是西装的颜色，西装的颜色一般选择深色调，以藏青色和灰色为宜，一般不使用黑色。在西装款式的选择上，一般建议选择宽度不小于 7 厘米的平驳领，可以考虑不少于 0.5 厘米的肩垫，我个人喜欢单排两粒扣的西服，双牙无盖的腰兜，袖衩的末扣眼选择红色，整体款式比较简单又不是特别老派。总体而言，建议选择半定制（MTM）或定制（BESPOKE）的西装，西装的选择尤其不建议网上购买。

在衬衫、领带、皮带等配饰选择上，一般建议遵守三色规则，也即鞋子、腰带、公文包是一个颜色，而且首选黑色。领带建议选择宽度 8 厘米以上的宽版领带，领带的款式不宜过分杂驳。选择的衬衫应当腹部平整，不要过分修身，衬衫包进裤子的部分不会鼓出，坐下来的时候腹部不会绷挤纽扣，同时因穿上外套后衬衫应当适当露出袖口 1~2 厘米，所以衬衫的袖长不宜过短，并要注意选择适当的领型，领面宽度不宜过窄。另外，穿着上不要过分凸显皮带的 LOGO，不能选择白色的袜子，建议选择与皮鞋颜色相同的黑色袜子。

在穿着中，我们一般坚持穿套装一定要打领带。将领带充分利用起来，这是最容易展现西装庄重感和服装特色的工具。如果系领带的话，领带尖部自然下垂处应正好盖住皮带扣，这是合适的长度。西装的腰兜本身就是不能放东西的，上衣的内兜一般也只是放名片，穿衬衫时一般不要卷起袖子，西装外套最下面的一粒纽扣永远不扣，着装应当做到“坐时解扣，站时系扣”。

对于女性的着装，我研究得很少。但总体感觉女性着装受到的限制较少，男女着装的共性是着装要体现专业性和庄重感，女性在职场上也建议穿着有领子的衣服。但不同于男律师不太适合穿着浅色调的衣服，女律师穿着颜色鲜亮的套装也很出彩，并且女性在项链、戒指、胸针等配饰的选择上可以更加多样和灵活。鞋子款式的选择上，要特别提醒的一点是“前后不露”，也就是说不要露出脚趾和脚后跟，着平底鞋和矮跟的高跟鞋为宜，并且穿着正装的套裙不能穿长靴，长靴和套裙之间露出一截腿，一般被称为“恶意分割”，很不符合正式场合的穿着。

二、接待礼仪

律师职业和各式各样的人打交道必不可少，这也是律师工作比较困难的一个环节，要在迎来送往中不犯错误，我们就必须掌握介绍的礼仪、座次的礼仪、名片的礼仪、握手的礼仪等诸多规则。《百家讲坛》播出过中国人民大学金正昆教授的礼仪课程，我非常受益和推崇。金老师曾讲过的一个例子让我印象很深，说的是金教授和其他一群客人到主人家里做客，主人忘记为客人们互相引荐，客人们就聚在一起闲聊，聊到了未来怎么给孩子填报大学的专业。有人就建议报个师范专业，说以后当大学老师既有社会地位又有教养，而且作为女同志来讲还不累。没想到有个家长听了之后就表示反对，说我们家孩子当什么都行就是不当老师，老师太辛苦了，教授教授，越教越瘦的，说完了之后扭头问金教授，您是干什么的？这就是接待中未做好介绍工作的后果。

那么在接待礼仪中，首先要留意一些次序性的礼仪。陪同客人时，应该把靠墙的一侧让给客人，陪同人员走在外侧；比如出入电梯时，一般的规则是“先入后出”，即比客人先进入电梯，比客人后下电梯；又如上下车时，一般司机的斜后方位置是最为优越的位置，与司机同排的副驾驶位是秘书的位置，司机的斜后方便于出入，在传统上是轿车的上座；在座次排序时，是以左为上，一般以左为上是指当事人之间的左右。

再则是介绍礼仪，在介绍时，一般是地位低的向地位高的做介绍，比如客人来访，主人应该迎接客人，由主人向客人先做介绍。又如我们遵从女士优先的规则，在正常交往中应当要更加尊重女性，所以一般由男性向女性做介绍。当然，这并不绝对，我们要根据场合做灵活的调整。其次是介绍的顺序，标准化的做法是先介绍地位较低者，比如要先介绍晚辈、先介绍下级、先介绍职务低的，遵循“尊者居后”的原则。但由于流俗的转变，现在现实中很多商务场合都是先介绍地位高者，所以如果采用“尊者居后”的原则做介绍，一定安排好语言的内容，让对方清楚地知道我方人员的梯次配置，避免对方误认领导，导致尴尬。最后，经常出现的一种场合是自我介绍，自我介绍一般要简短，如果后续有更多私下交流的机会，我们一般除了通报自己的姓名，还会通报自己的籍贯、爱好、职业或毕业的院校等，以便给潜在的交往对象更多信息，也可以方便潜在交往对象能迅速匹配和我们可能共同认识的人。自我介绍一般应当简短，有时候我会介绍自己“五行缺水”，所以名字里面有两个三点水。这是为了帮助别人更好地记住我，并且也留下了一个交谈的话头。

除了用自己的语言进行介绍，我们在商务交往中也经常用名片来进行介绍，所以我们也必须了解一些关于名片使用的礼仪。首先是名片的制作，名片的色彩一般要控制在2~3种颜色之内，除了律师事务所的标志最多再有两种其他颜色，并且律师的名片不能印有各种学术、学历、非律师业职称、社会职务以及所获荣誉等内容，这是执业纪律的要求。其次，交往场合中我们可以主动把自己的名片先递给对方，俗话说来而不往非礼也，实际上这样也提高了和别人认识的效率。一般名片应该放在专门的名片夹里，名片夹可以放在西装的上衣口袋里，女律师可以放在包里，不能放在裤子口袋里面，有的人还把名片放在后屁股兜里，一坐下来压出褶皱，就很不讲究。在我们拿出名片后，我们应当把名片调转顺序，使正序的文字对着对方，尽量双手递给对方。如果不得不使用单手递出，也必须使用右手，因为据说在印度或者阿拉伯国家等许多地方，左右手各司其职，一般右手用来吃饭、敬礼，表示敬意，而左手是用来上厕所用的，从事的是不洁净之事。外国人经常以右为上，不同于中华文化以左为上，所以尤其在涉及国际交往的场合下，不管是递名片还是握手，都应当用右手而不能用左手，否则可能被视为有意的侮辱或冒犯。再次，如果接受别人递来的名片，一定要起身迎接，把手里的事放下来站起来接受，并且表示感谢。接到名片后一定要阅读名片，要显示出一个阅读的过程，让对方知道我们在认真看，这既是了解对方身份的过程，也是对交往对象表达重视的过程。在阅读后，我们还可以就名片的内容和对方简单交流，表示自己知道了名片上的内容，表达尊重和欢迎。在接到对方的名片后，我们不能对名片的内容随意涂改，有时我会按照对方的座次把名片在我面前摆开，以帮助我记忆对应位置人员的身份，以免错误的称呼引发尴尬。离开时，一定要记得收藏对方的名片，一定要郑重其事，不要放在裤子口袋里，要放在自己的卡包中和上衣内侧口袋，以显示妥善保存的用意，不要遗忘带走名片，不要在洽谈过程中用手把玩他人的名片。最后，如果带的名片数量不够或者忘记带名片，不妨放松一点并主动声明，然后通过微信给对方发电子名片即可。

另外，在和对方交往的过程中，不免要和对方握手。握手时一般也是遵从地位高者伸手的礼仪，比如男士和女士握手，一般是女士先伸手。但也要根据场合的不同随机应变，妥当地考虑和照顾他人的情绪。比如客人在离开的时候，一般就是客人先伸手，如果客人已提出告辞，你作为主人马上伸出手，这就显得迫不及待，相当于是表达自己一句话不想多说，赶客人赶紧走。除此之外，在握手时一定要脱下手套，握手过程中适当寒暄，不能太沉默，可以说幸会、慢走、一路平安等，表情热情恳切，握手时间长短适宜，握手时坚定有力，传达良好的精神面貌。

在接待时，我们有一套基本的流程需要遵守。比如接待重要客户时，我们会在停车场帮客户提前占好位置，下楼引导客户。在接待前了解来访人员的经历、了解公司的基本状况或基本案情，根据客户来访目的的不同准备好不同的产品目录或折页资料，适当时带领客户参观律师事务所并介绍律所文化。对于有意当场委托的当事人，并且自身也有意承办该案件，尽可能当场签署合同。对青年律师而言，井井有条地安排总比随心所欲要好得多。

三、餐桌礼仪

中国人有着历史悠久的餐桌文化，在吃饭时察其所由、观其所安，自古是评价一个人的重要场景。

在西餐中，我们一般要注意一些规则：西餐里的肉品一般分为红肉和白肉，白肉指的是鱼肉和鸡肉，红肉指的是牛肉、羊肉等。在西餐中，基本的规则是吃白肉时搭配白葡萄酒，吃红肉时搭配红葡萄酒。白葡萄酒的最佳饮用温度一般是 10 度到 15 度，所以一般饮用白葡萄酒时要加入冰块，也正是因为饮用白葡萄酒时的温度比较低，所以白葡萄酒杯的拿法就是抓杯腿，避免手的温度影响酒的温度。而红葡萄酒的饮用温度一般在 15 度到 18 度，所以饮用红葡萄酒一般不加冰块，红葡萄酒杯的正常拿法就是抓住杯身，而不捏杯腿。如果桌上摆有三个杯子，最外侧、也最小的是白葡萄酒杯，中间的是红葡萄酒杯，最里面、也最大的是清水杯。当然，不一样的酒可能饮用温度各有讲究，客随主便即可。

西餐的主要餐具一般还有餐巾、刀叉和勺子。餐巾一般叠成长方形或者三角形铺在腿上，而不是围在脖子上或放在其他地方，如果吃了一半还要回来接着吃，那么就把餐巾放在椅面上，如果不吃了就把餐巾放在桌上。西餐中另一个主要的餐具是刀叉，一般右手比较有力气，用于持刀，左手持叉。如果讲究的话，沙拉、海鲜、主菜用的是不同的刀叉，一般每吃一种菜换一副刀叉，按照顺序由外侧向内侧取用即可，一般吃主菜的刀是带齿的。持刀叉时切肉应当从左下角开切，可以切一块吃一块，也可以一次性切完后换右手持叉，但切肉要注意控制身体幅度，肘关节靠紧腰的两侧，不要打扰到他人。在用餐中如果和别人说话，一般要把刀叉放下来，在盘子上按照八字形来放置，刀刃朝内，叉齿朝下。吃完之后，刀叉就应当是并排放，刀齿朝内，叉齿朝上，表示结束进食。最后是关于勺子的使用，勺子在舀汤时是从身体内侧往外侧舀，勺子无论如何不能在杯盘中立直，否则寓意不祥。

而在中餐中，一般要注意留意以下规则：第一，宴请时一定要提前询问客人的忌口食物，关注客人的宗教禁忌、个人禁忌。比如，外国人普遍不吃动物内脏、不爱吃有太多骨头的菜或者过于油腻辛辣的菜品。点菜数量以双数为宜，因为有些餐厅上菜较慢，要先点一些凉菜，避免客人们空座。第二，宴请要选择自己熟悉的餐厅，在餐桌上的位置排序，一般是面门为上，背对着门的是买单的位置，尤其山东等地对于主人、客人的座次划分得很细致，需要入乡随俗。第三，席间可以顺时针敬酒，但不要逆时针方向敬酒，夹菜转桌亦然。敬酒时一般走到对方左侧以显示重视，碰杯时杯子宜低于对方。第四，席间不要翻菜，上菜后应把菜转由长辈或地位高先夹，需要为别人夹菜必须使用公筷。第五，如有必要，可以到电梯口或餐厅门口迎接重要客人。第六，完成宴请后，为客人主动叫车，目送客人乘车离去后再离开。有人认为以上的餐桌规矩是阿谀谄媚，我倒认为不是如此。以我有限的经验，许多地位高身价重的人在餐桌上都遵从这些规矩，都在关注和照料其他同行客人。有些时候我们因为过于自我或自卑而牵动的妄念，其实大可不必。

最后聊聊吃饭时应该说什么。包括我自己在内，对于很多青年律师来说，勇于发言是社交的第一步，不知道聊什么可以闲聊自己。平时读书时，我特别留意一个历史人物的初登场，留意这些日后搅动风云的重要人物在年轻时如何异于常人，其中有两个故事使我印象深刻。一个故事也许大家耳熟能详，说的是和珅和乾隆皇帝的君臣际遇。据说和珅刚开始只是一个不起眼的侍卫，有一天乾隆皇帝在阅览边报，读到有要犯脱逃，乾隆不高兴就引用《论语》说出了“虎兕出于柙”这句话。当时身边的侍卫都面面相觑，互相问皇帝说的是什么，只有和珅主动出头答道“爷谓典守者不得辞其责”。和珅这次勇于发言让乾隆一下子关注到了他，进而询问他个人的情况、是否读过书，和珅因此进行自我介绍，并说自己五年前考过乡试、题目是《论语》的孟公绰一节。接着在乾隆的进一步询问下和珅背出了自己当时应试的文章，使和珅一下子进入了乾隆的视野。另一个故事来自《李宫保湘洲先生集》，记载的是李腾芳在 29 岁时第一次谒见时任首辅王锡爵时的对话。当时因万历皇帝偏爱小儿子，王锡爵进呈了三王并封的奏议，被群臣反对。年轻的李腾芳第一次见到国家首辅，自我介绍称：“某长沙人，今年二十九矣。虽愚无识，然幸尾同馆诸子得谒公，称为门下学生。意有所忠于公，非敢毁公也。”王锡爵在孤立无援时听到李腾芳如此诚恳，竟然以首辅之尊表示愿意受教。进而李腾芳提道："但闻自古英豪贤人，将欲立权谋之事，必度其身能作之，身能收之。以我始之，以我终之，则不必难晦其迹于一时，而终可以皎然于天下。今公欲暂承上意，巧借王封，转作册立。然以公之明，试度事机，急则旦夕，缓则一二年，竟公在朝之日，可以遂公之志否？只恐王封既定，大典愈迟，他日继公之后者，精诚智力稍不如公，容或坏公之事，隳公之功，而罪公为尸谋，公何辞以解？此不独宗社之忧，亦公子孙之祸也。"王锡爵听闻此言后"怃然泪下，明日遂反并封之诏"。[①] 用现代的语言说，我愿把这两段故事称为极成功的陌生拜访。在只是小人物的时候，和珅和李腾芳都具备出头发言的勇略和奏对的智慧，说话的分寸、劲头、信息量都恰到好处，而内容又极其深刻，其中语言的艺术实在值得我们反复琢磨学习。

四、总结

应当在最后说明的是，我们所遵守的礼仪，在特定场景和环境下有时需要灵活变通，而不是墨守成规。我印象比较深刻的一次是，我们内部涉及一个公共事件的应对，成立了工作组讨论。开会前工作组的人员先到了，引发公共事件的律师还没有到，结果全部工作组的律师都坐在桌子的一侧，只在桌子另一侧留了一个位置给这个引发公共事件的律师。考虑到这次会议的主题不是追责和质问，而是群策群力

① 《李宫保湘洲先生集》，全国图书馆文献微缩中心，未有出版。

和同舟共济，所以这样的位次排序显然不合适。又如我们在上楼梯的时候，一般遵循的交往规则是女士优先，但如果这位女士穿的是超短裙，你上楼的时候就不妨走在前面，避免女士尴尬。总而言之，学习这些规则的目的是体现对他人的尊重和礼待，超脱于灵活的技巧之外，或许真诚在大多数时候是更好的通行证。

后　记

青年律师的成长

在本书的最后，针对青年律师成长的话题，笔者谈一谈自己一些粗浅的看法。这是此时此刻的认知，或许日后又会有变化，仅供参考而已。

一、为什么要成为律师

《论语》里有一句话:“君子不器”，意思是君子心怀天下，不像器具那样，作用仅限于某一方面，不能成为一个工具人。上大学之前，我希望选择一个技术含量较高、有相对客观评价体系的人文学科，有相对客观的评价体系意味着精深的专业技能有用武之地，也就意味着人格的独立性。同时，我希望学习的学科有深厚的历史、理论和文化底蕴，不能仅仅是一种技巧。法学关切人本身的根基，不独问津兼问俗，是一门“不器”的学问。十分幸运，当时大学的第一节“法学入门”课让我至今记忆犹新，使我觉得法学专业很适合我。

当律师是我在大二的时候萌生的想法。一方面，律师是个相对自由的职业，律师的生产不需要绑定于昂贵的器械或者精密的平台，他/她所有的生产资料基本上都是来源于个人劳务和个人知识，产出和自身密切相关，可以说是个人属性非常强的工作。另一方面，律师是个经历丰富、工作内容不易重复的职业。在不同的案件当中，律师可以从旁观者的视角去看待人的多面性。当我真正成为一名律师以后，发现律师这个职业相对来说有更多改变自己和他人的机会和可能，律师在日常生活中的大量积累都围绕自身并指向于自身。这些原因让我更加确信律师是符合我个人期望，且愿意长期深耕的职业。

二、青年律师如何开拓案源

在整个明朝，只有被选为翰林并进入翰林院后，才能位列台阁。明朝几乎所有的大政治家都出自翰林院，而翰林院中的核心要务，就是储才养望。从现代的观点看，我认为青年律师的成长也分为两个阶段，第一个阶段的核心是储才，第二个阶段的核心是养望。储才是培养自己纵向发展的能力，培养自己的技能深度，而养望则是培养自己横向发展的能力，培养自己识人、待人、用人的宽度，最终成为一个

“T”字形的人才。

所谓的纵向能力，是指青年律师应当具备过硬的业务素质和工匠精神，青年是学习精力最集中、学习意愿最强、学习效率最高的阶段。求木之长者必固其根本，对业务领域的精深理解，就是青年律师具有底气的根本。精英人士往往总是希望与比自己更强的人交往。青年人不可能跟富豪们玩有钱人游戏，但可以和富豪们玩知识或竞技的游戏，如果青年律师具备了专家般的知识，无疑有助于青年律师在特定场域形成交际的优势，才能吸引同样优秀的人相向而行。青年律师最大的劣势是年轻，但青年律师最大的优势也是年轻，如果青年律师在专业的场域中都不能先声夺人，那就很难取信于人。而专业领域的积累，也往往是青年律师自信心和自尊心的来源。士者，通达之神盛，乃能养志。青年律师在专业领域中的通达，通向了职业尊严的树立，才能蓄养志气，才能具备进一步涵养自身声望的基础。

所谓的横向能力，就是世事洞明、人情练达的能力，进而涵养声望。养望这个表述的妙处在于，声望往往不是汲汲营营地追求得来的，而是通过时间、标签和关键事件的磨洗和沉淀得来的。我们要靠自身的强大、平台的宽阔、圈层的迭代去吸引优秀的同行者。事实上，律师的案源也来自各种各样的圈层。我们作为律师永远不要去推销自己，而是表现对于这份职业的热爱和坚持，吸引别人并赢得信任。

三、对青年律师的职业规划有何建议

那么具体如何规划呢，我有几个建议。第一，我会去刻意了解成功律师的履历和成长历程。每个世俗意义上成功的律师，其成长历程虽有个性，但不乏共性，我们要善于总结他们取得成功的共性。例如，至少在外观上，每一个成功律师几乎都曾出版过自己的专著、发表过一些专业文章、担任较多的社会职务。成功律师的共性，代表着成功者同样践行过的路径，我就理解为成功者们最低限度的共识。那么在这些外观中，我又进一步把这些共性分为两部分，一是靠个人的努力必然能达成的部分，二是除了个人努力之外还需要运气、资历、积累才能达成的部分。在青年时期，我们要尽力去完成那些靠个人努力必然能达成的任务，比如撰写书籍和专业文章、锻炼演讲能力等。这是一条可以容错的道路，也许我们没有其他成功者的运气，也许因为精力、个人规划或个人的生活向往未来不想再继续前进，但这些积累都不会白费，都可以帮助青年律师提高自己的下限。

第二，是关注时间的价值。对我而言，我一贯认为我们的成长要体现时间的价值，所以我宁可先做确定的事情。比起去投一个可有可无的标、去见一个忽冷忽热的客户，不如我把自己关在家里写书。因为我出版的书可以伴随我一生，而那个忽冷忽热的客户如果没有委托，那么你和他很可能一辈子不会再见。我们的时间是有限的，不确定的东西无法带来时间的价值，在青年阶段我个人宁可去拥抱确定的东西。实际上职业发展的规律也是这样，以取得社会职务为例，最初的几个社会职务最难取得，但随着我们履历充实，不同的社会职务相互印证，那么取得新的社会职务就越来越容易。这是一个“节节高”的过程，要攀登到十楼就要从一楼开始爬，假设普通人每爬一楼需要一年，我们本来也是普通人，那么越早开始就越有利。如果五年前和五年后你都在一楼，那时间的流逝对你而言可能毫无意义。

第三，我提倡将我们拟定的目标大胆说出来，不要过于含蓄，在力所能及的范围内每年规划几个必须要实现的目标。把想做的说出来，今年无法完成，明年无法完成，后年也能完成。把目标说出来本身就是自我约束，只要念念不忘，往往都能积跬步而致千里。

第四，要擅长“下闲棋，烧冷灶”，年轻意味着未来还有许多机会，风物长宜放眼量。从来生意好做是大家好做，尽可能去发自内心地帮助身边志趣相投的小伙伴。

四、青年律师如何提升自己的内在修养

最后谈谈如何提升自己的内在修养。我认为是要有一个准则，一个范式，然后不断追求这个范式，从而形成独立的语言风格和处事风格。我一直将《论语》中的“恭而安”作为自己的修炼准则，从事法律职业，我一直不断深耕和砥砺的基本素养就是“恭而安”。所谓“恭”，首先就是谦恭、克制的意思，不至于失礼。其次，“恭”意思还

在于“同情理解”。律师作为一个和文字、沟通打交道的职业，能发自内心地对他人的观点“同情理解”，才是法庭辩论说服法官、提升团队作业效率、引导当事人说清案件事实的指导原则和有效方法。只有在“同情理解”的基础上，获得最低限度的共识，才能真正以常理理解常情，可以深刻了解当事人在交易当时的客观背景、真实意思、商业安排和成案因素。最后，“恭”的第三层含义在于用晦而明，不知人所不言。知渊中之鱼者不祥，不要饰知惊愚、修身明污，这是自我修养的重要内容。

所谓“安”，亦有三层含义：“安”的第一层含义在于不骄不躁，坐得住冷板凳、耐得住寂寞。一个律师的成长既包括个人的成才，也包括其所处环境的发展，因此成长为一个独立、合格的律师往往不是一朝一夕的事情，需要恒心和积累。作为一个律师应该能够数年、数十年如一日地切磋琢磨，不急于求成。“安”的第二层含义在于不亢不卑，既要有礼，也不能失节。我们说俯而就者易，仰而止者难，如果交往中总是低着头，流露着紧张的情绪，那么也无法成事。我们要尽可能做到猝然临之而不能惊、无故加之而不能怒。“安”的第三层含义在于宁静致远，说话做事沉得住气，适当地急事缓办，胜不妄喜败不慌馁，胸有激雷而面如平湖，保持不紧张的状态，面对任何人就像面对老朋友一样轻松，才能用好的姿态应对各种突如其来的状况。

五、青年律师如何管理团队

对于律师的管理笔者也正处于探索的过程中，整体上我认为团队的管理要先认识到两个特殊性，第一个特殊性是律师群体的特殊性，这个群体都经过了司法考试，在学习能力上是相对较强的，对于纪律性的认知和自由平等价值的追求也异于其他群体；第二个特殊性是个人的特殊性，现在团队成员基本由“90后”或“00后”组成，这一代人从小的物质供给相对较丰富，但这并不意味着这一代人不负责，只是这代人对于工作和生活、集体和个体的边界感比较清楚。

因此基于上述两个特征，我认为共同价值观是实现团队管理的重要纽带。具体是什么共同价值观，笔者认为最底层的共同价值观不是所谓的“家文化”，而是市场规律，我们要用市场规律对待团队成员，使团队成员强大，并支付与市场水平相匹配的待遇。

据说是一位教育家的采访，他提及:“有人问我某企业家是不是我培养的，我说不是，只能说某企业家较好地利用了他在大学学习的时光。我们学校有个老师登上了珠穆朗玛峰，有人问我怎么培养的她，我说没培养，但他非让我说，我就说，她写了请假条说她要爬山，我批准了她的请假。”我认为这也是管理团队中很重要的一个心态，团队领头人要不伐善、不施劳，要强调和发挥团队成员自己的能动性，而不是标榜所谓领导的功绩。

我不仅把团队成员看成现在的工作伙伴，也把他们看成未来的合作伙伴，现在双方的关系可能体现为一种客观上的依附关系，但随着团队成员的成长，未来都可以成为相互支撑的合作者。我们不强调情感建设，但在为了共同目标的奋斗过程中，在我们平等、诚恳的相处中，感情的建立是自然而然的。我们要做的，就是选择有野心、有梦想、有执行力、接近市场的靠谱年轻人，选好助理中的领头人，不仅用其长还要用其短，培养他们的钝感力，培养他们对事用心而非对人用心的观念，那么随着时间的推移，团队的建设似乎水到渠成。

最后我想说的是，市场很大，我们要用我们舒适的方式投身这个行业。这种舒适也包括精神层面的舒适，不必强行融入不适合的圈子，不与不适合的人交朋友。我不求人富贵，人须求我文章。我们要学会自我关怀，要尽可能精通一项运动，这才是长久之计。